JN059536

Learning Business Fundamentals Through Playing MONOPOLY®

モノポリーで学ぶ ビジネスの基礎

【第3版】

林　徹 [著]

中央経済社

第3版の刊行にあたって

　第2版の上梓後，パンデミックが世界を襲った。取引の交渉ノウハウを対面のゲームで楽しく学ぶはずのクラスは直撃をくらった。そのなかで，波の谷間の行動制限が緩和された短期間に開講したクラスではマスク姿ながら対戦を実現できた。

　私事にわたるが，行動制限の下，34年ぶり（「おわりに」参照）に不動産関連の国家資格試験に挑んだ。動機は，不正融資とサブリースから成る投資詐欺事件，関連する最新の法令・判例，建物・附属施設の管理，管理組合（3条団体）と管理組合法人，建替えの実際などに対する好奇心と学び直しである。

　具体的には，賃貸不動産経営管理士（2021），マンション管理士（2020），管理業務主任者（2019）であり，すべて独学の一発合格であった。どれも34年前には存在しておらず，その後に誕生した資格である。

　以上をふまえて，第3版では以下の2つを加えている。

　第1は，独自に試作したかんたんな問題集である（付録）。

　授業やゲーム体験のクラスにおいて入門者から寄せられる質問がいくつかある。そこで，公式ルールを確認し，現実との相違点を確認するため，問題集を用意した。この付録は，基礎的なビジネス・リテラシーに関して，入門者・読者が多面的にかつ深く考えることを目的としている。そういうわけで解答例は載せていない。

　第2は，マンション標準管理規約の「コミュニティ条項論争」に対して資本回収の観点から考察した章である（第11章）。

　モノポリーには家（緑）とホテル（赤）はあるものの区分所有建物はない。ある若い学生によれば，Windows版でBUILDをクリックして緑から赤に変色する瞬間，都会のタワー・マンションのオーナーになった気分に浸れるという。

　現実のマンション管理をめぐっては，実のところ3条団体ないし管理組合法人の構成員の間で温度差がある。温度差の謎は参入障壁と撤退障壁の組み合わせで解ける。たとえば，区分建物に対して，価値保全を重視する不在組合員と，

終の棲家と位置付ける在住組合員の考え方のちがい，それがコミュニティ条項論争の本質である。

2023年5月

林　　徹

旧長崎高等商業學校傭外国人官舎跡地にて

は じ め に

　2016年秋以降，政府は「働き方改革」として正社員の副業や兼業を後押しする政策を進めている。企業が就業規則を定める際に参考にする厚生労働省の「モデル就業規則」から副業・兼業禁止規定を2016（平成28）年度内にもなくし，「原則禁止」から「原則容認」に転換する（『日本経済新聞』2016年12月26日1面，3面）。

　こうした世の中の変化は，源泉徴収を通じて自身の計算と各種の税・保険料の事務負担をすべて会社任せにしておけばそれで足りた従来の会社勤め人に対して，根本的な意識改革を迫るものである。言い換えれば，そもそも事業主であれば当たり前のこと，すなわちビジネスの感覚（計算，才覚，努力）が，すべての会社勤め人にも求められるようになるのである。たとえば，副業・兼業には当然のことながら帳簿が必須である。その他，詳細については本書のなかで，順次，紹介していこう。

　こうした意味で，本書の内容は時宜を得ているように思われる。

　まず，頭脳向上研究会「モノポリーの魅力と上達法」から一部を引用して紹介しよう。

　「モノポリーの初心者は，このゲームの最大の特徴である《土地の権利書の取引》をあまりしたがりません。欧米人によると，これは日本人の全般の傾向らしく，あまりいっしょにゲームをしていて面白くないといいます。

　交渉下手といわれる日本人の性格が如実に現れたエピソードですが，ゲームに負けたからといって現実にお金を失うわけではありません。モノポリーの本来の楽しさである交渉に積極的に踏み込んでいくことが，技術の上達にも欠かせないでしょう。」（傍点は引用者）

　このウェブ・サイトは脳を鍛えることによるアンチ・エイジングを主な目的としている。したがって，モノポリーを対戦ゲームとしていかに楽しむかが紹介されている。

　これに対して本書は，ビジネスの入門としてモノポリーを捉えることを目的としている。

　実際，ビジネス（business）というカタカナは知っていても，専門用語または英語としてとなると，途端に「わからない」という人は少なくない。

　英和辞典または英英辞典をひいてみると，businessにはおおむね4つの意味がある。すなわち，仕事・取引，商売・事業，企業，それに景気である。関連する用語をひいてみると，おおよそどれもがこれら4つのいずれかと結びついている。英語圏にはbusinessという題名の教科書が存在する。その目次や索引をみればわかるように，やはり4つの領域が網羅されている。

　これに対して，日本語でそれに相当するものは，筆者が調べた限りでは，見当たらない。高等学校までに習う検定教科書では，社会，家庭，商業などに内容が分散しており，体系的なものとしては存在しない。したがって，義務教育から高等学校までにbusinessを体系的に学習する機会はないといっても過言ではない。こうした事実が，冒頭で引用した「土地の取引をしたがらない」ないし「交渉下手」という日本人全般の傾向の背景にあるのかもしれない。

　ところが，普通科の高等学校から経済・経営・商学系の学部へ進学すると，否応なしに，businessの知識を前提とする専門科目群から成るカリキュラムに直面する。実感を伴うことがむずかしい内容を詰め込まされ，試験が済めばその多くを忘れてしまうような，簿記や現代経済学といった「正解のある」技術的な演習に明け暮れる。

　筆者に関して言えば，第二部と呼ばれる夜間5年課程に進んだおかげで，日曜を除く昼間に商売の実務に携わることにより，文字通り実感を伴いながら，専門科目群を学ぶことができた。そのような実感の基礎となる実務体験には限界もある。たとえば，不動産売買，起業，倒産などは簡単に体験できるものではない。

　しかし，業種，年齢，経験の豊富さの異なる取引相手や同僚のなかで，挨拶，御用聞き，営業，請求書配達，集金，手形・小切手の取扱い，などを緊張感，ときには緊迫感を味わうことは，専門科目に対する心構えに不可欠と思われる。

　とはいえ，わが国の現在の学校教育制度のもと，英国などにみられるギャップ・イヤー制度の導入を期待して，たとえそれが実現したとしても，数年から数十年後のことであろう。同様に，体系的なbusiness教育のカリキュラムが

高等学校までに構築されることも，期待しがたい。モノポリーを正式なルールにもとづいて繰り返し体験することは，そういった閉塞感を突破する手段の1つであるように思われる。そればかりではない。そのような体験は，専門科目群への入門としても機能する。その理由と具体的な科目群を1つひとつ紹介することが，本書の目的である。

　私事にわたるが，21歳（第二部5年生）のとき指導教官に大学院進学の意志を打ち明けた。すると，business cycleときれいなブロック体で板書されるやゆっくりと振り返られ，顔を覗き込むようにして先生はこうおっしゃった。「君，これ，わかりますか」，と。あの日から30年が経つ。その瞬間はいまなお脳裏に焼きついている。当時，現場経験は相応に蓄積されていたものの，専門科目に関する基礎知識が明らかに不足していた。たった1つの質問で恩師はそれを気付かせてくださったのである。

　本書は，ゲームの舞台を知る（第Ⅰ部：第1章から第4章まで），楽しみながら身につける（第Ⅱ部：第5章から第7章まで），実務へのゲートウェイ（第Ⅲ部：第8章と第9章），大きく分けてこれら3つの部から成っている。

　第1章では「歴史と文化」を取り上げている。第1に，わが国における土地制度の歴史をふりかえっている。大化改新と第二次農地改革（解放）は，武力・暴力を背景とする私有地の没収であった。モノポリーは武力・暴力を前提としない。銀行係が，ゲーム全体の進行秩序を司る役割（現実の市場秩序を維持する国家や政府）を担っている。第2に，わが国における現在の秩序ある不動産市場の形成過程をふりかえっている。「公」と「私」との間で，土地に対する所有権の帰属が振り子のように変遷してきた。公的支配と私的支配を問わず，武力・暴力ないし金融・経済力を背景とする階級に基づく生産関係，すなわち持つ者による持たざる者からの搾取，その歴史でもあった。他方で，地租改正によって，私有財産の主体は個人に置かれたが，シャウプ勧告までは「戸主」すなわち「家」が納税義務者のままであった。これに対してモノポリーは個人単位で行われる。第3に，不動産取引をめぐる税に関して，現実とモノポリーを比較している。モノポリーにはきわめて単純な租税しか存在せず，不申告や滞納といったトラブルもなく，すべてがその場で即時に決済される。これに対して，わが国における不動産取引に関する税は，きわめて多岐にわたって

おり，かつその計算も複雑である。契約書を交わす段階に始まり，相続に至るまで，ありとあらゆる場面において，課税庁の管理下にある。互いに関係しあう３つの面を取り上げ，現実（または歴史）とモノポリーを比較しながら，専門分野の入門としてのモノポリーの学術的・現実的な位置を明らかにしている。

　第２章では「銀行」を取り上げている。第１に，銀行の歴史的事実をふまえて，銀行と中央銀行の生成過程を，競争論ないし分配論の観点から原理的にかつ体系的に説明している。第２に，銀行資本の意義と役割を相対的に捉えている。銀行資本とモノポリーにおける銀行係を比較して両者の共通点と相違点を明らかにしている。その観点は，両者の価値判断，リスク，リスク・ヘッジ，資金調達源，融資条件，融資先，本業，これらである。第３に，利益相反の意味を検討している。そのために，モノポリーの正式なルールにおける「銀行係はプレイヤーを兼任できる」ことの理由を，わが国における市中銀行のイメージを法制度の変遷の分析を通じて明らかにしている。その際の観点は，物上代位に関する最高裁判所の価値判断の変遷ならびに民法の改正に至る，法政策上の背後にある考え方とその解釈である。

　第３章では「企業金融」を取り上げている。第１に，ボードゲームとしてのモノポリーの目的と，企業のそれを比較している。経済学や会計学では理念型としての企業または会社の定義が措かれているものの，実在する企業の真の目的ないし存在理由は，モノポリーの目的と共通していることを明らかにしている。第２に，帳簿ないし経理の存在理由，経理とその背後にある会計公準，オフ・バランス，これらを確認したうえで，信用の礎を成す諸側面とモノポリーの関係を整理している。第３に，起業段階と定常状態に分けて，現実の企業金融とモノポリーを比較し，共通点と相違点を整理している。第４に，モノポリーにおけるキャッシュの動きをキャッシュ・フロー計算書の雛型にあてはめることで，営業，投資，財務，に関して，モノポリーから何を学ぶことができ，また何を学べないのかを明らかにしている。

　第４章では「民法」を取り上げている。第１に，ゲームの目的と資産取引の関係を確認している。第２に，４つの観点からゲームと現実社会を比較している。すなわち，意思表示と合意，資産の獲得と処分，債権と債務，家族と相続，これらである。第３に，「経済活動と法」（学習指導要領高等学校商業科）の項目，宅地建物取引士試験において要求される知識の領域，大学生が義務教育で

教えたほうがよいと考える内容，これらとゲームとの親和性を評価し，モノポリーが現実社会の資産取引に関する法令へのゲートウェイとなっていることを明らかにしている。

第5章では「定石」を取り上げている。第1に，モノポリーの定石（OR，ゲーム理論，数学的アプローチ）に関係する先行研究を紹介している。第2に，関連する学問領域へのゲートウェイとしてモノポリーを位置づけることによってゲームの意義を明らかにしている。第3に，「経営の定石」に対する批判的考察を通じて，実践的な経営意思決定へのモノポリーから得られる教訓を抽出している。

第6章では「交渉術」を取り上げている。第1に，経営におけるコミュニケーション技能の重要性に関してレビューしている。第2に，交渉術について経営と部分的無知の見地から考察している。第3に，ゲームとしてのモノポリーを遊びの見地から考察したうえで，交渉術，遊び，コミュニケーション技能を，理論的に関連づけて整理している。

第7章では「実践的なビジネス教育の手段」としてモノポリーを取り上げている。第1に，関連する文献を引用しながら実生活からみたモノポリーの楽しさと意義を紹介している。それをふまえて，厳しい現実，伝統的な対処の手段，モノポリーで求められる動き，これら3者の関係を取引などの場面ごとに整理している。第2に，ゲームに不可欠な大局観と逐次的あるいは同時的な意思決定（交渉または説得を含む）の場面を抽出して，財産状況の流れ，価値観とヒューリスティクス，それに交渉術の観点から，実践的なビジネス教育におけるモノポリーの有効性を論証している。第3に，定石（OR，ゲーム理論，数学的アプローチ），企業金融，銀行，民法，土地・建物に関する思想・制度の外国との比較など，制度分析に必要な専門科目との接合面（interfaces）としてのモノポリーの諸側面を抽出している。

第8章では「不動産所得の経費」を取り上げている。第1に，タックスアンサーに拠りながら不動産所得の経費の範囲を概観している。第2に，扶養手当・共済組合（医療保険）の被扶養者の資格認定に注目し，不動産所得における経費に関する規程とその運用基準を引用して，問題の所在を明らかにしている。第3に，人事院による「扶養手当の在り方に関する勉強会」の資料に基づいて扶養手当慣行の起源に遡り，それに照らして家族構成等の社会的変化と連

動しない被扶養者の地位と資格認定の意義を検討することで，それらの制度趣旨が現代社会の実態と適合的でない事実を明らかにしている。

第9章では「サービス」を取り上げている。第1に，サービスの評価，質，および経営成果に関する先行研究として鈴木・松岡（2014）を批判的にレビューしている。第2に，リカバリー・パラドクスを取り上げて，それが持つ理論的な意味を検討している。第3に，HRM（人的資源管理）とインターナル・マーケティングを比較し，従業員教育とキャリア開発の見地から，それらの共通点と相違点を明らかにしている。

最終章において取り上げている「サービス」は，経済段階が発展しているわが国においてもきわめて重要な位置を占めている。他のすでに確立されている専門分野の参照基準に加えて，このほど「サービス学の参照基準」に関するシンポジウムが開催された（2016年12月11日，筑波大学東京キャンパス）。当日，披露された素案に対して，フロアー参加者として「配布された素案によると，医療や教育についてはたしかに一部記述されているが，たとえば，安全保障，宗教，警察，徴税，福祉など，広い意味での公共サービスは明記されていない。それらを研究対象として含むのか，除外するのか，それとも将来は含むという考えなのか」と筆者が質問した。これに対して登壇者からの回答は肯定的であった。

このやりとりは意味深長である。なぜか。多くのサービス研究において，安全保障・宗教・警察・徴税・医療・介護・義務教育・公営競技など，行政による統制が行き届いている分野を研究対象として取り上げることはあまりない。公共サービスはその意味で聖域であったのである。

他方で，たとえば，このほど成立したIR推進法（特定複合観光施設区域の整備の推進に関する法律）により，近い将来わが国でカジノが実現する。それに伴い，広い意味での金融商品取引（株式，社債，商品先物，外国為替，デリバティブなど），公営競技，パチンコ，といったサービス業界における利権（管轄）の構図も一変するであろう。また，歳入庁の創設による各種課税庁の統廃合といった議論も，当然に，サービス学の研究対象となりうる。

繰り返すが，サービス学の研究対象としてのサービスは，その公私を問われることはない。そのシンポジウムにおける質疑応答は，サービス学において聖

域は存在しない，したがって規制当局による規制という公共サービスもまた研究対象に含まれる，ということの確認なのである。あらゆる業界において規制が緩和されるようになれば，ますます多くの市場参入者にビジネスの基礎が問われるようになる。

　冒頭で述べたように，副業や兼業が当たり前の時代がまもなくやってくる。そうなれば，多くの会社勤め人は，これまでの，勤務先の経理担当者任せ，家庭では配偶者任せ，という「古きよき時代」とは訣別しなければならず，根本的な意識改革を迫られるのである。

　2017年3月

　　　　　　　　　　　　　　　　　　　　　　　　林　　徹

目　　次

第3版の刊行にあたって　i

はじめに　iii

┃第Ⅰ部┃ ゲームの舞台を知る・1

第1章　わが国の土地・税制史 ──────────────────── 2

　　1　序・2

　　2　大化改新と農地改革・5

　　　⑴　大化改新／6

　　　⑵　農地改革／8

　　3　所得税と地租改正・10

　　4　租税とモノポリー・12

　　5　結　　語・15

第2章　銀　　　　行 ───────────────────────── 18

　　1　序・18

　　2　銀行と中央銀行の起源・20

　　3　モノポリーにおける銀行係・22

　　4　金融と担保：抵当権と物上代位・26

　　5　競売：バブル経済からの教訓・27

　　6　結　　語・30

第3章　企業金融 ─────────────────────────── 33

　　1　序・33

　　2　目的：ゲームと企業・35

　　3　信用の礎・37

　　　⑴　経理の本質／37

　　　　⑵　会計公準とオフ・バランス／38

　　　　⑶　ストックとフロー／39

　　3　資本循環と企業金融・40

　　4　現金の位置と意義・45

　　5　結　　語・51

第4章　資産取引に関わる民法 ……………………………………… 52

　　1　序・52

　　2　ゲームの目的と資産取引・53

　　3　ゲームと現実の比較・57

　　　　⑴　意思表示と合意／57

　　　　⑵　資産の獲得と処分／60

　　　　⑶　債権と債務／61

　　　　⑷　家族と相続／62

　　4　関連法令へのゲートウェイ・64

　　5　結　　語・70

　　　　┃ 第Ⅱ部 ┃ 楽しみながら身につける・73

第5章　定　　　石 ……………………………………………………… 74

　　1　序・74

　　2　オレンジ・グループ有利の数学的根拠・76

　　3　クープマン・モデルとゲーム理論・80

　　　　⑴　クープマン・モデル／80

　　　　⑵　ゲーム理論／82

　　4　原理と定石・84

　　5　結　　語・88

第6章　交渉術と遊び ……………………………………………………… 91

　　1　序・91

　　2　経営におけるコミュニケーション技能・92

　3　交渉術：経営と部分的無知・96
　　(1)　経　　営／96
　　(2)　部分的無知／97
　　(3)　共 通 点／101
　4　遊びに関する先行研究・104
　　(1)　遊びとしてのモノポリー／104
　　(2)　現代社会と遊び／105
　　(3)　遊びと企業倫理／105
　5　結　　語・106

第7章　アクティブラーニング ……………………………………… 110

　1　序・110
　2　モノポリーと現実・112
　3　大局観と意思決定・116
　　(1)　財産状況の流れ／117
　　(2)　価値観とヒューリスティクス／118
　　(3)　交 渉 術／119
　4　専門分野との接合面・122
　5　結　　語・124

┃ 第Ⅲ部 ┃ 実務へのゲートウェイ・127

第8章　費用・収益の非対応：不動産所得の経費をめぐって …・128

　1　問題の所在・128
　2　不動産所得における「経費」の範囲・132
　　(1)　所得税法／132
　　(2)　人 事 院／135
　3　扶養手当のあり方の現在・145
　4　結　　語・151

第9章　サービスと経営成果 ·· 157

　　1　問題の所在・157

　　2　先行研究レビュー・158

　　　⑴　従業員満足度／159

　　　⑵　サービスの質と顧客満足度／159

　　　⑶　財務業績の評価／163

　　3　リカバリー・パラドクス・164

　　4　HRMとインターナル・マーケティング・168

　　5　結　　語・173

第10章　経営リテラシー：義務教育における複式簿記を中心に ··· 175

　　1　問題の所在・175

　　2　3つのリテラシー：金融・会計・経営・176

　　　⑴　金融リテラシー／176

　　　⑵　経営リテラシーの位置と意義／179

　　3　会計リテラシーをめぐって・181

　　　⑴　会計研究者による提言／181

　　　⑵　職業科（商業）の歴史／183

　　　⑶　諸外国の状況と課題／188

　　4　結　　語・190

第11章　コミュニティ条項論争：資本回収からの一考察 ··········· 193

　　1　問題の所在・193

　　2　投下資本の回収・197

　　　⑴　合名会社と株式会社／197

　　　⑵　非公開会社と公開会社／199

　　3　投資・購入の期間と目的・200

　　　⑴　長期と短期／200

　　　⑵　在住と不在（賃貸または投機）／201

　　4　3条団体の性質・202

　　5　結　　語・207

おわりに　213

付録A　資料：the official rule, Hasbro® より一部を抜粋・216
付録B　問題集・219

〔参考文献〕・221
〔索引〕・239

〔図表目次〕

第1章	図1-1	専門科目との接合面・4
	表1-1	モノポリーと現実の比較：物権変動など・6
	表1-2	ChanceとCommunity Chestにおけるすべてのカードの内容・9
	表1-3	モノポリーと現実の比較：租税など・13
第2章	表2-1	銀行係（モノポリー），市中銀行，銀行資本（原理論）の比較・23
	表2-2	抵当権と物上代位に関する銀行係と銀行資本の比較・28
第3章	図3-1	企業金融の諸形態・41
	図3-2	キャッシュ・フロー計算書の構造・47
	図3-3	財務3表の基本的な「つながり」・48
	表3-1	キャッシュ・フローのパターン・49
	表3-2	モノポリーにおけるキャッシュ・フロー・49
	表3-3	モノポリーにおけるカードとキャッシュ・フローの関係・50
第4章	表4-1	モノポリーのゲーム展開と関連法令・58
	表4-2	高等学校商業科教科書『経済活動と法』目次とモノポリー・65
	表4-3	宅地建物取引士試験の出題内容とモノポリー・69
	表4-4	義務教育で学ぶべき事項とモノポリー・69
第5章	図5-1	一周の間に止まる確率・77
	図5-2	サイコロで進む確率・77
	図5-3	投資額に対する収益期待値・78
	図5-4	順番による所有物件数の違い・79
	図5-5	順番による収益の違い・79
第7章	表7-1	モノポリーで求められる動き・厳しい現実・伝統的な対処の手段・114
	表7-2	ChanceとCommunity Chestにおけるすべてのカード内容（表1-2再掲）・115
	表7-3	貸借対照表・損益計算書・118
	図7-1	専門科目との接合面（図1-1再掲）・122
第8章	図8-1	会計と法律の関係図・129
	表8-1	扶養親族と手当・共済・所得控除の対照表・137
	表8-2	経費の算入・不算入の一覧例①・141

表8-3　経費の算入・不算入の一覧例②：収支内訳表（不動産所得用）・142

表8-4　必要経費のうち控除対象となるもの・143

表8-5　手当月額の推移・146

表8-6　所得限度額の改定経緯（昭和51年以降）・147

図8-2　配偶者を有する職員・扶養親族である配偶者を有する職員の推移（国家公務員）・148

図8-3　民間企業における家族手当の普及率の推移・149

付録8-1　「扶養親族届」の書式（長崎大学の例）・153

付録8-2　「扶養の申立書」の書式（長崎大学の例）・154

付録8-3　扶養親族届の添付書類の説明（長崎大学の例）・155

付録8-4　被扶養者配偶者認定基準の経緯・156

第9章	図9-1　サービスの4つのカテゴリー・163
	表9-1　製造業とサービス業の相違点と共通点・165
第10章	表10-1　知識の参照基準の比較・190
第11章	表11-1　公開株式とその他の出資形態・200
	表11-2　在住所有者と不在所有者・202
	表11-3　合名会社と株式会社の比較・204
	表11-4　マンション標準管理規約改正概要案に対する意見概要及び当該意見に対する考え方・208

第 **I** 部

ゲームの舞台を知る

第1章　わが国の土地・税制史

第2章　銀　　行

第3章　企業金融

第4章　資産取引に関わる民法

第 **1** 章

わが国の土地・税制史

1　序

　モノポリーと社会科学における専門分野との接合面（インターフェイス）は次のようである。すなわち，①歴史と文化（土地や建物に関する税制度や思想），②銀行（利息，抵当権の設定と消滅，競売），③企業金融（複式簿記の原理，資産・負債・資本），④民法（契約，売買，交換，抵当権，物上代位），⑤定石（OR，ゲーム理論，数学的アプローチ），⑥交渉術（価値観，コミュニケーション，誘因，説得），これらである。本章では，①歴史と文化，これを取り上げる。

　第1に，わが国における土地制度の歴史を遡ってみる。すると，資本主義社会の基礎をなす私有地が，権力装置によって少なくとも二度，没収された有名な事実が浮き彫りになる。すなわち，中大兄皇子らによる大化改新と，GHQによる農地改革（解放）である。両者に共通するのは武力を背景とする私有地の没収であった[1]。

　人類の歴史は，支配の象徴としての土地，武力・暴力によるその奪い合いの繰り返しであった。わが国もその例外ではなかった。

　なるほど，モノポリーそれ自体はそのような武力や暴力を前提としない平和なゲームである。そうであるからこそ，毎年，国内大会や世界大会が催されている（e.g.,「日本モノポリー協会」のホームページ）。しかし，現実の不動産市場，すなわち紳士・淑女的な交渉と取引を支えているのは，——それを神の見えざる手（Smith, 1776）と呼ぶかどうかは別として——武力・暴力による奪い合いを許さないルールと，これを強制する権力装置（国家）の存在である。

モノポリーにおいては，銀行係が，たとえば競売の進行など，ゲーム全体の進行秩序を司る役割を担う。

　今日の秩序ある現実の不動産市場はどのようにして形成されるに至ったのか。こうして，専門分野とのインターフェイスの一角に，土地や建物に関する歴史がある。

　第2に，そのような秩序ある不動産市場の形成過程において，律令国家の誕生以降，「公」としての朝廷と，豪族・貴族・寺社などの「私」との間で，土地に対する所有権の帰属がいわば振り子のように変遷してきた。しかし，班田収受制などにみられる公地公民制と，現代社会における私有財産制を比べてみると，公的支配，私的支配，いずれにせよ，武力・暴力ないし金融・経済力を背景とする階級に基づく生産関係，すなわち持つ者による持たざる者からの搾取の歴史という共通点がある[2]。

　現在わが国では，「個人」または「法人」は，土地を所有する主体であり，また所得税・法人税等の納税義務者である。これに対して，封建時代におけるそれは「戸主」すなわち「家」単位であった。明治維新における地租改正によって，私有財産の主体は個人に置かれた。ところが，これに呼応して所得税の課税単位がただちに変更されることはなく，GHQ主導によるシャウプ勧告までは「戸主」すなわち「家」が納税義務者のままであった。このように制度の過渡期にあった当時，財産権の主体と課税の単位は必ずしも同一ではなかったのである。こうして，専門分野とのインターフェイスの一角に，財産の帰属と税制に関する歴史がある。

　第3に，モノポリーでは，税に関するやりとりには，定額の消費税と，定額または定率の資産税（日本語版では，それぞれ物品税と所得税），それにチャンス・カード（Chance）や共同基金カード（Community Chest）による小額の定額のもの（日本語版では，貧困税，学校税，それに所得税の還付）がある。逆に言えば，それらのきわめて単純なものしか存在しない。しかも，不申告や滞納といったトラブルはありえないことになっている。ルール上，すべてのやりとりがその場で即時に決済される。債権・債務の放棄・免除や消滅時効といった，現実の円滑な経済生活には不可欠なルールも，ゲームでは否定されている。

　これに対してわが国における不動産取引に関する税は，きわめて多岐にわた

っている。たとえば，印紙税，登録免許税，不動産取得税，固定資産税，都市
計画税，所得税，消費税，法人税，事業税，などである。現実の不動産取引で
は，売買にせよ賃貸にせよ，契約書を交わす段階から，ありとあらゆる場面で
行政（課税庁）の管理下にある。もっとも，軽減措置・規定による取引促進や
税負担緩和の策がないわけではない。措置・規定の適用は，当事者が申告しな
い限り，自動的に課税庁によって認められるわけではない。たとえば，「小規
模宅地等の特例」や「配偶者の税額軽減」などの特例措置は，相続税の申告を
しなければ適用されない（浦田，2015，pp. 223-224）。いわゆる申請主義・申告
主義である。こうして，専門分野とのインターフェイスの一角に，租税制度が
ある。

　以下では，互いに関係しあうそれら3つの面に関して順に取り上げ，現実
（または歴史）とモノポリーを比較しながら，専門分野の入門としてのモノポ
リーの学術的・現実的な位置を明らかにすることができる。これが本章の目的
である。

　なお，不動産をめぐる租税制度とその歴史に関しては，たとえば，比較法学，
国際租税，租税回避，商慣行，帝国主義，安全保障，外交など，きわめて広範

図1-1　専門科目との接合面

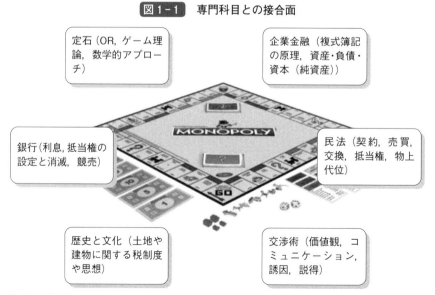

定石（OR，ゲーム理論，数学的アプローチ）

企業金融（複式簿記の原理，資産・負債・資本（純資産））

銀行（利息，抵当権の設定と消滅，競売）

民法（契約，売買，交換，抵当権，物上代位）

歴史と文化（土地や建物に関する税制度や思想）

交渉術（価値観，コミュニケーション，誘因，説得）

出典：写真はHasbro公式サイト（https://shop.hasbro.com/）より，筆者加筆

囲にわたるかつ国際的な，さらなる専門領域がある。ここではモノポリーが持っているそのようなゲートウェイの認識にとどめておく。以下では，空間的にはわが国の領土を対象とし，時間的にはわが国の律令国家成立前後から現代までを射程とする。

2　大化改新と農地改革

　モノポリーでは，そのルールとゲーム盤の設計から，オレンジ・グループまたはレッド・グループのエリアを制する者がゲームを制すると言われている。どのプレイヤーにとっても，それらの土地を原始取得する機会を得る確率は同様に確からしい。交渉による交換や売買を含めれば，継承取得のための機会もルールで保障されている。特定のプレイヤーだけが優遇または冷遇されることは断じてない。かりに刑事施設（Jail）に頻繁に滞在することになったとしても，それはカードやサイコロの運の結果である。どのプレイヤーもそのように信じている。そうでなければ，そもそもゲームが成立しない。

　これに対して現実の不動産取引では，そのようなフェアな機会がプレイヤーすなわち任意の個人や法人に与えられることは，むしろ例外である。民法上も経験上も，不動産は個性ある特定物に他ならない。すなわち一般商品（コモディティ）ではないため，需給関係や金銭では片づけられない面がつきまとうのである[3]。

　たとえば，一等地中の一等地であるはずの皇居や京都御所の敷地を，ある民間人が欲しいと思ったとしよう。どんなにカネを積んだところで，それらを手に入れることはできない。なぜか。いつからそうなのか。こうした問題意識が本章のモチーフである[4]。

　そういった公的な性格を帯びた現実の土地は，その過去を遡ってみると，多かれ少なかれ没収または収用のプロセスを経ている。空港，鉄道，高速道路，その他，いろいろある。たとえ公的な役割を終えたとしても，当局によって払い下げされない限り，それらが不動産市場で流通することはない。憲法29条3項によって，一定の補償を条件とした公共目的による「私有財産の収用」だけが規定されており，その逆の規定は存在しない。公共の土地は，時効取得の対象にもならないのである。

表1-1 モノポリーと現実の比較：物権変動など

	モノポリー	現　　実
原始取得	運（サイコロの出目，カード），競売	時効取得（公共目的の物件等を除く），埋め立て，自由意志（新築・増築），など
承継取得	交渉（売買・交換），相手の倒産	相続，競売（入札条件に注意），交渉（売買・交換・贈与など。法令の規制に注意）
没収・収用	プレイヤーの倒産	自己破産，倒産，公共目的（憲法29条３項）
対象となる土地	更地のみ（抵当権付きも可）	不動産市場で流通する私有地，払い下げによる公有地
対象となる建物	家・ホテル（対銀行のみ）	不動産市場で流通する私有の建物
権利・義務の帰属	銀行係，プレイヤー	当局（日本国政府・地方公共団体），個人または法人（それらの単独または共有）
納税義務者	プレイヤー	個人または法人（それらの単独または連帯）

出典：筆者作成

　これに対して，モノポリーでは，ひとたび正当に取得した土地であれば，武力・暴力などの不条理な理由でそれが没収・強制収用されることは絶対にない。ゲームでは，賃料や税金の支払い，他の物件の取得資金の工面など，経済的な理由以外で所有物件を喪うことはない。もっとも，ゲーム中に実際に大地震が起きたり，心臓発作でプレイヤーが倒れたりすれば，ゲームを棄権または中止せざるを得ない場合があることは言うまでもない。

　このようにして，モノポリーから「私有地」の起源と制限について思いをめぐらせるとき，「公地」または「領地」の歴史という学術的な専門分野に辿り着く。なぜなら，モノポリーには存在しないが，現実にはそれが存在するからである。

(1)　大化改新

　豪族たちによる私有地を基礎とする統治は，中大兄皇子らによる蘇我氏らの暗殺，すなわち武力・暴力による大化改新を経て，大和朝廷による公地公民制に取って代わられた。これにより，わが国における私有地はすべて没収され，一斉に公地と化したのである。

　このような状況は，ルール上，モノポリーのゲーム中にはありえない。ある

とすれば，逆転がほぼ不可能な状況までに不利な展開に直面し，にわかに癇癪を起こしたプレイヤーが，ゲーム盤をひっくり返してしまう，といった暴挙ぐらいである。暴挙はマナー違反でありゲームの成立を妨げる。

口分田（くぶんでん）による公民統制，すなわち朝廷による班田収受制は失敗した。「過度の集権化は社会システムを窒息させる」（Weick, 1979；田中，1981）という，歴史上の教訓である。

これに対してモノポリーでは，ルール上，プレイヤーが残り1人になったとき，そのゲームは終了する。モノポリーにおいてゲームがゲームとして成立するのは，逆説的ではあるが，一方で，どのプレイヤーの独占をも許さないような展開を，個々のプレイヤーが強く意識しているからに他ならない。しかし，他方で，どのプレイヤーも，途中の展開は別として，最終的に自らが勝者になることを目的としている。

たとえば，銀行係がプレイヤーに対して，何らかの制約を課したり，促したりすることはない。プレイヤーの打つ手と取引の自由は完全に保障されている。そうであるからこそ，ゲームが成立するのである。

その後，公地公民制は，三世一身法・墾田永年私財法を経て，寺社・貴族が支配する荘園に移っていった。寄進系荘園は事実上の私有地である。こうして，わが国における土地の主たる支配形態は，私有地，公地，私有地へと，その中心が振り子のように変遷したのである。これを言い換えれば，分権的（状態），集権化（集中），集権的（状態），分権化（分散），分権的（状態），となる。

モノポリーにおいては，同一カラーの独占成立がゲーム展開の節目，すなわち転換点である。プレイヤーたちは，一方でこれを互いに阻止（分散）しつつも，他方で，不均等交換による取引を交渉を通じて実現させ，同一カラーの独占（集中）を達成しようとする。すなわち，分散と集中を同時に達成することがモノポリーの精髄なのである。

荘園は，武装によって戦国時代を招き，やがて消滅していった。大名・領主による土地の封建的支配は長期間続いたが，明治維新における地租改正によって大きな節目を迎えた。すなわち，家，戸主を単位とする封建的な土地所有から，個人を単位とする民主的な土地所有への転換がそれである。これにより寄生地主が誕生することとなった。地租改正は納税の方式の転換も伴うが，これに関しては第3節で取り上げる。

(2)　農地改革

　それまで寄生地主が支配してきた土地は，わが国の敗戦後，GHQの主導によって，事実上没収された。第二次農地改革がそれである。ある意味で，それは革命に近い出来事であった。それまで自作農として経験がなかった寄生地主は，大地主から単なる自作農へと転落したのである[5]。

　農地改革によって強制的に転落させられた寄生地主と，大化改新によって武力・暴力で私有地を奪われた豪族は，過失がないのに権力装置によって財産を喪失した点で共通している。過失なくして財産を喪失する危険は，権力装置以外では，自然災害によるケースがある。阪神・淡路大震災，東日本大震災，それに東海大地震の予測を背景として，地震保険料率が急騰している。そのために，実際，太平洋側の私有地の地主の多くが，十分なカバーは期待できないと承知しているはずである。

　モノポリーでは，カードゲーム「大富豪」にみられる「革命」のようなルールはない。せいぜいのところ，チャンス・カードにおける修繕費（家一軒あたり25ドル，ホテル一棟あたり100ドル），または共同基金カードにおける修繕費（それぞれ40ドル，115ドル）である。これらとて，それを引く確率はきわめて低い。チャンス・カード16枚のなかに1枚と，共同基金16枚のなかに1枚しかないからである。しかも，かりにいずれのカードを引いたとしても，家またはホテルを建てていなければ，不問である。独占地に家やホテルを建てている資産家状態にあるプレイヤーが，たまたま修繕費カードを引いたときに，憂き目をみるにすぎない。

　また，Windows版に限られることであるが，総額2,000ドル以上の総資産を形成している状況で「所得税（income tax）」のマスに止まったとき，200ドル固定ではなくて，総資産の10％をうっかり選択してしまうと，不必要なまたは思わぬ高額な納税をしなければならなくなる。

　他方で，モノポリーには，自然災害によって財産を失うというようなカードもマスもない。このことは，ポルブー（Poorvu, 1999）が指摘したモノポリーの物足りない点に加えてよいかもしれない。

表 1-2　ChanceとCommunity Chestにおけるすべてのカードの内容（下線は税関係）

Chance

1	Pay poor tax of $15	8	Go back 3 spaces
2	You have been elected chairman of the board. Pay each player $50	9	Advance to St. Charles Place
3	Make general repairs on all your property Pay $25 for each house Pay $100 for each hotel	10	Advance to Illinois Avenue
4	Get out of Jail free card	11	Take a walk on the Boardwalk
5	Your building and loan matures Collect $150	12	Advance to Go Collect $200 dollars
6	Bank pays you dividend of $50	13	Advance token to nearest Utility. If unowned, you may buy it from the Bank. If owned, throw the dice and pay owner a total of 10 times the amount thrown.
7	Go directly to Jail	14	Take a ride on the Reading Railroad If you pass Go collect $200
		15(×2)	Advance token to the nearest Railroad and pay the owner Twice the Rental to which he is otherwise entitled. If Railroad is unowned, you may buy it from the Bank.

Community Chest

1	Advance to Go Collect $200	9	Receive for Services $25
2	Go to Jail	10	Xmas fund matures Collect $100
3	Pay hospital $50	11	Bank Error in your favor Collect $200
4	Doctors Fee Pay $50	12	Life insurance matures Collect $100
5	Pay school tax of $100	13	Income Tax Refund Collect $20
6	You are assessed for street repairs $40 per house $115 per hotel	14	From sale of stock You get $50
7	Get out of Jail free card	15	You inherit $100
8	You have won second prize in a beauty contest! Collect $10	16	Grand Opera Opening Collect $10 from every player

出典：モノポリー Classic, Hasbro®

3　所得税と地租改正

　モノポリーにおいては，たとえば，プレイヤー間での取引にせよ，銀行係との各種のやりとりにせよ，すべてがプレイヤー個人を基礎として展開される。プレイヤーをグループとしてグループ対抗とすることもできるが，そのばあい個々のグループ内では一蓮托生である。したがって，個人のばあいと基本的に異なる点はない。

　これに対して現実の不動産投資においては，第4節でみるように，租税における課税の単位と損益計算がきわめて複雑である。歴史的には，地租改正以前と以後で大きく分けられる。すなわち，それ以前は物納が基本であったが，それ以後は金納が基本である。

　しかし，問題は，物納から金納への変更よりもむしろ，土地の所有権者と納税義務者が必ずしも合致しなかった点である。以下，やや長くなるが，福島（1967, 1968）からの引用によって，その点を確認しておこう。

　「日本の政治・経済・社会に対して地租改正は基本的な作用をおよぼし，以後の発展の土台となった。いうならば，地租改正なくして明治以後の日本はない。もちろん，他の諸改革や科学技術・交通などの発展の諸条件をともに考慮しなければならない。とはいえ，地租改正が封建土地領有制を解体して新たな土地関係を編成したことは，その後の日本を動かす作用の主軸たる意義をもつ。もともと土地制度は，人と物との関係ではなく人と人との社会関係であり，政治的・権力的関係の土台となる。土地所有イデオロギーが権力の性格と密着し，土地制度が国家機構と深く関連するのは，これゆえである。」
（福島，1968, p. 269, 傍点は引用者）

　「地租改正によって，一方で，戸主以外の家族構成員は不動産取引について完全な行為能力を得た。それにより，他方で，それによって，戸主の統制はその支配力を弱めた。」
（福島，1967, p. 156）

　「地租改正と『家』制度との矛盾と，政府部内における太政官（背後に大

蔵省，地租改正事務局）と内務，大蔵両省との論争とは，いくらかの関連を
もつ。」
（福島，1967，p. 163）

　「日本の近代化を特徴づけるこの矛盾のあり方は，要するに，封建家臣出
身者の構成する維新政権が第1の任務として封建割拠の国土人民を再編成し
集中統治の対象とするに当たり，かつての領民に対しては規格的な『家』を
もって組織し，領地に対しては売買自由な，金納地租対象たる土地に改編す
るという，この2つの政策の結合の困難さからきている。検地帳体制では人
を土地に結びつけ同時に支配するが，地券体制では人を戸籍に結びつけ，そ
の上に戸長＝地方官の系列をおき，土地はそれとはなれて個別的に流動化す
る。しかも，土地の実質負担は旧時のものをひきつぐ。人についても土地に
ついても完全な自由はない。」
（福島，1967，p. 163，傍点は引用者）

　「地租における戸主の地位は，法制の表面には出ないけれども，社会的・
実質的な意味で，内面的には存在したのである。つまり，公法制度の現象面
では，地租と『家』とは全く切り離されているが，その背後で緊密に結び合
っているといえる。」
（福島，1967，pp. 264-265）

　「地租とは異なり，所得税は古いものではない（明治20年3月に勅令で創
設された）。所得税においては，はじめ『家』をその納税の単位として構成
されている。『同居ノ家族ニ属スルモノハ総テ戸主ノ所得ニ合算スルモノト
ス』（所得税法第1条但書）。戸主は，このばあい，その一家総所得の納税責
任者であるばかりでなく，納税名義人として，納税に伴うところの公権をも
もつわけである。したがって，公選議会の議員選挙の資格も，所得税に関す
る限り，戸主に帰することとなる。もっとも，家族構成員も別居別産である
ならば，税法上独立することはできる。」（福島，1967，p. 265，傍点は引用者）

　以上みたように，地租改正は，封建的な家制度に取って代わるべき，トップ
ダウン式の，個人主義的な新制度の導入であった。その際，人と人との間の利
害衝突が避けられないため，地租改正反対一揆が各地で勃発した。そのため，
改正の全面施行には7年を要したとされる。しかしながら，統一感を欠いた，

いわば場当たり的な変更による複雑な制度は，敗戦後のGHQによるシャウプ勧告まで続いた。

　こうしてみると，モノポリーとは直接関係はないものの，不動産投資をめぐっては，所有権者と納税義務者の関係に注目すると，「家族」や「扶養」に関してさらなる研究領域が広がっていることがわかる。

　現代の不動産をめぐる問題と関係するキーワードをいくつか挙げるとすれば，持分共有，相続（遺産分割），代襲相続，相次相続，贈与，税控除または税軽減の措置，である。ところが，これらのキーワードは，モノポリーとはまったく接点がない[6]。

4　租税とモノポリー

　租税に関して言うと，モノポリーはきわめて単純な構造になっている。学生に税金について学ばせることが，モノポリー誕生のきっかけであったと言われている。

　しかし，過去の狂乱物価時代やバブル時代が招いた結果とはいえ，現在のわが国の不動産をめぐる租税の体系があまりにも複雑であることと，個々の課税が不動産取引を抑制する税率となっていることから，不動産投資が過度に抑制されているように思われる（佐藤，2005）。

　事実，1973（昭和48）年制定の特別土地保有税（市町村単位の地方税），1991（平成3）年制定の地価税（国税）は，それぞれ，2003年，1998年に課税が停止されているにすぎず，当局によってその停止が解除されれば，課税が再開され，したがって，不動産の流通は統制をまぬがれない。

　さらに，たとえば医療機関などの公益目的の不動産に対する固定資産税の特権的な免除規定（地方税法348条2項）をみればわかるように，活気あるまちづくりを大胆にすすめようとする人々にとって，それが手枷足枷となっているルールが少なくない。

　したがって，ポルブーの指摘に加えて，モノポリーの弱みとして，租税に関するルールがきわめて単純であり，かつ少ないことを挙げることができる。裏を返せば，現実のわが国の不動産をめぐる租税規定が過度に複雑であると評価

することもできる。

　モノポリーで扱われる税は以下の通りであって，これら以外にはない。

① 　ゲーム盤上のマス：「所得税」（実際は資産税）「物品税」

　「所得税」は，定額200ドル（旧版では総資産の10％を選択できた）

　「物品税」は，定額75ドル

② 　チャンス・カード：「修繕費」（資産税）「貧困税」「会長選出に伴う支払い」

　「修繕費」は，家一軒につき25ドル，ホテル一棟につき100ドル

　「貧困税」は，定額15ドル

　「会長選出に伴う支払い」は他のプレイヤー全員にそれぞれ定額50ドル

③ 　共同基金：「修繕費」（実際は資産税）「教育税」「還付金」

　「修繕費」は，家一軒につき40ドル，ホテル一棟につき115ドル

　「教育税」は，定額100ドル

　「還付金」は，定額20ドル

　租税は古典的な専門分野として確立されている。租税法，財政学がそれである。しかし，モノポリーにおいては，たとえば，租税債権と一般債権の間の優劣，差押，租税債務の消滅時効，租税の減免，などは一切ない。不動産投資ゲームでありながら，モノポリーには，青色申告制度もなければ，減価償却の概

表1-3　モノポリーと現実の比較：租税など

	モノポリー	現実
契約書作成	なし（口頭による取引のみ）	印紙税
不動産登記	なし（税ではないが抵当権解除に伴う利払いがある）	登録免許税
売主	なし	所得税
買主	なし	不動産取得税
相続人／受贈者	なし（ゲーム自体に存在しない）	相続税／贈与税
賃貸人（所有者）	なし（所得税のマス，修繕費カード）	固定資産税／法人税／事業税／消費税（条件あり）
賃借人（転貸を除く）	なし	なし
その他，運など	物品税のマス，各種カード（貧困，教育，会長，還付金）	時効取得，時効喪失

出典：筆者作成

念もないのである。

　現実の不動産投資をめぐる節税対策として，ある税理士は次のように注意または助言をしている（稲垣，2014）。

　第1に，家賃・地代の発生主義である。すなわち，たとえどれだけ滞納があっても，当局は不動産による収入を，実現主義ではなく，発生主義で認識する。にもかかわらず，判例は，滞納で資金繰りに苦しむ貸主に厳しく，滞納を続ける借主に甘い。したがって，貸主は，借主の募集広告を無闇に打つリスクが大きいため，慎重にならざるをえない。

　第2に，建物や付属設備の減価償却である。その対象が，中古であれ，新品であれ，税法は，実際の耐用年数ではなく，法定の償却年数に応じて，損金の計上とその方法（定率法・定額法）を認めている。固定資産については，その耐用年数をいかに予測して評価するかが，経営意思決定の精髄である。にもかかわらず，税法によって，経営者の本来の仕事の適否が，わかりにくくなっている（逆基準性）。

　第3に，法人と個人の課税所得の計算である。個人所得は10分類で個別計算のうえ，損失の繰り越しは2年まで。それに対して，法人所得は合算・通算損益のうえ，損失の繰り越しは9年まで。ただし，個人事業主が法人成りするには，IT政府の時代とはいえ，また，個人番号が施行されているにもかかわらず，縦割り行政の弊害で，手続きに時間も費用もかかる。さらに，同じ法人でも，取扱量の規模に応じて，個人事業から管理会社へ，管理会社から保有会社へと変更したほうが，税金対策になる。

　他方で，個人事業における経費（青色申告専従者給与）と，管理会社・保有会社における経費（管理会社手数料・人件費）とでは，損金計上の規模もまったく異なる。事業主・経営者自らが，管理会社・保有会社の役員または従業員となり，役員報酬または給与として経費を計上することが，結局，トータルとしての節税効果は大きい[7]。

　第4に，保険料による税額控除である。個人事業では12万円がその上限であるが，法人ではその満額が認められる。たとえば，医療保険に法人で加入し，後に個人へ名義変更する。10年満期の生命保険を，修繕費に充当する。物件に対する生命保険として団体信用生命保険を利用する，といった手段が節税には効果的である。

　以上のように，現実の不動産投資における十全な節税には，膨大かつ細かな知識が不可欠である。したがって，税に関する細かな法令や時間のかかる計算は，そのこと自体が，納税者自身による積極的な計算と申告を遠ざけ，いわゆる国税OBを含む税理士の既得権を形成している。こうした課税庁と納税者の間における特殊な構造の存在理由は，これまでにみてきた不動産の所有権をめぐる歴史のなかに見出すことができる。

5　結　　語

　モノポリーに関して，社会科学における専門分野と接合面（インターフェイス）6つのうち，本章では④歴史と文化（土地や建物に関する税制度や思想）を取り上げた。

　第1に，わが国における土地制度の歴史をふりかえった。大化改新と第二次農地改革（解放）は，武力・暴力を背景とする私有地の没収であった。モノポリーは武力・暴力を前提としない。銀行係が，ゲーム全体の進行秩序を司る役割（現実の市場秩序を維持する国家や政府）を担っている。

　第2に，わが国における現在の秩序ある不動産市場の形成過程をふりかえった。「公」と「私」との間で，土地に対する所有権の帰属は振り子のように変遷してきた。公的支配と私的支配を問わず，武力・暴力ないし金融・経済力を背景とする階級に基づく生産関係，すなわち持つ者による持たざる者からの搾取，その歴史でもあった。他方で，地租改正によって，私有財産の主体は個人に置かれたが，シャウプ勧告までは「戸主」すなわち「家」が納税義務者のままであった。これに対してモノポリーは個人単位で行われる。

　第3に，不動産取引をめぐる税に関して，現実とモノポリーを比較した。モノポリーにはきわめて単純な租税しか存在せず，不申告や滞納といったトラブルもなく，すべてがその場で即時に決済される。これに対して，わが国における不動産取引に関する税は，きわめて多岐にわたっており，かつその計算も複雑である。契約書を交わす段階に始まり，相続に至るまで，ありとあらゆる場面において，課税庁の管理下にある。

　互いに関係しあう3つの面を取り上げ，現実（または歴史）とモノポリーを比較しながら，専門分野の入門としてのモノポリーの学術的・現実的な位置を

明らかにした。

〔注〕————————————————————●

1　これらに「建武の新政」を加えることができるかもしれない。

2　人間社会における暴力の起源は，山極（2007）によれば，「農耕の出現」である。すなわち，人間の戦う動機は共同体の内部にある。現代の戦争は，人間の社会性と心理を為政者がうまく操り，国家や民族集団に奉仕させようとして起きている（p. 221）。狩猟採集という生活様式では，それぞれの共同体に土地の所有は必要としなかった。ところが，1万年前の農耕の出現により，共同体内外の関係は大きく変化した。農耕に適した土地やそうでない土地があるので，場所によって大きな違いが生じる。そこで，価値の高い土地を標識で囲って，他人が手を出せないようにした。こうして人々の生活に境界が出現した（pp. 223-224）。農耕の出現は個人と集団を土地に帰属させ，土地を管理する者に大きな権限を与えるようになった。境界によって所有権が明確になった土地は結合して大きな領域として管理されるようになり，それを統括する者が土地と同時に集団を統合する支配者となった。この構造的な改変が，土地や境界をめぐる争いを引き起こし，集団間の戦争に発展する素地を作ったのだと考えられる（p. 224），と。

　これに対して，租税法の入門書（e.g., 増井，2014）は，政府（権力装置としての国家）が必要とされる理由を「市場の失敗」に求めているにとどまる。

3　それはちょうど，同じ日本国内であっても，都会の富裕層に生まれ育つのと，地方の貧困層に生まれ育つのとでは，その後の人生で差がないと言うことが難しいのとよく似ている。制度的に保障されている法の下の平等と，個別特殊的な経済的不平等の混在，これが厳しい現実なのである。もっとも，現在のわが国では，どんなに経済的・身体的に不利な環境で生まれ育ったとしても，才覚と努力次第で「成りあがる」道がないわけではない（e.g., 矢沢，1978）。才覚と努力とは，経営者の感覚と言い換えられる。それは，常に貸借対照表を把握できていることを意味する（浦田，2015，pp. 50-51）。逆に，歴史上，経済的に恵まれた環境に生まれ育ったとしても，ある日突然，権力装置によって転落させられたという事実もある（太宰，1947）。

4　常識に囚われることなく，現実を直視しつつ，かつ極端なケースを想定して考えてみること。そのような思考実験から導かれる疑問こそが社会科学らしい「問い」である。というのは，そのような問いなしには，巧妙に隠蔽されている本質を抉り出すことができないからである。

5　新美（2014）や古川（2010，pp. 74-81）によれば，第二次農地改革の結果，自作農が相対的に増える一方で，小作農が大幅に減少した。それに伴い，没落していった元地主たちが各地に出現し，そういう元地主たちは「斜陽族」と呼ばれた。

6　モノポリーにおける銀行係は，現実社会における市場取引の秩序を保つ当局の役割を担っている。わが国における銀行の歴史は，少なくとも鎌倉時代の土倉，あるいは江戸時代の寺社や神社にまで遡ることができる（井原，1688）。宗教（寺社・神社など）の勢力と当

　局（朝廷など）との関係については，古くは京都・奈良などで意図的に都が遷されたことと無関係ではない。こうした歴史的な関係という専門分野もまた，モノポリーから通じているゲートウェイである。

7　さらに巨大な投資規模にまで拡大すれば，財団の設立による相続税の非課税といった究極の対策（浦出，2015），などもある。

第 2 章

銀　　行

1　序

　モノポリーと社会科学における専門分野との接合面（インターフェイス）は次のようである。すなわち，①歴史と文化（土地や建物に関する税制度や思想），②銀行（利息，抵当権の設定と消滅，競売），③企業金融（複式簿記の原理，資産・負債・資本），④民法（契約，売買，交換，抵当権，物上代位），⑤定石（OR，ゲーム理論，数学的アプローチ），⑥交渉術（価値観，コミュニケーション，誘因，説得），これらである。本章では，②銀行（利息，抵当権の設定と消滅，競売），これを取り上げる。

　モノポリーは銀行係なしにはゲームが成立しない。複数のプレイヤーとともに銀行係は不可欠な存在なのである。正式なルール（Hasbro, 2005）ではゲームにおける銀行係はプレイヤーが兼任できる。もっとも，そのプレイヤーが破産すれば，それ以降，専任の銀行係となるか，他のプレイヤーに交代して兼任してもらうことになる。しかし，こうしたルールにおける銀行係の姿は，日常生活における銀行に対するイメージとは合致しない。

　わが国では，消費者としても生産者としても，銀行の役割を兼任することはありえない。なぜなら，ある消費者（生産者でもよい）が，その銀行の利益を犠牲にして自己または第三者に利益を与えることができてしまうからである（利益相反）。

　にもかかわらず，モノポリーではルール上兼任が可能とされている。なぜか。この問題意識こそが本章の出発点である。

　さらに疑問は続く。日本銀行は，歴史上，わが国に突如として姿を現した。

これに対して，英国におけるイングランド銀行の生成はそうではない。さらに遡って，そもそも銀行（金貸し資本）は原理的にどのように生成し，資本主義経済に登場するのか。その必然性はどこにあるのか。

　わが国では，江戸時代において寺社等がこんにちの金融業の役割を担っていたと言われる。実際，歴史を鎌倉さらに古代へと遡っていくと，国司，貴族，社寺，豪族らによって，出挙（すいこ）と称される有利子貸付，入質（いれじち）と称される譲渡担保，見質（みじち）（現質（げんじち））や差質（さしじち）と称される抵当が，それぞれ実践されていたことがわかっている（落合，2016, pp. 32-33）。これに対して諸外国，なかんずく英国ではどうであったのか。

　しかし，こういった歴史的な事実を厳密に明らかにすることがこの章の目的ではない。そうではなくて，資本主義経済において銀行が原理的にどのように生成し，また中央銀行が誕生するのか。モノポリーがこうした原理への入門，ゲートウェイとなっていることを示すこと。これが本章の第1の目的である。そのことを通じて，ルール上，プレイヤーと銀行係が兼任できる理由を明らかにする[1]。

　第2に，モノポリーでは，ルール上，プレイヤーの意図通りに，いつでも，どこにでも，所有物件に抵当権を設定することができ，また解除することもできる[2]。銀行係から拒否されるのは，家不足（Building Shortages）による建築拒絶，またはホテルを売るタイミングにおける家不足に応じた一定数の家の強制売却である。しかし，これらはルールに忠実に従っているだけである。そこに経営判断はない。その点，これまた現実の銀行の姿とは大きく異なっている。

　実際，消費者（家計）への融資はもちろんのこと，生産者（企業）への融資にも，わが国の銀行はそう簡単に応じてはくれない[3]。多くの勤労者が直面する住宅ローンの契約においては，抵当権の設定のみならず，生命保険への加入や保証料の支払いをも融資の条件として厳しく要求する。他方で，借り手に有利な金利変動があったとしても，債務者に借換え（リスケジューリング）を促すようなことは絶対に銀行はしてくれない。そればかりではない。借換えはもちろんのこと，一括繰上げ返済においてですら，とにかく，あらゆる場面で高額な手数料を要求してくるのである。

　こうしたゲームにおける銀行係と現実社会における銀行の姿のイメージ・ギャップを具体的に整理すること，これが第2の目的である。

　第3に，バブル経済崩壊以降，平成15年の民法改正等に至るまでの判例の内容が，抵当権設定者の用益権と抵当権者の物上代位の射程をめぐって揺れた。物上代位の拡張は，所有権者の排他的で絶対的な地位を根底から脅かすと同時に，主たる抵当権者たる銀行を過度に保護することになる。言い換えると，本来すべての融資に伴うリスクを負うべき銀行に，本来不可欠な個々の案件における厳密なリスク分析・調査を怠るインセンティブを与えかねない。また，法改正による短期賃借権保護の否定によって，抵当権者の地位がそれまでと比べて格段に上がっている。

　これに対して，モノポリーにおいては，主債務の弁済不能によって，破産に瀕したプレイヤーが所有している物件が競売に供されるとき，銀行係はこれに干渉することは一切できない。当然，入札することもできない。競売は，生き残っているプレイヤーの間でのみ執り行われる。その場合，銀行係は，公正かつ円滑な競売を淡々と執行するのみである。

　こうしてみると，最近のわが国における銀行のイメージと，モノポリーにおける銀行係のそれは，まるで正反対であるかのように見える。こうした対比を通じて，わが国における市中銀行の独特なイメージを明らかにすること，これが第3の目的である。

2　銀行と中央銀行の起源

　企業と同様に銀行も人工物である（Simon, 1996）。したがって，それは，人々の営為を通じて，設計され，維持される。

　以下では，グリーン（Green, 1989）に拠りながら，銀行の歴史を点描する。

　まず，日本における銀行の起源と発展は財閥主導によるものであった。要するに，西欧のそれと比べて閉鎖的であった。すなわち，日本の銀行業の発展は，主要な財閥に握られていた。

　たとえば，三井財閥は，1873年設立の第一国立銀行の発展に手を貸し，1876年に自家所有の三井銀行を設立した。こうした財閥支配は，欧州型株式銀行の株主構造とは大きく異なる。日本の銀行へは，西欧からの投資は一切なかった。他方で，日本の銀行は，銀行の制度や業務の発展の面で，西欧の伝統を採り入れていった。1902年設立の日本興業銀行は，クレディ・モビリエ（Crédit

Mobilier) をひな型とした産業金融機関である (Green, 1989, 邦訳, p. 127)。

これに対して，西欧における銀行の起源と発展は，おおよそ以下のように点描される。

第1に，銀行業がいつどこで始まったか，その起源を正確に解き明かすことは不可能に近い。しかし，ルネサンス期から近代初期にかけての銀行は，現代的な意味における銀行「制度」の創始者として，有力なその候補者である (Green, 1989, 邦訳, p. 3)。

第2に，16世紀までの銀行業の特徴は，為替手形の開発，メディチ家の隆盛，ジェノヴァ人銀行家の黄金時代，信用支払いの拡大である。

第3に，17-18世紀の銀行業の特徴は，振替銀行の発展，すなわちアムステルダム振替銀行，さらにイングランド銀行の誕生，イギリスにおける地方銀行の発展である。

第4に，19世紀の銀行業の特徴は，ナショナル・バンクの展開，ステイト・バンク，マーチャント・バンク，それに株式銀行の発展，預金銀行，クレディ・モビリエ型銀行，植民地での活動である。

第5に，20世紀前半の銀行業の特徴は，大銀行への集中化，国際決済銀行の設立，IMFの設立である。

第6に，20世紀後半の銀行業の特徴は，戦後銀行業への公的介入，業務の高度化，消費者金融，ユーロ・ダラー市場の形成，業務の多様化である。

以上，銀行業の起源と発展をみた。しかし，グリーンも述べているように，そもそもいつどのように銀行が誕生したのかはわからない。こうした疑問に対する答えを，現在の法や制度に求めても無意味である。

なぜなら，政府や国家を所与とすると，銀行の生成過程を原理的に説明できないからである。そうではなくて，無政府を前提とする資本主義経済の原点，すなわち商品の取引から出発しなければならない。

一口に言うと，山口 (1985, pp. 169-259, 第3篇「競争論」) によれば，貨幣融通資本，すなわち銀行業資本ないし証券業資本は，商業資本とともに，産業資本による資本主義的生産としての利潤増進活動を補足する機構として，論理必然的に，いわば派生的に生成する。

敷衍すればこうである。取引規模の増大に伴う商業信用の量的条件の問題，ならびに取引の不確実性を引き受ける受信力の問題，これらを一手に引き受け

る信用代位が必然的に要請される。こうして，ある資本のもとに，他の諸資本に対する債権の集積と，他の諸資本についての情報の集積があれば，その資本は受信活動と与信活動について相対的に有利な立場におかれる。その結果，信用代位業務によって独立しうる。この業務を専門的に行うのが銀行資本である。

　銀行は，主として手形割引業務，それを補足する利子付預金業務を通じて，商業資本や産業資本と取引を行いながら，利潤率増進活動を展開する。しかし，どれほど広汎に貨幣を集中・集積しても，個々の銀行は，地域・産業の特殊性による制約の下にあるため，受信力・与信力のばらつきやそれらの変動から免れることはできない。そういった制約に伴う諸問題を解決することを契機として，銀行間の貨幣出納や送金を集中して代行する銀行，銀行から信用を受けたり信用を与えたりする銀行，が生成する。これが銀行の銀行，すなわち中央銀行である。

　以上のような原理論における銀行と中央銀行の生成過程の説明は，無政府と経済人といった，非現実的ではあるものの，それらの前提が貫かれているがゆえに論理的に首尾一貫するのである。なお，岩村（2016）によれば，ビットコイン（技術）の登場にもかかわらず，原理的には銀行資本と中央銀行の存在意義が失われることはなく，それらが消滅することは，当面ない。

　銀行係を必須条件としているモノポリーは，こうして，銀行および中央銀行に関する歴史，理論，政策のゲートウェイとして位置づけることができる。

3　モノポリーにおける銀行係

　モノポリーにおける銀行係（以下，銀行係という）の役割は，現実の銀行（以下，銀行資本という）のそれと対比させると**表2-1**のように整理することができる。

　第1に，銀行係はア・プリオリな存在である。これに対して，銀行資本は産業資本の補足機構として原理的に出現する。この違いは決定的である。銀行係は，ちょうど当局（国家や政府）の存在理由と共通している。当局という安全保障装置がなければ，罰則を伴う規則による取引の安全は保証されず，武力・暴力による争いや混乱が避けられないからである。こうして，そもそも現実社会にはなぜ銀行が存在するのか，その歴史的な生成過程はいかなるものか，と

表 2-1　銀行係（モノポリー），市中銀行，銀行資本（原理論）の比較

観点	モノポリー（銀行係）		市中銀行	銀行資本（原理論）
存在埋由	政府的	ゲーム成立の前提条件	法定（銀行法など）	資本主義経済における産業資本の補足機構
価値判断		なし（ルール）	あり（横並びが多い）	あり（経営者による状況判断と交渉）
融資条件		物件（土地, 公共事業）の権利証に示された額	各種担保	物的保証，人的保証，事業計画，など
資金調達源		所与，抵当利息，税（所得，物品）	預金勘定など	預金勘定
リスク		なし	あり	貸し倒れ，市場競争，特別背任，業務上横領，詐欺，など
リスク・ヘッジ		なし	あり	中央銀行への準備預金，共同抵当，保証契約，M&A，など
融資先		担保を差し入れたプレイヤー	多種多様	法人事業主，個人事業主，住宅ローン債務者，など
本業	銀行資本的	両替	取扱手数料あり	利益追求（利ざや，手形割引，為替，など）
		抵当権者（土地と公共事業）		
	政府的	円滑なゲーム進行（給料払い，税徴収）		
		プレイヤーとの定額での物件売買	なし	
	裁判所的	競売執行（物件，家）		
	政府・裁判所的	家の総数（32軒）とホテルの管理		

出典：筆者作成

いう疑問につながる。

　第2に，銀行係には価値判断の余地が一切ない。すべての取引は公平無私であり，ルールに忠実に従うだけである。これに対して，銀行資本には経営者（頭取）による適切な状況判断が求められる。融資先としての顧客の審査と選別，手形割引率の決定，抵当物件の査定，などの様々な業務にわたって，短期的にも長期的にも意思決定が繰り返される。ただし，わが国における実態は，個別特殊的な金融機関行政により，本来あるべき姿と合致していない。

　たとえば，市中銀行から日本銀行への当座預金に対して利子が与えられるために，そのことがリスクを伴う企業金融を躊躇わせるインセンティブとなっている（高橋，2016b）。また，日本政策金融公庫などの特殊な金融機関が中小企業・個人事業への無担保融資を担うことで，金融機関同士の棲み分けが形成されている（今，2012）。

　第3に，銀行係には，徹頭徹尾，リスクという概念はない。これに対して，銀行資本はあらゆる相手との取引においてリスクを負う。たとえば，融資先の貸倒れ，他の銀行資本との金融市場における競争，頭取らによる特別背任，一般行員による業務上横領，詐欺などである。

　第4に，銀行係には資金調達の責任はない。その代わりに，プレイヤーからの税（物品税，所得税，カードに基づく資産税），抵当権解除に伴う手数料，その他，カードの指図通りの現金徴収，釈放カードの保管・交付，これらを円滑かつ正確に遂行する義務が与えられている。これに対して銀行資本の主要な資金調達源は，預金者からの預金口座勘定である。

　第5に，銀行係は，個々の物件に応じた定額融資を，いわば機械的にしなければならない。したがって，弁済の可能性やその是非を考慮する必要はないし，また考慮してはならない。これに対して銀行資本は，相手先の事業計画，物的保証，人的保証等を総合的に判断しなければならない。すなわち，事業主の経歴や人間性，事業計画の収益性，物的担保の経済的価値，保証人または連帯保証人の社会的・経済的な位置，その他の慎重な審査が求められるのである。

　第6に，銀行係は，任意に自己所有の物件（土地または公共事業のみ）に抵当権を設定したプレイヤーに対してのみ，現金を供給しなければならない。それ以外のプレイヤーに対して銀行係が任意に資金を融通することは禁じられている。また，プレイヤー同士の間での現金の貸し借りはもちろんのこと，物件

の貸し借りも禁じられている。

　これに対して銀行資本は，個人または法人の事業主，住宅ローンの債務者等に対して資金を提供する。その際，その背後で，物上保証人，保証人，連帯保証人等が信用を支えることも可能である。したがって，そういった信用さえあれば，銀行資本は誰に対してもいつでも一定の範囲の額で資金提供をすることができる。

　第7に，銀行係の本務は，円滑なゲーム進行にある。

　すなわち，まず，各プレイヤーにコマと現金1,500ドルを支給し，原始取得による物件の定額購入に応じてその現金をプレイヤーから受け取り，プレイヤーが「Go」を通過すればただちに現金200ドルを与え，所得税・物品税の内容に従ってプレイヤーから現金を徴収し，各種カードの指図通りに銀行係とプレイヤーの間での現金の授受を執り行い，またはプレイヤー間でのそれらを見届けなければならない。なお，「Jail」からプレイヤーが任意に出るとき（cf. 刑事訴訟法89条以下），またはゾロ目が出ないままサイコロの3度目を振り終えたとき，釈放カード，保釈保証金（ただし返還されることはなく全額が没収される），または罰金に相当する50ドルを銀行係は受け取る。こうした面に注目すると，税金の徴収と相俟って，銀行係は，あたかも公権力たる政府（当局）であるかのような役割を担っていると言える。

　次に，物件（土地，公共事業，家）の競売を公正に執行しなければならない（cf. 民事執行法，など）。こうした面に注目すると，銀行係は，あたかも公権力たる裁判所であるかのような役割を担っていると言える。

　さらに，プレイヤーによる任意の時点における任意の所有物件に対する抵当権設定を受け入れて現金を融通し，抵当権の消滅に伴う利子10%を徴収し，またはホテルや家の売却請求に応じなければならない。他方で，ホテルや総数32軒の家の在庫と行方を厳密に管理しなければならない。

　これらに対して銀行資本は，まず，預金者からの預金勘定を原資として，貸倒れの危険を負担しつつ各種融資先への貸付けを行い，それらの間の金利差によって利ざやを確保しなければならない。次に，手形割引による手数料収入，為替差益による収入，各種金融商品の取扱手数料，などによる追加的な収入源を維持する必要がある。

4　金融と担保：抵当権と物上代位

　抵当権者としての銀行係にあっては，プレイヤーの所有物件（土地または公共事業）のみがその目的物である。ルール上，ホテルも家も，抵当権の目的とはならない。また，土地が地震や津波などの天変地異によって消滅することもない。さらに，ルール上，抵当権が設定されている物件はレンタル料債権が発生しない。ただし，カラー独占（公共事業を含む）の状態にあれば，たとえ同一グループの他の物件に抵当権が設定されていても，レンタル料の割増（土地の場合は２倍）が保証されている。

　これに対して銀行資本にあっては，抵当目的物の行方に対しては重大な関心が寄せられる。わが国では，抵当権に関する特別法が数多く存在する[4]。このことから，債権者たる銀行資本は法によって手厚く保護されていることが窺い知れる。

　モノポリーとは異なり，譲渡担保を含めて現実の抵当権または根抵当権の目的物はきわめて多岐にわたる。土地付き戸建て住宅を例にとると，以下のようである。

　一定の頭金，生命保険への加入，土地Ｘと建物Ｙへの抵当権の設定（共同抵当），火災保険への加入，連帯保証人との連帯保証契約，連帯保証会社への保証料の支払い，登記にかかる諸費用の負担，固定型または変動型の金利タイプの選択。

　銀行資本Ｃは，これらすべてに同意した安定的な職業に就いている勤労者Ａに対して，内部審査を経て，住宅ローンを販売する。これらの条件からわかるように，銀行資本は債権の保全を万全とするために不測の事態を前提としている。たとえば，火災による抵当物件の消滅の際に，その保険金に対して優先弁済権を確保する。また，主債務者の死亡の際に，その保険金を被担保債権の回収に充てる。

　これに対して，ＸとＹについての使用・収益の果実はＡに帰属する。たとえば，ＸまたはＹを第三者Ｂへ賃貸借することで地代債権や家賃債権をＡは得ることができる。そのばあい，Ａの主債務たる住宅ローンの返済が滞ったとしよう（債務不履行）。ＡのＢに対する賃料債権の行方が問題となる。なぜなら，

所有権と抵当権はどちらとも物権であって，それぞれ使用収益権と被担保債権の保全を目的とする優先弁済権がある。Bが支払うべき賃料の行方をめぐって，AとCの双方の利害が対立する状況にあるからである[5]。

　この点，物上代位が認められる根拠として2つの考え方がある。特権説（物権説）と価値権説である。前者は判例の立場であり，抵当権者を保護して金融を促進するという法政策的見地から特別に例外的な保護を認める考え方である。これに対して後者は，抵当権が目的物の交換価値を把握する権利であるから，目的物から派生した代償物についてもその効力が及ぶという考え方である。

　賃料債権に対する物上代位の解釈について，前者の立場からは，目的物の「交換価値の済し崩し的な具体化」（我妻，1968, p. 281），「価値代表者」（柚木・高木，1982, p. 265），無条件に肯定されるべき（最判平成元年10月27日），と表現される。

　これに対して後者の立場は以下のように批判する（e.g., 小杉，1998, pp. 155-159；内田，2005, pp. 405-407；鈴木，1996, pp. 200-217）。第1に，土地は賃貸により減価しない。第2に，建物自体は時間の経過とともに減価するとしても，使用をしなければさらに減価する性質がある。よって，建物の使用による減価は認めがたい。第3に，抵当権は非占有担保であるため，目的物の使用・収益は抵当権の実行時まで設定者の自由にゆだねられる。よって，賃貸による収益を奪うことはそもそもできないはずである。第4に，抵当権者は目的物の交換価値を把握しているのであるから，賃料債権にまで優先弁済権を主張することは，いわば二重取りであって，設定者に対する一般債権者の利益を害する。

5　競売：バブル経済からの教訓

　こうした価値権説の考え方に基づいて，実務上，賃料債権に対する物上代位の行使を防ぐための妨害手段として，①債権譲渡，②仮装転貸借，または③相殺が，設定者によってそれぞれ講じられた。これらはいずれも抵当権者と設定者との間で争われた。

　バブル経済の崩壊以降，最高裁判所は判例・決定を積み重ねるなかで価値判断を更新してきたと言われる。その価値判断の内容は，抵当権者たる銀行資本の保護の強弱であった（田髙，2014, pp. 84-100）。以下では，その概略を紹介す

る。

　先述の，①債権譲渡，②仮装転貸借，③相殺については，それぞれ，最高裁判所において，平成10年1月30日（第三債務者保護説），平成12年4月14日（わら人形を介した仮装転貸借の否認），平成13年3月13日（抵当権設定登記後に発生した自働債権による相殺の否定）において判示された。

　これら一連の判決ないし決定には共通する価値判断が認められる。その中心にあるのは「抵当権者の保護」である。その背景には，現実問題として，バブル経済崩壊後，地価の暴落によって担保価値が大幅に下落し，被担保債権の保全が期待できなくなったことがあった。

　ところが，このような特権説に寄り添った価値判断は，平成14年3月12日（転付命令に対する対抗要件として抵当権者による差押の要請），平成14年3月28日（未払賃料に対する敷金充当への賃借人の期待の保護），などの一連の判決のなかで，抵当権者保護の度合いを弱める方向へと転換した。その後，こうした流れをふまえて，平成15年に民法の一部が改正されたのである。

表2-2　抵当権と物上代位に関する銀行系と銀行資本の比較

		抵当の目的					意思決定の基準
		土地	建物・ホテル	鉄道	公共事業		
					電気	水道	
抵当権	銀行系（モノポリー）	○ 定額	×(注1)	○ 定額	○ 定額	○ 定額	公式ルール
	銀行資本	○ 評価額	○ 評価額	○ 評価額	○ 評価額	○ 評価額	経営判断
債務不履行に基づく賃料債権への物上代位	銀行系（モノポリー）(注2)	×	×	×	×	×	公式ルール
	現行民法	可能	可能	可能	可能	可能	経営判断
	旧民法(注3)	△	△	△	△	△	経営判断

注1：抵当権者となることはできないが，プレイヤーが要求すれば建物・ホテルの定額販売・定額買取りに常に応じなければならない。
注2：モノポリーのルールでは，抵当権が設定されている間，当該目的物の賃料請求権が停止する。
注3：物権説（特権説）と価値説によって解釈が分かれていた。民法改正に至るまで，一連の判例は，抵当権者保護を基本としながらも揺り戻す面もあった。
出典：筆者作成

それにしても，こうした判例における価値判断の揺り戻しを招いた原因はどこにあるのか。

一口に言えば，それはバブル経済とその崩壊である。株価と地価の高騰を背後で支えていた銀行資本および証券資本に他ならない。なぜなら，銀行資本による意図的な過剰融資なしには，バブル経済は起こりえないからである。高橋（2016a）によれば，バブルの核心は以下のように要約される。すなわち，

「当時，証券会社の営業担当者が顧客に対する損失補填を「事実上」約束しながら株式購入を勧めていた。そのうえ，株式の購入資金を顧客の自己資金でまかなわず，銀行が融資していた。営業特金と略される特定金銭信託により，顧客たる企業が特金を設定し，本体で所有している有価証券を特金へ移管する。そうすると，本体で所有している有価証券の帳簿価格を変えないまま，有価証券の運用をすることができた。

これにより，顧客が保有する有価証券に莫大な含み益が発生しても，その含み益を顕在化させないままさらに運用ができる。こうした税制上の不備でもあった「簿価分離」という方法によって，大手証券会社4社はいずれも同様の営業を繰り返した。

こうして，含み益の隠蔽，事後の損失補填（事前は違法であったが事後は合法），ニギリと称される利回り保証（違法），営業特金による事実上の売買一任（違法），顧客たる会社の時価発行増資（他社顧客の営業特金ファンドによる買い上げ），……一口に言えば，元手なし，リスクなしで，多額の利益だけが入ってくる，という仕組みによって，証券会社が次々に顧客を巻き込んでいった。

株価の急騰は，マネーが市場全般にあふれていたからではなく，株式売買回転率が高かったからであった。同様にして，不動産取引においても土地取引規制が弱かったことが原因となって，不動産融資が膨らんでいった。」

（高橋，2016a, pp. 142-158）

にもかかわらず，最高裁判所は，まず，バブル経済を演出した銀行資本，すなわち抵当権者にとって有利であり，また同時に設定者にとって不利な判決を重ね，その後，その価値判断を修正していったのである。

　最高裁判所による価値判断，すなわち抵当権者の擁護は，バブル経済崩壊後における不動産価格の下落に対する政策的な利益考量を基礎としていると思われる。かりに抵当権を実行して競売にかけても，不動産相場の下落のみならず，短期賃借権の濫用（居座り屋）などにより，被担保債権を回収できる見通しが立たなかったからである。いわゆる不良債権問題である。しかし，先述したように，そもそも不良債権問題は多くの銀行資本自身が招いた結果であった[6]。

　こうした抵当権者としての銀行資本の実態に対して，銀行係においては過剰融資の問題は起こりえない。なぜなら銀行係による融資は，ルール上，プレイヤーの総資産簿価（権利証カードに示される総額）だけをその基準としているからである。したがって，青天井の投機も発生しない。

　競売にあっても同様である。なぜなら，個々のプレイヤーは簿価による資産総額のみを基準とする支払能力の範囲でしか応札できないからである。加えて，プレイヤー間での現金その他の資産の貸し借りが禁じられている。

　たとえば，証券資本における株式の信用取引の勧誘，これに相当するような仕組みはモノポリーには存在しないのである。

　もっとも，モノポリーのルールに，ただ漫然と，忠実に従ってプレイしている間は，銀行資本の現実に対する疑問は生じないかもしれない。しかし，銀行係という名称とその厳格に限られた役割に鑑みるとき，実際の銀行資本には，その本来の姿と重なる面が見当たらず，また連想することもできない。せいぜいのところ，たとえば，現金預け入れ・引き出し，手形・小切手の取り扱い，払い込み，投資信託などの各種金融商品の取り扱い，といった単純な窓口業務が，厳格にかつ整然と執り行われていることぐらいである。しかも，その多くはいまやオンラインで代替可能である。現実の銀行資本は，多くの製造業における激しい市場競争にさらされているようには見えないのである[7]。

6　結　　語

　本章では，モノポリーが次の3つのゲートウェイとなっていることを論証した。

　第1に，銀行の歴史的事実をふまえて，銀行と中央銀行の生成過程を原理的にかつ体系的に説明すること（競争論または分配論）。したがって，資本主義

経済の原理論と発展段階論の導入でもある。なぜなら，金融規制当局としての
政府を与件とすると，銀行資本の必然的な生成過程を説明できないからである。
　第2に，銀行資本の意義と役割を相対的に考えること。したがって，銀行資
本と，モノポリーにおける銀行係を比較して，両者の共通点と相違点を明らか
にすること。その観点は，両者の価値判断，リスク，リスク・ヘッジ，資金調
達源，融資条件，融資先，本業，これらである。
　第3に，利益相反の意味を考えること。そのために，モノポリーの正式なル
ールにおける「銀行係はプレイヤーを兼任できる」ことの理由を，わが国にお
ける市中銀行のイメージを法制度の変遷の分析を通じて明らかにすること。そ
の観点は，物上代位に関する最高裁判所の価値判断の変遷ならびに民法の改正
に至る，法政策上の背後にある考え方とその解釈である。

〔注〕─────────────●

1　2016年4月，LINEのグループで専門ゼミの学部生諸君に対して「中央銀行の生成過程
　を説明できますか」と尋ねてみたところ，決済，為替，融資，預金，といった市中銀行の
　機能を回答してくるものや，政府の銀行，銀行の銀行，発券，といった中央銀行の機能を
　回答するものが目立った。そこで質問を変えて「貨幣はなぜ貨幣か」と尋ねてみたところ，
　「みんながそれを信用しているから」という回答はあったものの，循環論法による回答はな
　かった。銀行，さらに中央銀行の生成過程について，その原理的な説明はできるであろう
　と期待していたが，実際はそうではなかった。
2　ただし，建物（家・ホテル）を抵当の目的とすることはできない。また，解除するとき
　には，権利証に示された定額の半額（被担保債務）に，定額の10％の手数料を加えて銀行
　係へ支払わなければならない。破産したプレイヤーが所有していた物件については，破産
　時に解除しなければ，後刻，解除するときにさらに10％の手数料をあわせて支払わなけれ
　ばならない。
3　であるからこそ，担保となる資産をほとんど持たない創業期の個人事業主や零細企業の
　ために，日本政策金融公庫や信用保証組合が政府によって設置されている（今，2012）。金
　融業の棲み分けが制度的にできあがっている。私事にわたるが，自営業者の三男であった
　筆者は，幼少のころ，見苦しい「押し売り」を目の当たりにした。事務所に原付でやって
　きて揉み手をしながらペコペコと頭をさげ，当座の資金繰りに困っているわけではないの
　に数千万円単位で「とにかく借りてください」と繰り返す。そんな担当者の姿をしばしば
　目にした。それが金融機関の実態であった。
4　抵当権の目的物には，土地，建物，地上権，永小作権のほかに，たとえば，動産（農業
　用動産，建設機械，自動車，船舶，航空機），財団（農業，漁業，鉱業，工業，鉄道，軌道，

港湾運送事業，道路交通事業，自動車交通事業，観光施設），立木，漁業権，採掘権，ダム使用権，公共施設等運営権，などが特別法で定められている。

5　ただし，以下は，平成15年（2003）改正民法371条ならびに担保不動産収益執行手続（民事執行法93条の4，188条）の導入以前における議論に基づいている。

新第371条（抵当権の効力・果実）

抵当権は，その担保する債権について不履行があったときは，その後に生じた抵当不動産の果実に及ぶ。

旧第371条（抵当権の効力・果実）

1．前条ノ規定ハ果実ニハ之ヲ適用セズ。但抵当不動産ノ差押アリタル後又ハ第三取得者ガ第三八一条ノ通知ヲ受ケタル後ハ此限ニ在ラズ。

2．第三取得者ガ第三八一条ノ通知ヲ受ケタルトキハ其後一年内ニ抵当不動産ノ差押アリタル場合ニ限リ前項但書ノ規定ヲ適用ス。

6　法改正に至るまでの経済社会的背景と経緯については，鳥谷部（2016）第二編「担保法改正」にも詳しく紹介されている。

7　高橋（2016b）は，日本銀行によるいわゆる「マイナス金利政策」（2016年1月29日導入）に関連して，日本銀行への金利付き当座預金に依存している市中銀行に対して「ぬるま湯」的と揶揄し，「貸出を行わない銀行に社会的な意味はない。そうした銀行は，いずれ金融再編の中で淘汰されていっても仕方ないだろう。」と厳しく警鐘を鳴らしている。

第 3 章

企業金融

1　序

　モノポリーと社会科学における専門分野との接合面（インターフェイス）は次のようである。すなわち，①歴史と文化（土地や建物に関する税制度や思想），②銀行（利息，抵当権の設定と消滅，競売），③企業金融（複式簿記の原理，資産・負債・資本），④民法（契約，売買，交換，抵当権，物上代位），⑤定石（OR，ゲーム理論，数学的アプローチ），⑥交渉術（価値観，コミュニケーション，誘因，説得），これらである。本章では，③企業金融（複式簿記の原理，資産・負債・資本（純資産）），これを取り上げる。

　モノポリーにおける一巡のゲーム展開，すなわち，（現金1,500ドル｜資本1,500ドル）のみから成る開業貸借対照表から始まって，次々に取引が繰り返され，やがて1人ずつ順に破産・清算し，最後に勝者が決まる総決算まで，この一巡の過程を複式簿記の入門としたい。そのような教育実践が，実際，主に英語圏において盛んになされている（e.g., Choy, 2011；工藤，2016；Shanklin, 2007）。

　本章の目的は，そういった実践による複式簿記の入門にとどまらず，モノポリーが企業金融全般のゲートウェイでもあることを明らかにすることである。

　第1に，ボードゲームとしてのモノポリーの目的と，企業のそれを比較する。

　後者は，「企業はだれのものか」という古くて新しい問題と関連している。両者の目的から必然的に，複式簿記の知識と技能の必要性が導かれる。ただし，「絶対的な正解のある仕訳」に終始する「検定に合格することを目的とした簿記演習」とは根本的に異質な技能が，企業における実践と同様に，ボードゲー

ムでも求められる。

　しかし，不等価交換（Diamond, 2010, pp. 113-114, 邦訳, pp. 162-163）による売買を繰り返すなかで，わざわざ時間を割いて，規則正しく，しかも正確な取引記録を残すことは，せっかくわくわくさせてくれるボードゲームの本筋から外れてしまう。

　なるほど，基礎は基礎として時間をかけてマスターする必要はある。実際，現実の経営意思決定は，納期に追われながら，過去の経験から導かれた目の子算によってなされることがしばしばである。したがって，異質な技能とは，相対的な正解を意味する仕訳を適切にかつ迅速にできること，これを指している。

　冒頭に紹介した教育実践では，こうした見地から，受講者が，遊びながら，ルールを覚えながら，複式簿記の感覚を体得する。そういった指導方法が強調されている。このことは，資産の増加と負債の増加，などを伝統的な座学だけで云々することが，簿記・会計の初学者にとって魅力的でないことの証である。

　第2に，金融の本質たる「信用」の礎に注目する。まず，帳簿ないし経理の存在理由を確認する。次に，経理とその背後にある会計公準との関係を確認する。ただし，その際，オフ・バランスの存在を指摘し，その重要性を詳述する。そのうえで，ストックとフローの見地から，上記の諸側面がボードゲーム・モノポリーとどう関わっているかを明らかにする。

　第3に，信用を背景に展開される資本の循環を取り上げる。ひとたび価値増殖運動を開始すれば，当面，企業金融は円滑かつ安定的となる。これに対して，起業段階，したがって定義上まだ資本に至っていないいわば資本予備軍にとって，資金調達すなわち企業金融はある意味で「命がけの飛躍」である。これに対して，モノポリーでは，ルール上，権利証（土地ないし公共事業）を担保とする銀行係による貸付けしかないため，信用をめぐる重要な問題は生じえない。したがって，起業段階と定常状態に分けて，現実の企業金融とモノポリーを比較し，共通点と相違点を整理する。

　第4に，貸借対照表と損益計算書に並ぶ重要な財務諸表の1つ，キャッシュ・フロー計算書を取り上げる。モノポリーにおいては信用取引が存在せず，すべてが現金で取引される。したがって，キャッシュの状態は一目瞭然である。しかし，キャッシュの源泉については，個々のプレイヤーが，たとえ大雑把でもよいので，記憶または記録しておかなければゲーム展開の全体像を把握する

ことはできない。したがって，それをキャッシュ・フロー計算書の雛型にあて
はめることで，モノポリーからキャッシュ・フローの何を学ぶことができ，ま
た何を学べないのかを明らかにできる。

2　目的：ゲームと企業

　ボードゲーム・モノポリーの目的は，ルール上，取引を繰り返すことで他の
プレイヤーを破産させ，勝ち残ることである。相手を憎んで叩き潰すという姿
勢ではけっして真の意味で勝つことはできない。紳士・淑女的に振る舞って，
他のプレイヤーに快く取引に応じてもらうことが絶対条件である（e.g., Koury,
2012, p. 109）。勝っても負けても二度とプレイしたくないという印象を相手に
与えないこと，これがもっとも重要である。したがって，ルール上は勝ち残る
ことであるけれども，人間同士，プレイヤー同士でのコミュニケーションを楽
しむことこそが，モノポリーの真の目的である。

　これに対して，企業の目的とは何か。法律上は営利（ただし，会社）である。
経済学では利益最大化を追求する抽象的で非人間的な存在である。それらのよ
うな目的をそのまま現実の企業の行動にあてはめて説明しようとすることはナ
ンセンスである。

　たとえば，利益に貢献しないとわかっていても取引先とのおつきあいでムダ
と思える出費をしたり，させられたり，もっと売れるとわかっていても規模の
拡大につながる投資を躊躇ったり先送りしたりする。それが現実の経営者の姿
である。なぜか。

　いま，目の前の取引相手の人脈を最大限に拡大すれば，必ずいつかどこかで
将来の取引相手に辿り着くであろう。言い換えると，目の前の取引相手は，潜
在的な顧客，潜在的なステイクホルダーと無関係ではない。むしろ関係してい
ると捉えるほうが賢明である。逆に，目の前の取引相手に対して非礼な態度を
とれば，いつかどこかで不利益となって跳ね返ってくるにちがいない。こうい
うわけで，現実の経営者は非合理的に見える判断や行為をとっていると考えら
れる。

　株式会社のばあい，かりに，そのような経営者に失望した株主は，持株を譲
渡すればそれで済む。たとえ譲渡制限があったとしても，制限内で譲渡すれば，

相応の投資を回収して，経済的に離脱して他人になることができる。したがっ
て，所有権者である株主（principal）の利益のために経営者（agent）は云々，
という規範的な説明は，実のところ，株式会社の制度趣旨と整合的でない。

　にもかかわらず，企業は世界中に遍く存在し，実際，活動を絶え間なく続け
ている。なぜか。衣食住なしに人類は存続できない。現代社会においてそのよ
うな基礎的なニーズを供給しているのが企業であるからにほかならない。それ
ばかりではない。雇用関係，請負関係，あるいは準委任関係によって，大多数
の人々は企業とかかわることで生計を成り立たせている。なくてはならない存
在なのである。このように，マクロの面からみても，ミクロの面からみても，
企業は現代社会においてきわめて重要な位置を占めている。

　したがって，限界まで短期的な利益を追求したり，競争相手を叩きのめした
りして生き残ろうとするケースは，きわめて例外的である。むしろ，資金ショ
ートを事前に回避し，競合他社と棲み分けながらなんとかしのいで共存してい
る。企業のそのような現実の姿に鑑みると，現実の企業の目的は，上述したモ
ノポリーの真の目的と同じである。

　であるとすれば，コミュニケーションを楽しみながら，かつ経済的な取引を
円満に交わすこと，すなわち信用経済に参加するためには，どのような条件が
求められるか。逆に言えば，何が不足すると信用経済から退出させられるか。
それを明らかにすることが本章の目的であると言い換えることもできる。

　いま，社会人基礎力というはやり言葉がある。経済産業省によれば，それは
「前に踏み出す力」，「考え抜く力」，「チームで働く力」の３つの能力から成っ
ており，「職場や地域社会で多様な人々と仕事をしていくために必要な基礎的
な力」とされる。しかし，その定義は，以下の理由から，必要かつ十分である
とは言えない。しかも，そこには，長寿社会にあって，何歳から何歳までとい
う具体的な年齢の範囲も明記されていない。

　たとえば，個人の大地主は，その存在自体が地域社会への貢献となっている。
しかも多くの人々に仕事の機会を提供している。他方で，地主自身は，前に踏
み出すことも，考え抜くことも，チームで働くことも必要ない。納税さえ適法
にすれば，文字通り，死ぬまで，それで足りる。地主が法人なら解散するまで
半永久的である。また，医師，歯科医師，公認会計士，弁護士，税理士，司法
書士，弁理士，行政書士，社会保険労務士など，法人に属さない独立の専門職

もまた，３つの能力を必ずしも必要としないし，定年による退職もない。

逆に，それら３つの能力を満たせば，だれでも詐欺などの犯罪を企てることができる。したがって，たとえば，宗教的・倫理的な戒めなどの制約がないままに，３つの能力をもって「基礎力あり」と断じるのは早計である。

むしろ，真の社会人基礎力とは信用経済に参加するための条件である。それで不足はない。なぜなら，法人，個人を問わず，信用経済に参加させてもらえないのは，社会人としての基礎が備わっていないからに他ならない。もっとも，取引に「完全」はない。そうであるからこそ，たとえば，連帯保証，（根）抵当，貸倒引当金の計上といった種々の商取引上の慣行が現存するのである。

3　信用の礎

⑴　経理の本質

信用取引の相手として認めてもらうには，すなわち信用経済に参加するには，何らかの経済的な実績または人的・物的担保が不可欠である。何の縁故も持たない状態で，自らの過去の実績を他人に証明するにはどうすればよいか。

その重要な手がかりの１つが帳簿である。自らが作成した帳簿こそは自らを助けてくれる。複式簿記による帳簿の整備と証憑類の保管，これが基礎中の基礎，いわば最低条件である。事実，わが国では，たとえ白色申告であっても，帳簿（ただし，2021年現在は単式でもよい）の記録・保管が義務づけられている。

そればかりではない。複式簿記による帳簿には，取引の記録に加えて，特定日における財産状態，ならびに特定期間における経営成績を明らかにする機能がある。したがって，自己管理はもとより，第三者に対してもそれらを説明する能力が帳簿には備わっている。体系的な帳簿が長期にわたって備わっていれば，そのこと自体が自らの現金出納や手形・小切手の管理などもけっして杜撰（ずさん）ではないということを間接的に証明してくれると言ってよい。なぜなら，当座勘定の杜撰な管理は，早晩，不渡りや不払いを招き，長期的には経営破綻につながるからである。

こうして，経理とは，経営管理の略語であり，いわば守備の要諦である。そ

れ自体は攻撃ではないが，攻撃のための基盤を成している。というのは，堅実な経理こそは信用の起源であり，金融機関からの与信を獲得するための前提条件であるからに他ならない。与信の獲得は，危険を伴う攻撃にとって，いわば援護射撃であると言ってよい。

　以上が経理の本質である。

(2)　会計公準とオフ・バランス

　にもかかわらず，会計では，第1に，貨幣という統一的な数量的尺度によって，すべての経済的活動を評価し，測定し，伝達し，報告する（貨幣的評価の公準）。たとえば，人的保証，従業員や役員の個人ないしチームとしての貢献，などは信用の源泉であるにもかかわらず，皮肉なことにバランスシートには載らない。しかも，それらに対して定量的に妥当な評価を与えることはそもそも不可能である。

　第2に，会計主体を明確にしなければ，会計の意義は没却される（会計主体の公準）。たとえば，わが国では，会社などの勤め人は源泉徴収すなわち特別徴収によって，所得税，住民税，社会保険料等がすべて天引きされる。たいていの納税者は確定申告の必要がない。加えて，二世代，三世代が同居していると，個人所得と家計との峻別が曖昧にならざるをえない。なぜなら，たいていのばあい，被扶養者が負担するべきコストは，当人ではなく扶養者の計算でなされ，負担割合が被扶養者当人に認識されにくいまま，扶養者の給与から天引きされてしまうからである。また，ある特定の業界における会社の計算において，かりに，収益は自社で，費用は税負担で，となれば，公正性が失われ，その会社に対する適切で妥当な評価をすることができず，会計の意味が失われる（e.g., 金森，2016）。

　こうしてみると，長期的にみれば，個人単位で何もかもを計算するべきであるように思われる。なるほど，親しかった間柄に帳簿と契約を持ち込めば，それまでの関係が変質すると言われる（高寺，1995, pp. 103-107）。収益（大黒柱）と費用（台所）の主体が一致しないまま歳月を経ると，何らかのきっかけでその信頼関係が崩れたとき，従前の関係は修復不能となりがちである。しかし，長寿社会のいま，全体としてみると，構成員全員を経済的に一体として計算し続けることで，個々の構成員に将来及ぶマイナス面は少なくない。むしろ，家

計においてこそアメーバ経営（稲盛，2006）が有効である。

　第3に，トップの消息や交代すなわち世代交代は，すべての利害関係者にとって決算情報と同等かそれ以上に重大な関心事である。実際，主要企業における役員人事は経済紙の記事として取り上げられる。なぜなら，役員人事は重要な節目であるからに他ならない。そのために，営業や投資の方針が，攻めから守りへ，またはその逆へ，大きな曲がり角となりがちである。それに呼応して，通常，利害関係者は従前の取引量を増減させることで対応する。信用取引に与えるインパクトが大きいからである。しかし，そのようなインパクトは会計から独立している。というのは，会計主体はその永続が前提とされるからである（継続企業の公準）。

(3)　ストックとフロー

　実際，企業は人工物（Simon, 1996）であるが機械ではない。それは生き物である（稲葉，1979；Geus, 1997）。であるからこそ，いかなる企業にもその誕生と死がある。栄枯盛衰に加えて，離合集散も繰り返される。建築物で言えば，外観が豪奢でも内部は腐乱ということもあれば，逆に質素でみすぼらしくても整理整頓が行き届いていることもある。伊勢神宮のように定期的な建て替えを繰り返すことで規模を維持しているものもあれば，ディズニーランドのように新陳代謝を繰り返しながら規模を拡大し続けるものもある。現状維持を含む広い意味におけるそのような変革は人々の営為なしには実現しない。しかも，人々のそういった努力は，方向性を帯びた理念，すなわち組織の重心（林，2000，2005，2011，2015）の下に首尾よく調整される必要がある。会計は，そのような調整のための手段の1つである。

　具体的には，ちょうど毎朝鏡を覗き込むようにして，あるいは体重計に乗ることで自らの姿（ストック）を確認するための道具，それが貸借対照表である。減量の目標設定は，何よりも現状を知ることがその出発点となる。目標の達成にはそこから先の一定の期間を認識することが不可欠である。期限なくしては，目標はまったく意味をなさない。ただし，時間は物理的に流れるが，感情を伴う生き物としての人間の時間は必ずしもそのようには流れない。

　そればかりではない。個々の企業活動は常に景気循環と市場危険の下で展開される。そのため，計画通りに運ぶか否かは事前にはわからない。であるから

こそ，一定期間にどの程度目標が達成されたか，その原因は何か，を知る必要がある。こうして，貸借対照表に加えて，期間損益（フロー）を測定するための道具が損益計算書である。

　このようなストックとフローの視角からモノポリーを見るとどうなるか。実のところ，見える部分と見えにくい部分の両方がある。ボードゲームに決算日はない。したがって，すべてのプレイヤーについて，資産・負債・資本（純資産）の推移を常に把握しなければならない。個々の貸借対照表をアタマの中で単純化しつつ作成し，イメージ化する必要がある。腰を据えて決算整理をして期間損益を導いて，という休憩時間はない。ゲームは間断なく展開される。個々のプレイヤーの収益能力の現状を分析し，攻撃すべき扇の要，すなわち集中的に狙い定めるべきポイントを掌握する必要がある。

　そのような分析と掌握によってはじめて，相手の収益能力を減退させ，相手の牙城を崩すことができる。ただし，攻撃すべきポイントがわかったからといって，シナリオ通りに取引を進められるとは限らない。次善策プランB，その次善策プランC，……を常に用意し，状況に応じて更新を繰り返す必要がある（e.g., Koury, 2012, p. 85）。その際の重要な点は，キャピタル・ゲインとインカム・ゲインから成る収益構造とキャッシュ・フロー，両者のダイナミックなバランス，これである。

4　資本循環と企業金融

　資本という専門用語は，人口に膾炙されるものの，たとえば，経済学と会計学とでは，その意味するところは同じではない（堀内，2016）。前者では負債と純資産は必ずしも区別されず総資産とほぼ同じ意味である。後者では明確に区分され純資産のみを指している。それに対して，資本循環は経済学の概念である。したがって，調達する企業側と，出資者（株主）ないし融資する側（社債権者，銀行など）から体系的に理解する必要がある（図3-1）。

　なるほど，負債（他人資本）と純資産（自己資本）を分けて考える必要はある。けれども，効率的に総資産価値を殖やす観点からは，好機とみれば，たとえ多くの負債を抱えてでも資金調達をするべきである（石野，2007）。ただし，利子の有無にかかわらず負債には相応のリスクが伴う。資本主義経済下におけ

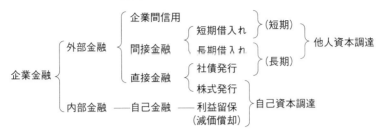

図3-1　企業金融の諸形態

出典：稲葉（1990, p. 85）

る好機とは主観的確率を意味している。そのようなリスクを伴う投資判断こそが，経営意思決定の精髄でもある。

　あらゆる投資にとって企業金融は不可欠である。しかし，起業段階におけるそれと定常状態におけるそれは同じではない。たとえば，株式の公開，わけても上場には高いハードルがある。ただし，上場会社なら経営破綻しないという保証はどこにもない。

　それに対して，一般に，資本予備軍の（未起業段階における）資金調達は困難をきわめる。そもそも，企業間信用の実績がない。公的・私的を問わず，どんなに創業支援策が充実していようとも，評価されない事業計画に支援が押し寄せることはまれである。

　したがって，人的・物的担保がなければ，企業金融にとって事業計画に対する「評価」が生命線である。これに対して，企業財務にとっては資本構成が課題となる。

　評価と簿記の関係は，沼田（1984）によれば以下の通りである。

　「簿記がその計算手段としてもっぱら貨幣金額を利用することは，計算の可能性並びに財務計算の本質からきている。しかし貨幣金額による計算は多くの欠点を伴う。第1に貨幣金額は数量数値のように客観的，技術的に正確に測定しうるものではない。ある財貨の金額が何ほどであるかは，これを測定する人の意思すなわち主観によって多分に支配される。第2に貨幣価値自体が変動する。尺度が延び縮み（ママ）するようでは，正しい数値は得られない。このような理由から貨幣金額による数値の決定は不確実になりやすい。

　この困難を克服するため，今日まであま多の研究が進められ，多くの理論が樹てられてきた。ものを貨幣金額によっていいあらわすことを評価（Valuation）という。評価論は会計学（Accounting）または財務諸表論（Theory of Financial Statements）の中心である。簿記学では財貨が正しく評価され，正しい貨幣金額が与えられているものとして，その記録・計算の理論および技術を取り扱う。」　　　　　　　（沼田，1984，pp. 5 - 6，傍点は引用者）

　このように，簿記は評価を前提としている。評価の対象として事業計画がこれに含まれることは言うまでもない。
　評価と資本構成のバランスは過去と将来の収益性に左右される。モノポリーではプレイヤーは，互いの事業計画を見立てながら，同時に，互いの資本構成を見極める必要がある。収益性は収益源に依存すると言ってよい。
　モノポリーにおいては収益源は以下のように分類される。
　①　サラリー……「Go」を通過するたびに1,500ドルを銀行係から
　②　その他……チャンス／共同基金カードにより銀行係または他のプレイヤーから
　③　取引……所有物件の売却または交換により他のプレイヤーから
　④　レント……所有物件へ進んだコマにより他のプレイヤーから
　これらのうち，③のみがキャピタル・ゲインであり，その他はすべてインカム・ゲインである。権利証に定価は示されているものの，状況に応じて物件の交換価値は大きく変動する。土地や建物は，一部の宅地建物取引業を除いて，通常は固定資産の部に計上されており，日常的に売買される対象（勘定科目）ではない。しかし，モノポリーにおいてはそうではない。双方に利益となる（と互いが納得できる）ように交換条件を調整しつつ，交渉を繰り返すことがモノポリーの精髄である。
　それゆえに，ボードゲームにおいては，土地は，固定資産であるとともに同時に流動資産でもあるのである。こうした考え方は，資本循環の概念をよく理解していればさほど難しいことではない。逆に，現実社会における一般的な製造業や流通業の貸借対照表に馴染んでいる者にとっては，理解しにくいかもしれない。
　最終的に勝敗を決するのは④である。450ドル以上のレントによる一撃があ

れば，450ドルの現金を失わせることができる（Koury, 2012, p. 95）。そのダメージは大きく相手の収益力も弱くなる。そのような一撃の基礎となるのが土地の「集中的な独占と開発」に他ならない。

　ここで，集中的な独占（cf. Rumelt, 2011）というのがポイントである。「分散的な独占」ではない。しかし，逆に，分散的な資産保有は相手の独占を妨げ，かつ莫大なキャピタル・ゲインを得ることも可能である。この点に関して，誤解を招きかねない説明（Kiyosaki, 2013）がある。たとえば，

　　「『モノポリー』で勝つには，キャピタル・ゲインではなく，キャッシュフローを得るために投資しなければならない。つまり，土地を買い集めるだけではだめで，買った土地に建物を建てていく必要がある。究極のゴールは，ホテルを建てることだ。住宅やホテルを建てることによって，継続的に入ってくる収入，つまりキャッシュフローをどんどん大きくする。そのお金でさらに土地を買い，さらに住宅やホテルを建てていくのだ。」

　　　　　　　　　　　　　　　　　　　　　　　（Kiyosaki, 2013, p. 153）

　第1に，独占・開発すべき集中投資のためには，財務キャッシュ・フロー（抵当権の設定による資金調達，場合によってはホテル・家の取り壊し）も，キャピタル・ゲイン（たとえ独占を許してでも，すなわち利敵となりうる対象の自己資産を高値で譲渡すること）も，その手段として不可欠である。したがって，「キャピタルゲインではなく」は不適切である。

　第2に，「キャッシュフローを得るため」という表現も妥当でない。キャッシュ・フローそれ自体は，損益にも勝敗にも関係ない。イン・フローとアウト・フローの最終的な差こそが重要であり，その総量（キャッシュ・フローの大きさそれ自体）は，まったく問題ではない。

　第3に，「ホテルを建てること」は究極のゴールではない。ホテルは手段のひとつにすぎず，究極のゴールは「生き残る」ことである。土地のカラーによっては，数件の家を建てれば十分な収益源（450ドル以上）となり，したがって破壊力を持つことができる。そのような土地にホテルを建てることはむしろ経済的に非効率（レント支払のためのキャッシュ余力を失いかねない）である。

　集中的な独占と開発には，複数の建物を集中的に建てるための豊富な資金が

不可欠である。そのような場面で機動的に資金を調達する方法が，前記③，ならびに他の資産を目的とする抵当権の設定による銀行係からの借金である。しかし，こうした集中投資は，同時に，しばしば相手方の④によって，自身の手許の現金が枯渇するリスクを伴う。

　次に，やや古い文献（鳥羽，1971）ではあるが，やはり誤解を招く記述がみられるので，以下に引用して紹介する。

　　「このゲームは，1930年代の大恐慌の時代に案出されたものだというが，なかなか面白いゲームである。その面白さは，最初に土地を買占めたり，家やホテルを早く建てた者が勝つとは限らないことである。余り手を広げすぎて現金がなくなると，案外早く手を上げなければならなくなる。折角建てた家や高い土地を，二束三文で売らなければならなくなるからである。だからこのゲームの必勝法は，皆がよく泊る便利な土地に，皆が泊りたがるような快適なホテルを建てること，そして，どんな苦境でもあきらめずに，執念をもって事業計画を進めることである。たとえ現状が最悪でも，これに耐えしのぶことができれば，必ず飛躍の時がくるからである。」

（p. 129，傍点は引用者）

　傍点で示す通り，家にせよ，土地にせよ，必ずしも二束三文で売る必要はないし，そのようにできない場合もある。
　第1に，家については，プレイヤー同士でこれを売買することができない。建設時に銀行係へ支払った費用の半値で，やはり銀行係へ売却することができるだけである。また，家不足（Building Shortages）の状態にあり，かつ他の資産があるなら，他のプレイヤーの開発を阻止するためにも，むしろ売却するべきではない。
　第2に，土地については，プレイヤー同士で売買することはできるが，いきなりそうする前に，まず，抵当権を設定するという選択肢を検討するべきである。というのは，モノポリーにおいても現実においても，不動産は，ひとたび手放すと，これを再び取り戻して原状に回復させることは，けっして容易なことではないからである。

　たとえば，モノポリーにおいて運よくオレンジまたはレッドの土地 1 区画 A を 2 X ドルで G が原始取得したとする。その後，現金不足に陥り，A を除く他の資産すべてを抵当に入れるなどすれば現金を銀行係から調達できる状況であるにもかかわらず，4 X ドルで他のプレイヤ　II へ A を売却したとしよう。

　さらにその後の展開において，G が他のレッドの土地 2 区画を取得したとしよう。このとき，G は H に A の譲渡を求めて交渉したとしても，おそらく値は付かないであろう。すなわち，H は G によるレッドの独占を阻止しようとするので，A の市場価値は青天井となってしまい，G はレッドを独占することがきわめて困難な状況に陥る。

　また，現実において，ひとたび土地または建物の所有権を喪うと，その土地または建物がその後において，原状の形状が維持される保証はどこにもない。

　まず，土地にあっては，それが合筆または分筆の対象とされ，所有者が複数もしくは共有となって権利関係が複雑になれば，もはやお手上げである。さらに，時間が経過して，相続，相次相続がからめば，永遠に元に戻すことはできないと言っても過言ではない。

　次に，建物にあっては，経年劣化によって物理的に償却の対象となるばかりではない。それに抵当権や根抵当権が設定されたり，共有によって複数の所有者とされれば，やはり元に戻すことは困難をきわめる。

　それらに加えて，その近隣に，たとえば新駅や高速道路の新インターチェンジの設置計画が持ち上がれば，評価額が急騰し，担保価値も上昇するため，土地や建物を買い戻すことは，経済的にもほぼ不可能となる。不動産投資の基本原則として，資産（土地や建物）を，単なる現金化という目的で手放すことは，禁忌なのである（Koury, 2012, p. 96）。

5　現金の位置と意義

　財務諸表には，その基礎となる貸借対照表・損益計算書に加えて，キャッシュ・フロー計算書がある。その存在理由は，信用経済の罠，いわゆる黒字倒産を回避することである。どんなに多額の収益を計上したところで，その大半が売掛債権であって，かつ現金支出が現金収入を大幅に上回れば，不渡りを出すリスクを免れることはできない。

　そういうわけで，企業の活動を，営業，投資，財務，これら３つの側面から把握することにより，現金等価物の残高の理由，すなわち資金収支の過程（イン・フローとアウト・フロー）を明らかにするのである。キャッシュ・フロー計算書は，複式簿記からいわば派生的に導かれる。具体的には，直接法または間接法により作成される（**図３-２**，**図３-３**）。

　わが国では，中小企業には，この書類の作成義務は法的にはない。しかし，その目的と意義に鑑みればむしろ積極的に作成されるべきであろう（田中，2015）。その意味で，税法による会計実務のいわゆる逆基準性とは好対照をなしている。すなわち，前者は任意であるが，後者は義務である。しかし，長期的にみれば，後者よりも前者のほうが，経営意思決定にとっては重要である（**表３-１**）。というのは，実際，取引銀行は，中小零細企業たる融資先のキャッシュ・フロー計算書を独自に作成して融資等の判断材料としているからに他ならない。

　このような資金収支の感覚こそは，モノポリーによって文字通り体感できる領域である。なぜなら，現実社会では，通常はなかなか手をつけることがない固定資産，すなわち土地を，モノポリーでは積極的に取引の対象としなければならないからである。

　ここで，前述の，①サラリー，②その他，③取引，④レント，これらをイン・フローの３区分で整理すると，①②④は営業であり，③は投資でありまた財務でもある。逆に，アウト・フローについてみると，②④が営業であり，やはり③は投資でありまた財務でもある。

　投資については捨象される面がない一方で，モノポリーで無視される主なものはこうである。まず，営業では減価償却，次に，財務では，融通手形を含む無担保の金銭貸借，社債の発行・償還，株式の発行・配当金支払い，これらである（**表３-２**）。

　それらのうち，設備（建物・機械など）投資に随伴する減価償却，ならびに社債と株式の取り扱いは，経営者固有の重要な業務であるものの，モノポリーではこれを禁じており，したがってそれらの感得もできない。このルールによって，機動的な資金調達と租税対策のバランス感覚を身につける機会が失われている。

　チャンスと共同基金のカードを，キャッシュ・フロー（上記①から④まで）

図 3-2　キャッシュ・フロー計算書の構造

間接法

営業活動によるキャッシュフロー
税引前当期純利益
減価償却費（＋）
売上債権の増加（－）
棚卸資産の増加（－）
仕入債務の増加（＋）
その他負債の増加（＋）
小計
利息の受取額（＋）
利息の支払額（－）
法人税等の支払（－）
営業活動によるCF計
投資活動によるキャッシュフロー
有価証券取得（－）
有価証券売却（＋）
固定資産取得（－）
固定資産売却（＋）
投資活動によるCF計
財務活動によるキャッシュフロー
短期借入収入（＋）
短期借入返済（－）
株式発行収入（＋）
自己株式の取得（－）
配当金支払（－）
財務活動によるCF計
現金及び現金同等物の増減額
現金及び現金同等物期首残高
現金及び現金同等物期末残高

直接法

営業活動によるキャッシュフロー
営業収入（＋）
商品の仕入支出（－）
人件費支出（－）
その他の営業支出（－）
小計
利息の受取額（＋）
利息の支払額（－）
法人税等の支払（－）
営業活動によるCF計
投資活動によるキャッシュフロー
有価証券取得（－）
有価証券売却（＋）
固定資産取得（－）
固定資産売却（＋）
投資活動によるCF計
財務活動によるキャッシュフロー
短期借入収入（＋）
短期借入返済（－）
株式発行収入（＋）
自己株式の取得（－）
配当金支払（－）
財務活動によるCF計
現金及び現金同等物の増減額
現金及び現金同等物期首残高
現金及び現金同等物期末残高

（投資活動・財務活動部分は）直接法のキャッシュフローと同じ

営業活動によるキャッシュフロー

　事業の販売や仕入れ，製造活動などから生じた現金の現実的な流れ。
　間接法のキャッシュフロー計算書では，税引前当期純利益をベースに、PLとBSの数字から，現金が動かないものを調整して，実際の現金の動きを逆算する。

投資活動によるキャッシュフロー

　工場建設や設備導入などの設備投資，子会社への投資，株式持合いなど投資に係る現金の動きを表す。

財務活動によるキャッシュフロー

　金融機関からの長短期資金の借入れや返済，社債発行による資金調達，増資による資本金の増加など，会社の資金調達や返済などを表す。

出典：國貞（2007, p. 51）

図3-3　財務3表の基本的な「つながり」

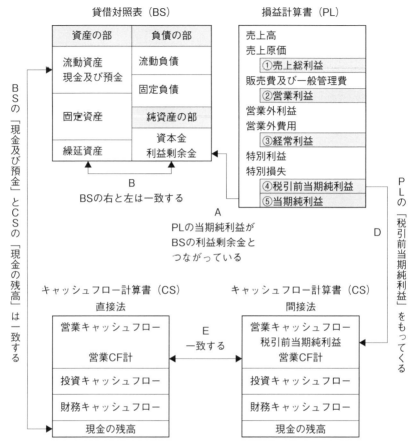

出典：國貞（2007, p. 59）

表3-1　キャッシュ・フローのパターン

	営業キャッシュフロー	投資キャッシュフロー	財務キャッシュフロー
好調な企業	プラス（＋）	マイナス（－）	マイナス（－）
	本業の稼ぎが好調	積極的な設備投資	過去の借金の返済
不調な企業	マイナス（－）	プラス（＋）	プラス（＋）
	本業が赤字	不動産や有価証券の売却により埋め合わせ	借入れにより，赤字を補填

出典：中島（2015, p. 91）

表3-2　モノポリーにおけるキャッシュ・フロー

キャッシュ・フロー	営業	投資	財務
刑事施設（Jail）滞在中	主として，④増加	好調のときと同じ	
好調のとき	④，①，②　増加	③　減少（→収入源の拡大）	
	レント収入など	資産の獲得と開発	集中投資のための抵当権設定
不調のとき	④，②　減少	③　増加（→弁済のため支出）	
	レント支出など	レント支出のための売却または交換	レント支出のための抵当権設定

　注：①サラリー，②その他，③取引，④レント，を指す。
出典：中島（2015, p. 91）を参考に筆者作成

の観点から評価したものが**表3-3**である。表3-2と組み合わせれば，判断材料となるであろう。

　このように，キャッシュ・フロー計算書の観点から現実と比べると得喪の両面があるものの，モノポリーは経営意思決定の感覚を提供してくれると評価してよい。

表3-3 モノポリーにおけるカードとキャッシュ・フローの関係

Chance

#		④	③	②	①	#		④	③	②	①
1	Pay poor tax of $15			▲		8	Go back 3 spaces				
2	You have been elected chairman of the board. Pay each player $50			▲		9	Advance to St. Charles Place	△	△	△	
3	Make general repairs on all your property Pay $25 for each house Pay $100 for each hotel	▲	▲	▲		10	Advance to Illinois Avenue	△	△	△	
4	Get out of Jail free card					11	Take a walk on the Boardwalk	△	△	△	
5	Your building and loan matures Collect $150				○	12	Advance to Go Collect $200 dollars				○
6	Bank pays you dividend of $50				○	13	Advance token to nearest Utility. If unowned, you may buy it from the Bank. If owned, throw the dice and pay owner a total of 10 times the amount thrown.	△	△	△	
7	Go directly to Jail					14	Take a ride on the Reading Railroad If you pass Go collect $200	△	△	△	○
						15 (×2)	Advance token to the nearest Railroad and pay the owner Twice the Rental to which he is otherwise entitled. If Railroad is unowned, you may buy it from the Bank.	△	△	△	

Community Chest

#		④	③	②	①	#		④	③	②	①
1	Advance to Go Collect $200				○	9	Receive for Services $25				○
2	Go to Jail					10	Xmas fund matures Collect $100				○
3	Pay hospital $50			▲		11	Bank Error in your favor Collect $200				○
4	Doctors Fee Pay $50			▲		12	Life insurance matures Collect $100				○
5	Pay school tax of $100			▲		13	Income Tax Refund Collect $20				○
6	You are assessed for street repairs $40 per house $115 per hotel	▲	▲	▲		14	From sale of stock You get $50				○
7	Get out of Jail free card					15	You inherit $100				○
8	You have won second prize in a beauty contest! Collect $10				○	16	Grand Opera Opening Collect $10 from every player				○

注1：▲は不調，○は好調，△は状況による
注2：①サラリー，②その他，③取引，④レント，を指す。
出典：モノポリーClassic，Hasbro® より筆者作成

6 結 語

本章は，実践による複式簿記の入門にとどまらず，モノポリーが企業金融全般のゲートウェイでもあることを明らかにすることがその目的であった。

第1に，ボードゲームとしてのモノポリーの目的と，企業のそれを比較した。経済学や会計学では理念型としての企業または会社の定義が措かれているものの，現実の企業の真の目的ないし存在理由は，モノポリーの目的と共通していることを明らかにした。

第2に，帳簿ないし経理の存在理由，経理とその背後にある会計公準，オフ・バランス，これらを確認したうえで，信用の礎を成す諸側面とモノポリーの関係を整理した。

第3に，起業段階と定常状態に分けて，現実の企業金融とモノポリーを比較し，共通点と相違点を整理した。

第4に，モノポリーにおけるキャッシュの動きをキャッシュ・フロー計算書の雛型にあてはめることで，営業，投資，財務に関して，モノポリーから何を学ぶことができ，また何を学べないのかを明らかにした。

第 **4** 章

資産取引に関わる民法

1　序

　モノポリーと社会科学における専門分野との接合面（インターフェイス）は次のようである。すなわち，①歴史と文化（土地や建物に関する税制度や思想），②銀行（利息，抵当権の設定と消滅，競売），③企業金融（複式簿記の原理，資産・負債・資本（純資産）），④民法（契約，売買，交換，抵当権，物上代位），⑤定石（OR，ゲーム理論，数学的アプローチ），⑥交渉術（価値観，コミュニケーション，誘因，説得），これらである。本章では，④民法（契約，売買，交換，抵当権，物上代位），これを取り上げる。

　たいていの民法入門書では，たとえば，婚姻，離婚，相続（とくに遺産分割），訪問・通信販売など，だれもが避けて通ることができない家族・相続・日常生活上のトラブルに重点が置かれている。しかし，多くの人々，学生諸君（法律専攻を除く）にとって，日常生活とあまり関係のない条文や判例に対する関心を維持することは容易でない。その結果，重要な経営意思決定の場面に直面したとき，専門家に相談または依存せざるをえなくなる。そればかりではない。広い意味で民法を知らないと，個人的な場面であっても，利益の機会を逃してしまうし，損失を効率的に防ぐこともできない。なぜなら，民法は人と人の関係を権利と義務の観点から統一的に整理する道具であるからである。

　実際，大学学部における法学教育によって，「人権感覚，『公』と『私』の区別，調整能力，弁論能力，交渉力，組織マネージメント能力（ママ），危機管理力・指導力」，といったジェネリック・スキルが獲得できると言われている（日本学術会議，2012b, pp. 14-16）。ただし，そのことを裏付ける科学的なデータ

があるわけではない。

　これに対してモノポリーは，いわば経営意思決定を擬似的に体験する道具である。経営意思決定とは，実際に日常的（daily）に繰り返されているものではあるが，その本質は非定型的または非常軌的（non-programmed: Simon, 1977）である。したがって，モノポリーは，民法の条文や判例のうち日常生活とはあまり関係のないものに関して，プレイヤーに否応なく興味を持たせてくれる。たとえば，不動産や公共事業の売買・交換，家やホテルの建設・売却，抵当権の設定・解除，などがそれである。

　もっとも，そういった意思決定は，ちょうど，たとえば新規事業への参入，M&A，社屋の建設，事業用地の調達などと同様に，最高経営責任者にとっては日常であるしまた本務でもある。しかし，そういった職位にない多くの人々にとっては非日常的である。それゆえに，非日常的な意思決定場面を提供してくれるモノポリーは，経営意思決定の基礎的な技能の訓練として有用なのである。

　こうして，モノポリーは広義の民法，ひいては法学全般へのゲートウェイとしての意味を持つ。この論証が本章の目的である。具体的には，資産取引ゲームとしてのモノポリーの公式ルールと，現実の取引に関連する法令との比較を行う。その際，比較の軸となるのは民法である。これを通じて，経営意思決定における資産取引に関連する法令の位置と意味を明らかにする。

　以下では，第1に，ゲームの目的と資産取引の関係を確認する。第2に，4つの観点からゲームと現実社会を比較する。すなわち，意思表示と合意，資産の獲得と処分，債権と債務，家族と相続である。第3に，「経済活動と法」（学習指導要領高等学校商業科）の項目，宅地建物取引士試験において要求される知識の領域，大学生が義務教育で教えたほうがよいと考える内容，これらとゲームとの親和性を評価して，モノポリーが現実社会の資産取引に関する法令へのゲートウェイとなっていることを明らかにする。

2　ゲームの目的と資産取引

　ボードゲーム・モノポリーの正式名称は「不動産／資産取引ゲーム」（Parker Brothers Real Estate Trading Game／Property Trading Game From

Parker Brothers）である。不動産／資産取引ゲームの本質と取引における技術について，カリフォルニア州の弁護士でありまたモノポリーの世界チャンピオンでもあるクーリー（Koury, 2012）は次のように述べている。

　モノポリーとは，第1に，精密科学や公式（exact science／formulas）ではない。金儲けが目的でもない。そうではなくて，生き残りを目的とするゲームである。第2に，つねに，紳士・淑女的（Mr. Nice Guy／good people skills）でなりれば，勝つことはできない。第3に，時々刻々と変化する状況に応じて，冷静な分析と見立てによる意思決定のゲームである。第4に，唯一最善解としての定石はないが，コツ（tactics）はある。第5に，いわゆるローカル・ルール（House Rules）は邪道であって，完璧な小宇宙を構成する正規ルール（the official rules: Hasbro or Parker Brothers）に徹するべきである。第6に，習うより慣れよ，強い人の打ち筋から学べ。第7に，勝負後の反省こそが，強くなる秘訣である（Koury, 2012, pp. 119-141, Chapter 13, 傍点は引用者）。

　これらのうち，第4で述べられている「コツ」とは，①スポーツマンシップによって精神を集中する，②敵失を奇貨とする，③公共事業（電気・水道）を無視する，④家不足（Building Shortages）の状況を演出する，⑤相対的順位とプレイヤー全員の資産残高を把握する，これらのことを指している（Koury, 2012, pp. 69-90, Chapter 7）。

　わけても，取引についてはこう説明されている。第1に，交渉は心理戦であり，態度と条件で決まる。第2に，タイミングは遅すぎても早すぎてもよくない。第3に，資産の現金化（流動化）は避けるべきである（Koury, 2012, pp. 108-141, Part 3, Chapter 12-13, 傍点は引用者）。

　そのうえでクーリーは，生き残るためのチェックリストをあげている。

　最終目的は，相手を負かす（すなわち生き残る）ことである。そのために，相手の資産を枯渇させる必要がある。そのために，450ドル以上の一撃が効果的である。そのために，土地の開発は欠かせない。そのために，自然独占または取引によるカラー・グループ占拠が絶対条件である。そのために，取引目的での（最終目的からみた手段として）資産を入手することが出発点となる（Koury, 2012, pp. 94-97）。

　ところが，クーリーによれば，そのことを知らずにプレイしている人は少なくない。たとえば，ひたすらサイコロの運に任せる，オレンジやレッドの更地

に止まっても競売に出してしまう，交換取引の交渉に一切応じない，または，不利な交渉に安易に応じる。そういったプレイヤーは，たしかに存在する。彼ら／彼女らは，ゲームの目的を分かっていないか，あるいは何らかの信念にもとづいて，そのようにして早々と破産し，ボードから去る。逆に，ルールに精通していて，大会において共謀のうえわざと負ける卑怯なプレイヤーたちもいる。いずれにせよ，アンフェアなプレイは，モノポリーというゲームを冒瀆するものであり，興醒めである（Koury, 2012, pp. 87-90）。

　モノポリーに限らず，仕事にせよ遊びにせよ，何事にも一所懸命に取り組んで，楽しむべきである。そうしなければ永遠に成長できないからである（林，2015）。

　たしかに，ゲーム進行を妨げるようなトラブルは，ゲームを台無しにする。クーリーは弁護士であるにもかかわらず，現実の資産／不動産取引をめぐるトラブルに関しては，なにひとつとして，その著書のなかで述べていない。そのこと自体はある意味で紳士的である。事実，交通規則違反，交通マナー違反，交通事故と同様に，現実の不動産取引においてトラブルは日常的である。なぜなら，モノポリーにおいて，ちょうど，ゲームを楽しむ気がない，コマなどを操作して意図的に不正を目論む，そういったプレイヤーが実在するように，現実社会においても，そのような人々は存在する（した）からである。であるからこそ，民法（不動産登記法，借地借家法などの特別法を含む），各種の制限（都市計画法，消防法など），宅地建物取引業法などが存在する。

　どんなに注意深くしていても，社会生活においてトラブルに巻き込まれないことはありえない。なるほど，かつての「三ない運動」の思想がそうであったように，クルマやバイクに乗らせなければ，高校生が交通違反や交通事故を起こすこともない。それと同様に，危険を伴う法律行為にかかわらなければ，トラブルを起こすことも，またトラブルに巻き込まれることもないかもしれない。

　しかし，そのような思想で最後まで社会生活を貫くことは，世捨て人や仙人でもない限り不可能である。危険を回避してばかりでは，事業を営むことはもちろんのこと，雇用契約を結んで会社勤めをすることも，恋愛や結婚をすることも永遠にできない。

　「三ない運動」の名の下にクルマやバイクから遠ざけておくのではなく，道路交通に関する法令，クルマやバイクの構造といった体系的な知識を授け，厳

しい訓練によって十分な技能を身につけさせることによってはじめて，高校生は道路交通全般を俯瞰できる（阿部・遠藤，1994）。その結果，交通弱者たる歩行者や自転車運転者として，他の交通に対する自らの相対的な位置を自覚し，交通社会における真の意味での市民性を獲得できるのである。そればかりではない。早晩，次世代に対する交通教育をその背中でできるようになる。

　同様にして，現実社会において，法令，社会規範，社会正義，これらを絶えず学習しつつ誠実に折り合おうとする姿勢こそは，安全かつ円滑な取引の基盤であり，自由主義経済における私的自治の大前提でもある。それは同時に経済犯罪から身を守る術を習得することでもある。

　そうした姿勢は普遍的に重要である。たとえば，われわれの職業プロフィールに関して，サイモンが50年以上前に予想をしている。常軌的と非常軌的，伝統的と現代的，これら２つの軸でサイモンが意思決定技法を分類してから50年以上が経過した。この間，とりわけデジタル・コンピュータ，AI（人工知能）の研究領域における進展はめざましい。その結果，われわれの雇用はどんな影響を受けたか。この問いに対するサイモンの予想は，ほとんど何の修正の必要もないまま，50年先の未来，つまり現在の社会の姿を言い当てていると評価してよい（Frey and Osborne, 2013；松尾，2015）。

　具体的な職種別の将来生存可能性は，フレイとオブゾーン（Frey and Osborne, 2013）がその付録に掲載している一覧表の通りである。その傾向は，当時のサイモンによる予想と何ら変わっていない。なかんずく松尾はこう述べている。

　　「長期的（15年以上先）には，（中略）人間の仕事として重要なものは大きく２つに分かれるだろう。１つは，『非常に大局的でサンプル数の少ない，難しい判断を伴う業務』で，経営者や事業の責任者のような仕事である。たとえば，ある会社のある製品の開発をいまの状況でどう進めていけばよいかは，何度も繰り返されることではないためデータがなく，判断が難しい。こうした判断はいわゆる『経験』，つまりこれまでの違う状況における判断を『転移』（ママ）して実行したり歴史に学んだりするしかない。いろいろな情報を加味した上での『経営判断』は，人間に最後まで残る重要な仕事だろう。一方，『人間に接するインターフェイスは人間のほうがいい』という理由で

残る仕事もある。たとえば，セラピストやレストランの店員，営業などである。」

（松尾，2015，p. 232，傍点は引用者）

　要するに，われわれの雇用の将来はこうである。第1に，経営判断などの責任を伴う仕事を，経験が豊富なまたは歴史に知悉している人間が担っている。第2に，人間に接する仕事を，機械やロボットではなく生身の人間が担っている。歴史に対する知悉を除いて，こうした特徴は，モノポリーを人間同士でプレイする場合と合致する。

　モノポリーには，現実社会におけるそのような姿勢をプレイヤーに体得させる効果がある。また，そのゲームのルールには，現実社会における権利の変動や制限を学ぶ入門としての意義がある。「経営学分野の参照基準」（日本学術会議，2012a）においても，企業社会における「市民性」の獲得がその柱の1つとして明記されている。

3　ゲームと現実の比較

　モノポリーのルールは現実社会における法令とイコールではない。しかし，両者を比較することにより，ゲームが法令の入門になっていること，すなわち，現実社会における取引をめぐる法令を体系的に学ぶきっかけになっていることを示すことができる。

　以下では，意思表示と合意，資産の獲得と処分，債権と債務，家族と相続，これらの順で比較する。必ずしも網羅的ではないが，比較の主眼は，むしろ，権利・義務の変動，課税の枠組み，個人・家族・法人・団体・政府，これらの関係から現実社会の全体像を浮き彫りにすることにある。

⑴　意思表示と合意

　第1に，モノポリーはボードゲームである。よって，複数のプレイヤーが相手になることを互いに合意しなければプレイできない。クーリーが言うように，互いに紳士・淑女的に誠意をもって，相手を選び，応じ，または丁重に断ることが大切である。逆に，ひとたび応じたのであれば，プレイの勝負がつくまでは真剣に楽しむ必要がある。みだりに意を翻したり，アンフェアな動きをした

表4-1　モノポリーのゲーム展開と関連法令

場　面	権利と義務の調整 （公式ルール）	関連法令	備考
プレイヤーの決定	相手方選択の自由（私的自治の原則）	民法1条2項，3項	
順番決め	私的自治の原則	民法1条2項，3項	
サイコロをふるタイミング	取引が行われないことを確認してから	民法1条2項，3項	
コマを進めるときの過誤	遡れる範囲で遡るが，次のサイコロで確定	民法166条1項，会計法30条，国税通則法72条，など	
賃料請求の失念，金銭授受の過誤	次の次のプレイヤーがサイコロを振るまで有効	民法166条1項，会計法30条，国税通則法72条，など	
土地・公共事業（権利なし）	権利証の定額で銀行から購入，または競売	民法555条，533条，民事執行法，など	ルール上，登記はない
土地・公共事業（抵当権なし）	権利証の額面通りに賃料を強制授受	参考：民法601条，など	強制執行，独占時は増額
土地・公共事業（抵当権あり）	なし	参考：民法371条，など	そのマスのみ賃料停止
抵当権の設定／解除	プレイヤーの単独意思のみ	民　法369条1項，370条，372条，296条	銀行係は介入できない
建物・ホテル建築	権利証の定額で銀行から購入，または競売	民法555条，533条，民事執行法，など	ルール上，登記はない
土地・公共事業の売買・交換	一対一の交渉・合意・履行	民法586条1項，2項，555条，会社法127条，など	債務不履行の問題はない
所得税・物品税	銀行係が強制徴収	参考：所得税法，国税徴収法，など	延納・滞納はない
刑事施設勾留中	賃料請求，売買・交換，競売参加，ができる	参考：刑事訴訟法207条1項，憲法34条後段，など	最長3巡目まで滞在可能
保釈保証金による保釈	釈放カード行使か保釈金納付により解放（保釈）される	参考：刑事訴訟法89条，90条，91条，など	保釈保証金の還付はない
破産	債務超過により全財産の移転，または競売	参考：破産法	即決

出典：筆者作成

り，途中で投げ出したりするなど，無礼があってはならない（民法1条2項，
3項）。ルールさえ知っていれば，老若男女，洋の東西を問わず，相手に制限
はない。順番決めもまた，紳士・淑女的に粛々と決められる。

　これに対して，現実の不動産取引においては，特定物取引（民法400条，183
条，484条1項，2項），不等価交換（Diamond, 2010, pp. 113-114, 邦訳，pp. 162-
163）が当たり前である。したがって，取引相手の候補者は必ずしも不特定多
数ではない。一定の財力，年齢，健康，社会的立場，などによって取引の候補
者はスクリーニングされる。しかも，当事者のみでの直取引はまれであって，
公有地の競売による払い下げ等を除き，たいていは不動産取引では宅地建物取
引業者が代理（民法99条1項）となるか，媒介（宅地建物取引業法34条の2）を
する。IT社会の現代にあっても口約束だけで物件の取引が終わる（民法176条）
ことは実務上まずない。なぜなら，現実社会において不動産取引をめぐる権利
の優劣は登記（民法177条）によって確定的なものとなるからである。

　第2に，モノポリーにおいてサイコロを振るタイミングは重要である。一手
一手の間で，どのプレイヤーからも交換（民法586条1項，2項）・売買（民法
555条以下）の交渉に入れるからである。交渉も取引もないようであることを
確認してから，サイコロを振らなければならない。自らが取引の当事者でなく
ても，他のプレイヤー同士の交渉や取引を妨げてはならない（民法1条2項，
3項）のである。

　これに対して，現実社会では，後出しジャンケン的な，二重，三重の取引は，
けっして珍しいことではない。これに相続（民法882条以下），相次相続（相続
税法20条）が絡めば，権利関係は著しく複雑になる。さらに，天変地異，不法
占拠（民法709条），時効取得（時効喪失）（民法145条，162条1項，2項，166条
1項）もある。歴史的には，戦争すなわち武力による収奪もあった。そういっ
た手荒な手段は，紳士・淑女的とは無縁である。にもかかわらず，実際には起
こりうる。円滑な市場取引を管理・統制する当局が厳然たる強制力を持ってい
ても，法令は必ずしも万能ではない。他方で，わが国では自力救済が認められ
ていない。したがって，法令の範囲内で自己防衛策を講じる必要がある。

　第3に，コンピュータを使わないボードゲームでは，錯誤による出目数の進
め違い，レントの授受の失念，または計算間違いがありうる。そのばあい，次
の次のプレイヤーがサイコロを振るまでは遡って修正することがルール上認め

られている。したがって，それ以降は時効が成立し，確定する。紳士・淑女的であるため，錯誤を除いて，詐欺，強迫，虚偽表示，心裡留保は，いずれもない（民法93条1項，2項，94条1項，2項，95条1項，2項，3項，4項，96条1項，2項，3項）。債務不履行（履行遅滞，履行不能，不完全履行）や損害賠償の問題もない。すべての面で同時履行（民法533条）が貫かれており，単純である。

　これに対して，現実社会の不動産取引では，実際，「何でもあり」である（あった）。しかし，法令を知らない者は，得をするかどうかは定かでないが，長い目で見れば必ず割を食うようになっている。無知であれば弁護士や税理士に依存するほかなく相応の報酬を請求される。そればかりではない。依頼したはずの専門家によって，さらに詐欺や業務上横領に遭うことも実際にはある。健康に留意することも大切であるが，こうして，民法を学ぶこともまた身を助けてくれるのである。

(2)　資産の獲得と処分

　第1は，原始取得である。モノポリーではすべての資産についてルール上常に安全な原始取得が認められている。他のプレイヤーによる干渉なしに，権利書に示された定価どおりに銀行係から購入できる。不要なら，競売を宣言して入札せずに降りればよい。

　これに対して，現実社会において不動産の原始取得には時効や新しい埋立地がある。逆に，時効取得の規定を知らなければ自らの所有権を喪う危険にさらされる。民法を知っていれば防衛策を講じることができる。公共事業（以下，株式に限定する）に関しては，株券（会社法214条以下）が発行されている場合のみ，占有者に対する所有者の推定規定（会社法131条1項）がある。同じ資産でも，不動産や株式に対して，知的財産権は創意工夫と努力によって文字通り原始取得ができる。

　第2は，所有権の移転である。モノポリーでは，現在の所有者から資産（土地または公共事業）を譲り受けるには，売買，交換，破産（没収），のいずれかしかない。売買または交換，したがって処分は，プレイヤーの自由意志に基づくものであり，ゲームの核心部分である。ただし，建物（家またはホテル）については，売買も交換もできない。家不足（Building Shortages）のみ家が競

売の対象となりうる。いずれの場合も所有権者は常に単独のプレイヤー（自然人）である。そこに共有（民法249条以下）の概念はない。

　これに対して現実社会における資産の所有権移転には，売買，交換，代物弁済（民法482条）に加えて，相続，贈与（民法549条以下），収用（憲法29条3項，土地収用法3条以下）がある。土地と建物は権利の対象として分離されており，すべての不動産について共有が認められている。個人も法人（地方公共団体，政府を含む）（民法33条1項，34条）も所有権者になることができる。他方で，登記には公示的効力しかない。保存にせよ移転にせよ所有権未登記の物件は現存しても，固定資産課税台帳（地方税法380条1項）に未記載の物件はまれである。したがって，固定資産税の負担者を知ることはできても，真の所有権者をつきとめることは必ずしも容易ではない。たいていの所有権移転は私的に自由になされるが，不動産の場合，例外的に収用等（強制処分）がある。株式の獲得と処分は，その規模によっては会社の行方（解散，合併，分割など）にかかわる（会社法309条2項，3項）重要なトピックである。

⑶　債権と債務

　第1は，プレイヤー間のレント（賃料）である。モノポリーではこれが勝負を決する。債権・債務に関する決済の先送りはルール上，認められていない。それらの譲渡，分割，免除，保証，不履行，混同，相続，供託，時効の援用などは，いずれもできないし，それゆえ問題になることもない（民法145条，427条，432条，445条，446条1項，452条，453条，454条，494条1項，2項，519条，520条，533条，896条）。すべてが即決である。出目，すなわちコマが止まった時点で運命は決せられる。

　これに対して，現実社会では債権・債務の関係はきわめて複雑である。原則として債権は譲渡自由（民法466条1項）であり，債権者の地位も債権額に応じて原則として平等である。しかし，例外規定は少なくない。債務不履行は日常茶飯事であるし，クレジットカード等の普及と信用経済の下，B to BであれB to Cであれ，現金決済による同時履行はむしろ例外的になりつつある。わけても連帯保証は重要である。被担保債権の額によっては連帯保証人の一生を左右するにもかかわらず，市井には無知または注意力散漫が蔓延している（いた）。それゆえに連帯保証もこのほどの民法改正の対象のひとつとなっている。手

形・小切手も同様に，裏書きや保証による遡及的訴求（手形法77条1項1号，15条1号，77条3項，32条1項，小切手法14条1項）や不渡り（東京手形交換所規則62条1項，2項以下）から生じるリスクを無視できない。

　第2は，銀行係による課税である。たとえば，「Go」を通過してそのまま「所得税」に止まったとき，かつ，プレイヤーが200ドルの支払いを選択すれば（ただし，最新版のボードでは総資産の10％という選択肢は消えており，200ドル固定である），「Go」通過による200ドル受け取り（銀行係側の受働債権）と「所得税」による200ドルの支払い（同，自働債権）は相殺適状にあるので相殺（民法505条以下）は認められる。しかし，税の延納，分納，滞納，連帯納付義務などはルール上存在しない。すべての資産を総動員してもその場で完納できなければ，プレイヤーは破産する。その場合，破産者の権利書（資産）は逐一競売にかけられ，釈放カードは銀行係によって保管される。また，他のプレイヤーと銀行係の債権の優劣が問題となるケースはない。常に一対一の関係で区切られ，1つひとつが完全に処理されてからゲームが進行する。

　これに対して，現実社会では，相手は銀行ではなく課税庁である。不動産取引・所有に課される租税は多岐にわたる。たとえば，消費税，所得税，相続税，贈与税，印紙税，不動産取得税，登録免許税，固定資産税，都市計画税，事業税，宅地開発税，地価税などである。国税もあれば地方税もある。収得税や消費税もあれば財産税もある。任意調査，査察，追徴課税もあれば，差押えもある。租税債権の優劣に関しては，国税当局は地方税当局よりも上位にある（国税優先の原則，国税徴収法12条以下）。租税債権は他の一般債権に対して優先する（国税徴収法8条，地方税法14条）。また，原則として平等であるはずの一般債権同士でも，例外的にいくつかの先取特権が法定されている（民法306条以下）。

(4)　家族と相続

　第1に，モノポリーではプレイヤーは個人で完結しており，家族も相続も登場しない。

　これに対して，現実社会では多くの人々が家族と同居しており，たいていの資産を共有していることが一般的である（法定財産制，夫婦別産制）。また，夫婦と同居家族にはそれぞれ扶養努力義務（民法730条，752条，760条，877条1

項）が課されている。すなわち，法は，一方で個人単位での資産の帰属を求めつつ，他方で家族単位での生計を求めているのである。

したがって，家族内で個別に資産管理を行う，すなわち独立採算制を採用するには，全員がその意識を常に共通して持っている必要がある。定期的に家族会議を開くなどして，会社の決算と同様に全員が全員の資産状況，ならびに推定相続人（民法886条1項，887条1項，2項，3項）の行方を互いに確認しておくべきである。さもないと，相続開始後10ヶ月以内に課されている申告・納税の義務（相続税法27条1項，33条）をまっとうすることがきわめて難しくなり，お手上げとなる。なぜなら，遺産分割には相続人全員の合意（民法907条1項）が必要であるからにほかならない。

ひとりでも連絡がつかない者がいると，遺産分割を執行できず，未分割のまま法定相続分でいったん申告・納税しなければならない。それに加えて，たとえば遺産に賃貸アパートなどがあるとき，その賃料ならびに賃料債権（法定果実）は相続人全員の共有収益となる（最判平成17年9月8日）。そのため，法定相続分で按分した所得について申告しなければならない（タックスアンサーNo.1376「不動産所得の収入計上時期」）。その際，被相続人の銀行口座は凍結されたままである。よって，現金収入がないまま，遺産分割が確定するまでの間ずっと発生主義により相続人全員に所得税だけが延々と課されるのである。さらに悪いことに，首尾よく遺産分割が確定した後，相続人は，あらためて，各自，修正申告または更正の手続きをとらなければならない。

以上より，夫婦や家族の間で，たとえば，不動産を共有で所有し，その保存登記をすると，後々に深刻なトラブルを招く可能性がある。しかし，こうしたトラブルを事前に回避する手段がある。法人または財団がそれである。自然人とは異なり，法人や財団には人為的な解散はあっても死亡すなわち相続はないため高額または複雑な課税のリスクを免れることができるのである。

第2に，民法上，相続人の範囲は限定されている。相続人（代襲相続人を含む）がひとりもいなくてかつ遺贈もない場合，その被相続人が所有していた不動産には所有者がいなくなる。その結果，その不動産は国庫に帰属する（民法239条2項）。この規定は，モノポリーにおいて銀行係による課税を機に破産した場合にそのプレイヤーの権利書がすべて競売の対象となるというルールと通じている。

4　関連法令へのゲートウェイ

　第1に，高等学校商業科教科書『経済活動と法』の目次に基づいて項目ごと
にゲームとの親和性を三段階で評価した一覧が**表4-2**である。ただし，現行
の学習指導要領（平成22年1月）では，家族・相続の内容は削除されている。
表4-2からわかるように，モノポリーと縁遠い分野は，知的財産，株式会社
の制度，手形・小切手，消費者保護，労働，家族・相続である。プレイヤーが
他人を雇うことなく個人であり不動産・公共事業の現金取引に特化しているゲー
ムの特性から，自ずとこのように評価される。ゲームを通じて得られる基礎
知識の範囲とその限界を知ることも，経営意思決定者ないしその候補者にとっ
て重要である。

　他方で，クーリーの考えには沿わないけれども，経営意思決定の基礎訓練な
いし資産取引の基礎教育を目的として，表4-2の評価はモノポリーを改良す
る指針をゲーム開発者に与える。その意味で一定の意義がある。たとえば，チャ
ンス・カードや共同基金カードを従来のものと入れ替えるか，それらに新規
に追加することによって，知的財産，手形・小切手，労働，家族・相続と，特
定の資産を関連させるかたちで，プレイヤーのストックとフローが，複雑では
なく単純に変動する仕組み，などである。「美人コンテストで準優勝」，「議長
に選ばれる」といったカードよりも，現代的，現実的，かつ魅力的であろう。

　第2に，宅地建物取引業法施行規則8条に基づいて，宅地建物取引士試験に
おいて要求される知識の領域とゲームの親和性を評価した一覧が**表4-3**であ
る。

　一見，宅地建物取引業法とゲームが縁遠いことは当然である。しかし，ボー
ドゲーム・モノポリーでは，マスの配列，すなわち，土地のカラー・グループ，
公共事業，刑事施設，カード，それに税金などの位置がすべて固定されている。
そればかりではない。すべての土地と公共事業はその意味で互いに同質である。

　これに対して，現実社会では，不動産は例外なく特定物である。どれひとつ
として，同一の物件はこの世に存在しない。それにつれて公共事業にも個性が
伴う。したがって，たとえば，平坦地，斜面地，埋立地といった特性，それに，
ハザード・マップの更新や天変地異といった要素が加減されれば，いっそう現

表4-2　高等学校商業科教科書『経済活動と法』目次とモノポリー

モノポリーとの距離			『経済活動と法』（実教出版）
直結	近い	遠い	目次
			1章　経済社会と法
			1節　変化発展する経済社会と法
○			1　経済活動における法の役割
	○		2　法の意義と体系
	○		3　経済環境などの社会の変化と法
	○		4　法の適用と解釈
			2章　権利・義務と財産権
			1節　権利・義務とその主体
○			1　権利と義務
○			2　権利・義務の主体
○			3　自然人の権利能力
○			4　自然人の行為能力と制限行為能力者制度
	○		5　法人
			2節　物と財産権
○			1　物
○			2　財産権とその種類
			3節　知的財産権
		○	1　著作権
		○	2　工業所有権
		○	3　育成者権
		○	4　回路配置利用権
		○	5　知的財産権の特質
		○	6　知的財産権の活用
			3章　財産権と契約そしてその保護
			1節　財産権と契約
○			1　取引と契約
○			2　契約の一般原則
○			3　契約と意思表示
	○		4　契約の分類
			2節　物の売買
○			1　売買

（つづく）

			内容
○			2　不動産の売買
○			3　動産の売買
		○	4　債権の売買
		○	5　売買契約の保証
			3節　物の貸借
○			1　消費貸借
○			2　賃貸借
○			3　宅地の貸借
○			4　建物の貸借
		○	5　使用貸借
			4節　契約によらない財産権の変動
	○		1　時効の制度
	○		2　所有権が取得できる特別な場合
	○		3　債権・債務が消滅する特別な場合
			5節　財産権の保護
○			1　物権の保護
	○		2　債権の保護
○			3　債権の担保
	○		4　不法行為
			4章　企業活動に関する法
			1節　企業活動の主体
○			1　民法と商法
	○		2　商行為
			2節　営業活動の自由と制限
○			1　営業自由の原則
○			2　営業自由の制限
			3節　株式会社と法
	○		1　会社の種類
		○	2　株式会社の特徴と株主の有限責任
		○	3　株式会社設立の手続き
		○	4　発起人と設立時取締役の責任
	○		5　株式と株主の権利
	○		6　株式の種類
	○		7　株式の譲渡
		○	8　株式会社の機関とその種類

（つづく）

		○	9	株主総会
		○	10	取締役・取締役会・代表取締役
		○	11	取締役の義務と責任
		○	12	監査役
		○	13	会計参与
		○	14	会計監査人
		○	15	委員会設置会社
○			16	資金調達
	○		17	企業再編成
		○	18	会社関係書類の電子化
			5章	取引に関する法
			1節	手形・小切手と法
		○	1	手形・小切手の意義と性質
		○	2	手形行為・小切手行為
		○	3	約束手形
		○	4	為替手形
		○	5	小切手
		○	6	手形・小切手と企業活動
			2節	金融取引
○			1	金融取引の現状と課題
○			2	金融商品取引
	○		3	電子記録債権
	○		4	電子資金移動の現状と課題
			6章	企業の責任と法
			1節	法令遵守
○			1	法令遵守
○			2	企業における法令遵守の重要性
○			3	説明責任
			2節	消費者と法
		○	1	消費者の保護に関する法律
		○	2	消費者の安全
		○	3	生活に身近な特殊売買
	○		4	消費者信用
		○	5	販売方法の多様化と消費者の保護

(つづく)

			3節　労働と法
		○	1　労働に関する一般法
		○	2　労働に関する特別法
		○	3　その他の労働に関する特別法
		○	4　働く者の福祉
			4節　紛争の予防と解決
	○		1　紛争の予防
	○		2　紛争の解決
○			3　強制執行
			発展学習
			家族と法
		○	1　親族の法律関係
		○	2　夫婦の法律関係
		○	3　親子の法律関係
		○	4　相続の法律関係
		○	5　家庭裁判所

出典：森島昭夫ほか（2015）より筆者作成

実的になる。というのも，リスクに対する意識と警戒は，経営意思決定の質と密接に関係しているからである。

　第3に，マイナビが大学生に対して実施した調査「大学生に聞いた，義務教育にしたほうがいいと思うこと」の結果とゲームの親和性を評価した一覧が**表4-4**である。これによれば，モノポリーは，冠婚葬祭のマナーとは縁遠いものの，お金とマナーに関してはそれがもっとも得意とする分野である。ただし，自然人の見地からみると，「お金」には必ず家族や健康がついてまわる。なぜなら，家族や健康は必ずしもお金では買えないからである。

　実際，若者の健康問題に対する意識は高齢者のそれと比べれば相対的に高くない（内閣府，2016，「国民生活に関する世論調査」，現在の生活について，表14-1）。しかし，長い目でみれば若いときから常に生活習慣や食事に気を遣うことは総医療費の抑制につながる。健康は，生活習慣，疾病，または事故によって損なわれる。したがって，疫病や交通安全に対する高い意識もまた総医療費を抑制する。なるほど，モノポリーには，治療費，出産費，教育費，といったカードはある。けれども，それらは一時的かつ偶然に引かれる対象でしかない。

表4-3　宅地建物取引士試験の出題内容とモノポリー

モノポリーとの距離			宅地建物取引業法施行規則8条
直結	近い	遠い	
		○	土地の形質，地積，地目及び種別並びに建物の形質，構造及び種別に関すること。
○			土地及び建物についての権利及び権利の変動に関する法令に関すること。
	○		土地及び建物についての法令上の制限に関すること。
○			宅地及び建物についての税に関する法令に関すること。
○			宅地及び建物の需給に関する法令及び実務に関すること。
	○		宅地及び建物の価格の評定に関すること。
		○	宅地建物取引業法及び同法の関係法令に関すること。

出典：一般財団法人不動産適正取引推進機構ウェブサイト（http://www.retio.or.jp/exam/exam_detail.html）より筆者作成

表4-4　義務教育で学ぶべき事項とモノポリー

モノポリーとの距離			大学生に聞いた，義務教育にしたほうがいいと思うこと5選	
直結	近い	遠い		
○			お金について	
	○		パソコン	
○			マナー	
	○		英語	
		○	冠婚葬祭等のマナー	
		○	その他	中国語
	○			哲学
	○			恋人のつくり方

注：マイナビ学生の窓口調べ
　　調査日時：2016年9月
　　調査人数：大学生男女401人（男性199人，女性202人）
出典：「マイナビ学生の窓口」ウェブサイト（https://gakumado.mynavi.jp/gmd/articles/40907）より筆者作成

　英語については，英語ができて日本語ができないもしくは苦手な人とプレイするか，またはWindows版やインターネット版を用いてプレイすれば，その基礎を身につけられる。銀行係とのやりとりもプレイヤー同士の交渉もすべて英語で行えば，英語によるコミュニケーションの壁を低くすることができる。こうしてマナーとコミュニケーションの技能が鍛えられるため，恋人のつくり方に関しても，それを非公式組織の生成（Barnard, 1968, pp. 114-123, Chapter 9, 邦訳, pp. 119-130, 第9章）とみれば，ゲームの経験は役に立つ。

5　結　　語

　ボードゲーム・モノポリーは，経営意思決定の基礎として民法ないし法学全般へのゲートウェイとしての意味を持っている。本章ではその接続を試みた。まず，資産取引ゲームとしてのモノポリーの公式ルールと，現実社会における資産／不動産取引に関連する法令との比較を行った。これにより，経営意思決定における資産取引に関連する法令の位置と意味を明らかにした。次に，4つの観点からゲームと現実社会を比較した。すなわち，意思表示と合意，資産の獲得と処分，債権と債務，家族と相続，である。最後に，「経済活動と法」（学習指導要領高等学校商業科）の項目，宅地建物取引士試験において要求される知識の領域，大学生が義務教育で教えたほうがよいと考える内容，これらとゲームとの親和性を評価した。

　就職活動を終えたもっとも多くの大学生が，「お金」のことを義務教育で教えたほうがよいと回答している（マイナビ, 2016）。この背景には，次のようなことがあると考えられる。たとえば，スポンサーである保護者の勤務先等の倒産，経済的遺棄，あるいは養育費未納入。絶え間なく繰り返される高齢者の高額詐欺被害。義務教育の因襲的なカリキュラムと学科目の既得権。これらに加えて，10年以上も前からわかっていた18歳人口の減少という現象とは裏腹に，その間における，大学進学率の上昇，受入れ先としての大学・学部・定員の数の拡大，国立大学授業料・入学料の上昇，有利子奨学金という名の高額債務による生計への足枷，健康保険料掛け率の上昇による可処分所得の逓減，消費税率の上昇，などの厳しい現実。これらである。

　事実，いわゆる時間的展望（都筑・白井, 2007）のもとで日頃からの倹約と

いう守りすなわち準備なくしては，人生の節目における自己投資という攻めもできない。攻めにも守りにも民法の知識は不可欠である。どれほど家計簿をコツコツとつけていても，法令の無知による穴をそれで塞ぐことはできない。そればかりではない。無知であれば，たとえ負債を抱えてでも重要な投資をなすべきタイミングを逸してしまう。

「お金」という名の経済的な意味での守りと攻めには，健康・交通安全，人脈，家族，何らかの一定の実績を維持・拡大することが欠かせない。これらは信用の構成要素と言い換えられる。それらはキャリアを通じて努力によってのみ形成される無形資産である。経営意思決定における質的な変化の基礎にある経営者自身の成長も，その文脈で説明される（田中，2016）。したがって，義務教育で「お金」に関するカリキュラムが用意されたとしても，肝心の信用の構成要素の集合すなわち総合的な経営感覚は，これを「教える」ことも「教わる」こともできない。見よう見まねで，他人から意識的・積極的に「学ぶ」，すなわち経験以外に手はない。

民法の知識もそれと同様である。法学「教育」それ自体が，実践者によるそのような意味での貪欲な「学習」を保証するわけではない。ビジネス・スクールのカリキュラムにおける濃い徒弟（concentrated apprenticeship）という考え方（三品，2016）も，同趣旨であるように思われる。

第 II 部

楽しみながら身につける

第 5 章　定　　石
第 6 章　交渉術と遊び
第 7 章　アクティブラーニング

第 **5** 章

定　　石

1　序

　モノポリーと社会科学における専門分野との接合面（インターフェイス）は次のようである。すなわち，①歴史と文化（土地や建物に関する税制度や思想），②銀行（利息，抵当権の設定と消滅，競売），③企業金融（複式簿記の原理，資産・負債・資本），④民法（契約，売買，交換，抵当権，物上代位），⑤定石（OR，ゲーム理論，数学的アプローチ），⑥交渉術（価値観，コミュニケーション，誘因，説得），これらである。本章では，⑤定石（OR，ゲーム理論，数学的アプローチ），これを取り上げる。

　「経営の定石」を扱っている文献がある（e.g.，野田，1985；佐藤，2011）。その意味するところは何か。古典的な「管理原則」とは異なるのか。

　たとえば，コンピュータによってそれが可能な囲碁や将棋とは異なり，現実の経営では偶然の要素を完全に排除することはできない。にもかかわらず，不渡り手形を出さないように，かつ給与の不払や遅延を避けながら，申告・納税をしなければならない。多くの経営者は，偶然の要素に対して，それらを不断の努力によって極力抑えながら，あるいはそれらを奇貨として商機をとらえながら，事業を継続しているのである。

　野田（1985）の「まえがき」によれば，そういった多様な企業による無数の個別特殊解を思考実験によって寄せ集めれば，それらは一定の範囲に収まっている。それら個別特殊解を規定しているような，一定の原理を抽出することができる。それが定石である。重要なことは，経営者が定石を知り，自らの経営意思決定が定石からどれほど逸脱しているかを常に自覚していること，これで

ある（野田，1985, pp. 1 - 3 ）。

　まれではあるが，天変地異，相手方による計画的倒産（貸倒れ）や裏切り，身内の特別背任などによって，そうした努力の積み重ねがいとも簡単に水泡に帰してしまうこともある。そういった危険をも承知の上で，多くの経営者は，厳しい現実の日々をやりくりして，事業を営んでいる。具体的な現実に直面し，それらを克服し，あるいは享受する。そういった数多くの経験を積み重ねるなかで，経営者は人として育ち，やがて老いていく（田中，2016）。

　具体的な決断の岐路に立たされる経営者は，何を選び，何を捨てるのか。経営者の理念，価値観，哲学は，そういった意思決定の具体的な積み重ねの跡にあらわれる。この世に経営者のコピーが存在しないことから明らかなように，経営者は文字通り十人十色である。同様に取引相手も百人百様である。それに加えて，生身の人の希求水準は時間とともに変化する。あらゆることが固定的ではないのである。

　これに対して，新古典派経済学が想定する「経済人」に個性はない。神経経済学や行動経済学の関心は，なぜ，いかにして，現実の意思決定過程は経済人モデルのそれから外れるのか，であって，現実の意思決定過程それ自体を説明しようとすることではないように思われる。その意味でそれらは徹頭徹尾経済学である。経済学では通常「他の条件が一定なら」という前提が加えられる。

　たとえば，プロスペクト理論（Kahneman and Tversky, 1979）は現実的と言えるであろうか。なるほどそれは新古典派や期待理論よりはましである。しかし，実験室での実験とは異なり，人の効用はそのときどきで変化する。いとも簡単に逆転することさえある。

　いま，経営者が誘拐犯から自分の子どもの身代金を要求されたとしよう。同じ自分の子どもをもつ経営者であっても，その子が生命保険に加入しているかそうでないか，その受取人がだれであるかで，対応が分かれうる。それほどまでに，民間企業の経営者は厳しいプレッシャーのもとに置かれている。

　事実，多くの経営の教科書には「ステイクホルダーに遍く配慮を」と書いてある。その真意は，そのバランスを著しく欠くと企業の存続が危ぶまれる，ということである。様々なステイクホルダーに対して，どういう順序で，どんな重みで，個別に配慮を施すかにより，その結果は大きく異なってくる。

　なるほどAIによって偶然の要素を巧みに加味したマネジメント・ゲーム，

ビジネス・ゲームをプログラムすることは可能である。しかし，それらはゲームであって現実ではない。また，ケース・スタディにおけるケースも，ケース・ライターがその現実から一部を切り取っただけの「他人事」である。かりに全部を再構成できたとしても他人事であることに変わりはない。現実の経営では，正解（answer）が用意されている問題（question）を解くだけの演習（exercise）ではなく，複雑な状況のなかで問題（problem）をいかに見極めて抽出するかが重要である。しかもそれは教室で学ぶことはできない。実践を通じてのみ学ぶことができる（Ackoff, 1986, p. 174, 邦訳, 176；稲葉, 2010, p. 145）。

　にもかかわらず，利害得失の感覚，生存競争の感覚，一筋縄ではない人間模様，すなわちプレイヤーを精神的に成長させる魅力があるなら，そのようなゲームやケースから現実の経営意思決定に対する何らかの教訓を得ることができるはずである。

　以下では，第1にモノポリーの定石（OR，ゲーム理論，数学的アプローチ）に関係する先行研究を紹介し，第2に関連する学問領域へのゲートウェイとしてモノポリーを位置づけることによってそのゲームの意義を明らかにし，第3に「経営の定石」に対する批判的考察を通じて，実践的な経営意思決定へのモノポリーから得られる教訓を抽出する。

2　オレンジ・グループ有利の数学的根拠

　以下では，モノポリーの定石（OR，ゲーム理論，数学的アプローチ）に関係する先行研究を紹介する。

　まず，大森田（1990）によれば，他と比べてオレンジ・グループが有利であることが数学的に説明されている。

　第1に，プレイヤーがボードを一周する間にそこに止まる確率を計算した結果が図5-1である。ただし，マルコフ解析によって，チャンス・カードと共同基金カードによる影響も考慮されている。また，刑事施設（Jail）に入ったばあいに（脱出カードを使うかまたは保釈金を支払うことで）自らすすんで出ることはない，という前提がおかれている。そのような前提の下では，図5-1から，刑事施設（Jail）に止まる頻度がもっとも高いことがわかる。

　第2に，2つのサイコロを振ることで進む確率を計算した結果が図5-2で

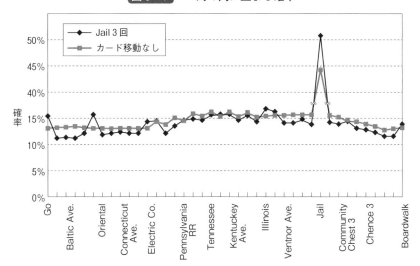

図 5 - 1　一周の間に止まる確率

出典：大森田（1990）

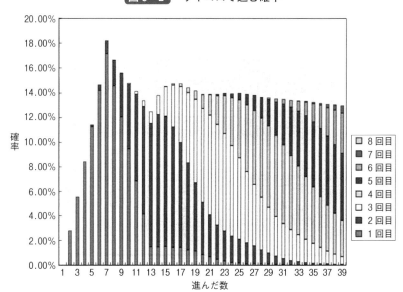

図 5 - 2　サイコロで進む確率

出典：大森田（1990）

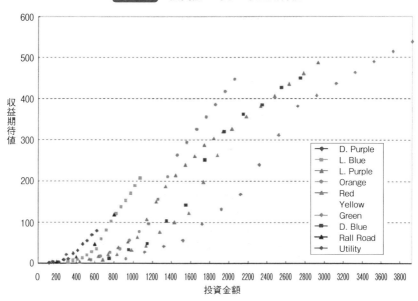

図 5 - 3　投資額に対する収益期待値

出典：大森田（1990）

ある（ただし，同様にカードによる影響は無視されている）。図 5 - 2 からわか
るように，6 から 9 まで進む確率が他と比べて高い。

　図 5 - 1 と図 5 - 2 から，確率的にオレンジ・グループが有利であることが裏
付けられる。

　第 3 に，投資額に対する収益期待値の計算結果をみることにする。**図 5 - 3**
は，図 5 - 1 の確率グラフを基にして，カラー・グループの独占・開発と賃貸
料の収益期待値を計算したグラフである。これから，オレンジ・グループがも
っとも「小さい投資で大きな収益を期待できる」エリアであることは一目瞭然
である。

　次に，プレイヤーがサイコロを振る順番と，所有物件または収益の関係が問
題となる。これらは，モンテカルロ法によるコンピュータ・シミュレーション
により，それぞれ**図 5 - 4** と**図 5 - 5** のように示される。これらの図によれば，
プレイヤーの人数によって順序で差がつく。

　ただし，図 5 - 4 と図 5 - 5 においては，すべてのプレイヤーについて，買え

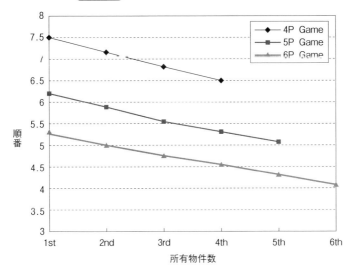

図 5 - 4　順番による所有物件数の違い

出典：大森田（1990）

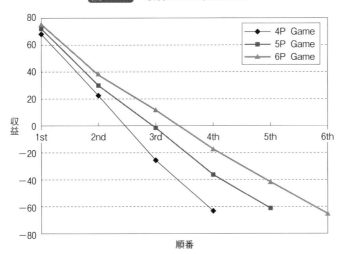

図 5 - 5　順番による収益の違い

出典：大森田（1990）

る物件はすべて買う，刑務所からはすぐに出る，また，交渉は一切しない，という非現実的な前提がおかれており，かつ，それが貫かれている。この前提における「交渉なし」とは，「プレイヤー同士での取引もなし」という意味である。したがって，図5-4と図5-5の計算結果は，実際にはほとんど意味がない。なぜなら，実際にはそういった前提の制約は存在しないからである。これが数学的アプローチの限界でもある。

3　クープマン・モデルとゲーム理論

　以下では，モノポリーの定石（OR，ゲーム理論，数学的アプローチ）のインターフェイスとして，⑴ORの基礎としてのクープマン・モデルと，⑵ゲーム理論をみる。

　ただし，ORとゲーム理論の共通点として次のことが重要である。最終的には，意思決定者の価値観により，構築されたモデルの長所・短所は左右され，したがってモデルをどう構築するかはその意思決定に帰せられる（小和田・沢木・加藤，1984；渡辺，2008）。

⑴　クープマン・モデル

　ランチェスター戦略の一部としても知られるクープマン・モデルとは，要するに，無計画または無造作に敵を攻撃するのではなくて，味方にとって効率的に（速くかつ安く），かつ，敵の攻撃力を効果的に（要所を）減退させる戦略のことである（田岡，1977）。

　言い換えれば，どこをどのように攻めれば，時間的にも経済的にも，無駄なく相手を倒せるか，という考え方である。それは孫子の兵法と同じであるし，また，あの柔道戦略（Judo strategy: Yoffie and Kwak, 2001, pp. 3-7, 邦訳，pp. 21-27）や「良い戦略」（good strategy: Rumelt, 2011）とも通じている。

　生産，建設，組み付けなどのオペレーションにおいて，科学的管理法，フォード・システム，あるいはトヨタ生産方式が有名である。これらに対してクープマン・モデルは，競争相手としての敵の破滅ないし降参を目的としている。

　リバース・エンジニアリングという手法からわかるように，モノに関して，生産と分解は互いに逆の関係にある。制覇と降参も，一見，ある論理について

互いに「逆」の関係にあるように見える。しかし，そうではない。

　たとえば，戦争をめぐる意思決定分析において，スパイによる諜報など，情報の非対称性に基づく説明が試みられるのはその証左である。したがって，勝者も敗者も，その思考の基礎となっている基本的な論理自体に大差はない。であるとすれば，勝負を分ける論理は何か。

　極端に言えばモノポリーにおいてはオレンジ・グループを独占すること。これがクープマン・モデルで示唆される具体的なイメージである。たしかに，オレンジ・グループを獲ろうとすることは正攻法である。とはいえ，オレンジ・グループは1プレイヤーしかこれを独占することはできない。だれかが適法に占拠すれば，よほどのことが起きない限り，もはや他のプレイヤーはそれを手に入れることはできない。前節（図5-1，図5-2，図5-3）でみたように，モノポリーにおけるオレンジ・グループ独占の優位は圧倒的なのである。

　実際，モノポリーのボードにおける物件の配置は固定的である。コンピュータ・ソフトのバージョンであっても，それをシャッフルするなどして，物件の位置を移動させることはできない。現実のビジネスの世界においても，土地は，まぎれもなく不動産である。

　したがって，その近くにたとえば駅を誘致できれば，たとえ計画が流れたとしてもそういった情報がありさえすれば，その土地の価値は大きく変化する。無価値な土地を化けさせることは工夫とアイデア次第でいくらでも可能なのである。逆に，高価な土地が転落させられることもありうる。ここに勝負を分ける論理の1つを見出せる[1]。

　ところが，図5-3が示すように，他のカラー・グループとて，その投資効率はオレンジ・グループには及ばないものの，また収益力（すなわち破壊力）にバラツキはあるものの，破壊力がないわけではない。たとえば，破壊力が大きい順に，独占かつ開発済みの，ボードウォーク，イリノイ通り，セント・チャールズ・プレイス，鉄道，水道会社・電気会社がそれである。なぜなら，それらにはチャンス・カードと共同基金カードで引き当てられるくじ運も関係しているからである。そのような番狂わせ，いわば一発逆転劇は，現実のあらゆる世界で往々にしてみられることである[2]。

　ビジネスの世界なら，ランチェスター戦略の1つでもあるニッチ戦略を採ることもその典型例である。あるニッチャーが台頭し，やがてそれがそれまでの

市場の秩序を破壊し，新しく特定の市場を制覇していくことは，歴史上けっして珍しいことではない。そういった企業の事例は，アップル，マイクロソフト，パナソニック，ソニー，ヤマトなど，いくらでもある。

それらに共通する「逆転」の秘訣は何か。これをクープマン・モデルで説明するなら，一気呵成にまたは徐々に，ゲームの優劣の流れの逆転を伴うような，いわば土俵を根本から変えてしまう攻め方，これである。ポジショニング・アプローチ（Porter, 1980）の用語で言えば，代替品による脅威である[3]。

ごくわずかな少額投資によって，マーケット・リーダーたる巨大資本の虚を突き，寡占市場において定着した勢力図を崩す。そういった新規事業への取り組みは，とりわけ若い萌芽的起業者たちの活力の源でもある。すなわち，相手の強さの根拠であった営業担当部門という固定費の塊を，巧みなビジネス・モデルにより，相手の弱みへと一気呵成に転換させる。いわゆる柔道戦略を採った最近の事例として「ジョブセンス」（上阪, 2012, pp. 17-30）があげられる[4]。

この例をモノポリーで言い換えると，オレンジ・グループの所有者がリクルート社からリブセンス社に突然入れ替わった，となる。しかし，モノポリーではルール上そういうことはあり得ない。逆に，カード「ボードウォークへ行け」をリクルート社が引いてしまい，たまたまそこをリブセンス社が所有していた。そのようにみてよいか。必ずしもそれだけではない。上記の求人雑誌市場の例は一時の運で決まったという話ではない。むしろアイデアと工夫による努力の成果である[5]。

クープマン・モデルは，こうした現実のビジネスにおける戦略の考え方，経営意思決定の基本となるものである。モノポリーは楽しく学びながらORの入門という意味を持つゲームなのである。

(2) ゲーム理論

ゲーム理論においてゲームは標準型（戦略型）と展開型に分かれる。モノポリーは基本的に展開型に属する。しかし，あるプレイヤーがサイコロを振る順番のときに，他のプレイヤー同士の交渉や取引が認められている（Windows版では，自分の順番のときにしか取引はできない）。したがって，厳密に言えば，標準型と展開型が混在している。

順番がまわってきたプレイヤーは，すべてのプレイヤーの財産状況，ボード

における物件の位置，物件の所有・支配状況，チャンス・カードと共同基金カードの順番（めくられたカードはヤマの下に置かれる）からある程度わかっている確率，サイコロの出目確率，これらを前提として意思決定を行う。しかし，交渉と取引によってプレイヤーの財産状況と物件の所有状態は変動する。前提が常に流動的であるということが，モノポリーの難しさでもあり魅力でもある。それゆえに交渉の訓練になる（吉川，2014）。

　一般的なルールではモノポリーにおける勝者は1人である。大会ルールで時間制のもと順位を点数化するなどの例外もあるが，基本的には他のプレイヤーはすべて敗者である。したがって，プレイヤー同士には，独走を許さない暗黙の了解があるはずである[6]。

　ところが現実には，プレイを重ねるなかで，プレイヤーの間で，協力／非協力の関係が芽生える。なぜなら，たとえば，プレイヤーの振る舞い，交渉の頻度，交渉における態度など，具体的なコミュニケーションから印象が形成され，負けても良い，あるいは勝たせたくないと思う相手はだれ，といった価値観が形成されていくからである。

　ゲーム理論では協力型／非協力型に分けて議論される。しかし，現実的な「裏切り」については定見がないように思われる。どの教科書にも載っている「囚人のジレンマ」という一回限りのゲームであれば，黙秘と裏切りが登場する。というのは，たとえば，「梯子を外す（される）」，すなわち協力を繰り返した後に，突如，裏切る（られる）といった，現実にありがちな場面がある。これをモデル化して分析する先行研究では，結論が揺れているように思われるからである（Axelrod, 1984；渡部，2014）。

　にもかかわらず，物件等のオークション（e.g., Milgrom, 2004），交渉時におけるシグナリング（e.g., Spence, 1974）など，モノポリーに臨むにあたって，ゲーム理論に関する知見から得られる示唆は少なくない。こうしてモノポリーは，ゲーム理論の入門としての役割を演じている。

　なぜなら，モノポリーでの数多くの失敗・成功，あるいは愉快・不愉快な感情を伴った体験それ自体が，ゲーム理論という知的探究のきっかけとなるかもしれないからである（Kapp, 2012）。

4　原理と定石

　ファヨールは，自身の鉱山技師と社長としての経験に基づいて，有名な14の管理原則を著した。以下では，それらを佐藤（2011），野田（1985）とそれぞれ順に比較して，「経営の定石」なるものを批判的に考察する。

　第1に，ファヨールによれば，実際，管理の原則は無限にある。そのうち彼が個人的に重要と考える諸原則が，次の14個である（Fayol, 1916, pp. 19-47, 都筑訳, pp. 25-57, 佐々木訳, pp. 41-76, 山本訳, pp. 30-70）。

① 　分業：垂直と水平の両方がある。
② 　権限と責任：部下に対する命令はその結果責任と表裏一体である。
③ 　規律：部下の服従・勤勉であり，上司のリーダーシップが十分条件である。
④ 　命令一元化：部下の上司は1人でなければならない。
⑤ 　指揮の統一：1つの計画は1人の上司が担うことで専念できる。
⑥ 　全体利益の優先：個人的利益は劣後するべきである。
⑦ 　報酬：部下の誘因を構成し公平かつ労使双方の満足が条件である。
⑧ 　集権：事業の状態と人員の質によって分権・集権の度合いは決まる。
⑨ 　階層連鎖：階層間（タテ）と渡り板（ヨコ・ナナメ）の情報伝達が認められるべきである。
⑩ 　秩序：時間と費用を効率化するべく人・モノ・カネを適材適所に配置する。
⑪ 　公平：思いやりと正義が上司には求められる。
⑫ 　従業員在職権の安定：部下の不安定は全体の衰退を招く。
⑬ 　創意：考えぬきそれを実行に移す部下こそが成功の源泉である。
⑭ 　団結心：対立・不和の種を排除し口頭の情報伝達により誤解を回避する。

　これらを公式組織の3要素（Barnard, 1968），すなわち，職務の編成，意思疎通（公式／非公式），貢献意欲の3つの面から再整理すると次のようになる。

すなわち，

Ⅰ　　　作業・仕事の編成：①分業，⑤指揮の統一，⑧集権，⑩秩序……職務
　　　の編成
Ⅱa　　権限・責任の関係：②権限・責任，④命令一元化……公式の意思疎通
Ⅱb　　情報伝達のあり方：⑨階層連鎖，⑭団結心……非公式の意思疎通
Ⅲ　　　誘因・動機の問題：③規律，⑥全体利益優先，⑦報酬，⑪公平，⑫在
　　　職権の安定，⑬創意……貢献意欲

　こうしてみると，まず，一般にその目的（事業の内容）によって作業・仕事
の編成も決まるので，前述の①と⑧は矛盾しない。次に，上司による適切なリー
ダーシップによって安定的な規律と柔軟な創意のバランスが確保されるとみ
れば，③と⑬は矛盾しない。さらに，情報伝達は，上司・部下のライン（Ⅱ
a）と部署の壁をまたぐヨコ・ナナメのもの（Ⅱb）に分けることができる。
　よく知られているように，ファヨールによる14の管理原則には矛盾が含まれ
ていて，かつ科学的な証拠を伴わない個人的な経験則にすぎないとサイモンは
批判した（Simon, 1997）。しかし，上記のように整理すれば，これに反批判を
加えることもできる。
　ただし，その反批判の意味はこうである。すなわち，それらの諸原則が，管
理の科学（science）としてよりもむしろ，意識的な調整（coordination）につな
がる技巧（crafting）や芸術（art）の面の記述・説明であること。
　他方で，ファヨールによる管理の14原則は，そのすべてが人（ないし組織）
の管理に特化されていることに注意が必要である。財務・生産・販売など，他
の職能部門管理と比べて，職能部門にまたがる全般管理（組織）は，直接，人
を扱う。であるがゆえに，それがきわめて重要な職能であることをファヨール
は自らの経験から知っていたのである。訳者である山本が訳者注のなかで指摘
しているように，ファヨールによる全般管理の重要性の指摘は，バーナード
（Barnard, 1968）が協働体系から公式組織を抽出した論法と通底している。

　第2に，佐藤肇（2011）『社長が絶対に守るべき経営の定石〈50項〉』におけ
る50項の定石は，おおむね以下のように分類できる。

Ⅰ　経営理念・態度に関する定石（1-4，50）
Ⅱ　事業戦略・計画・投資に関する定石（5-7，10-11，16-17，23，26，28-29）
Ⅲ　財務・管理会計に関する定石（8-9，12-15，18，20-22，24-25，27，30-47）
Ⅳ　動機づけ・従業員に関する定石（19，48-49）

　以上からわかるように，ファヨールによる管理原則と比べると，理念や人（ないし組織）に関して割かれている分量が著しく少ない。50項という数はともかくとして，これで経営の定石と言えるであろうか。もっとも，Ⅱを「攻め」，Ⅲを「守り」とみれば，少なくともそのバランスを欠いているとは言えない。

　なるほど，50項の内容をみれば，企業経営に責任をもつトップ・マネジメントに不可欠な知識は，おおむね網羅されているようである。しかし，経営の定石がこのような内容に終始するというのであれば，佐藤（2011）によらずとも，スローン（Sloan, 1964）による古典的名著『GMとともに』を読めばそれで足りる。しかし，後述するように，同じ定石であっても野田（1985）のそれには，スローンが必ずしも強調していない点がある。

　なるほどスローンは，総合本社のレベルからみた自由と規律の同時達成を，事業部制という枠組みによって体系的に紹介している。けれども，現場における中間管理職以下の管理者にも共通に求められる定石や原理にまでは立ち入っていないように思われる。

　第3に，野田信夫（1985）『経営の定石：社長の座右書』では，次のように経営の定石が紹介されている。

Ⅰ　全般（①管理過程，②例外の原則，⑨情報）
Ⅱ　構造（③分権，④スタッフ）
Ⅲ　責任（⑧目標，⑪業績評価，⑫製品安全，⑬CSR）
Ⅳ　慣行（⑤稟議，⑥長期雇用，⑦年功制，⑩社内教育）

　こうしてみると，野田による定石は，ファヨールによる原則と同様に，全社／事業戦略よりも日常的な管理・運営に関する内容が多い。これらのうち，

野田はⅣ，いわゆる日本的な長期雇用慣行を経営の定石として繰り返し強調している。これは，佐藤（2011）が成果主義や「捨てる経営」（ポジショニング・アプローチ）に重点を置いているのと対照的である。

　おおよそ1990－2010年の間における，わが国の多くの大企業における揺り戻しの実例からわかるように，経営における成果主義のマイナス面は，長期雇用慣行のそれを上回っているとみてよい（高橋，2004）。ファヨールと野田は，ともに，こうした事実を経営の原理や定石として抽出していたと解釈することができる。

　以上より，「雇用の安定」というきわめて重要な管理原則，すなわち経営の定石の意義を再確認しておきたい[7]。この原則は，人的資源管理よりもむしろ，インターナル・マーケティングの思想と親和的である（木村，2007；野村，2013；高橋，2014）。ただし，健全な業績評価のためのフィードバックを確保するために，雇用の安定の内容が被用者の職場離脱の自由を奪うような法令に反するものであってはならない（Ackoff, 1986, p. 30, 邦訳, p. 32）。

　雇用の安定という管理原則をゲームとしてのモノポリーの文脈で解釈すれば，次のように言うことができる[8]。すなわち，楽しくない相手とはできるだけプレイしたくない。楽しい相手であれば勝ち負けと関係なく何度でもお手合わせ願いたい，と。エイコフによれば，「楽しくもなく意味もない仕事は，いくら給料をもらおうが，一所懸命やるには値しない」（Ackoff, 1986, p. 148, 邦訳, p. 151）。

　要するにモノポリーにおいては，ゲームの定石をどれほど多く知っていて巧みに交渉を重ねて勝ったとしても，紳士・淑女的に振る舞うのでなければ，それっきりである。逆説的ではあるが，勝つこと／相手を負かすことだけがモノポリーというゲームの目的ではないのである[9]。

　また，以下の引用において「経営」を「モノポリー」と読み替えれば，ゲームとしてのモノポリーも美学的な面をもつと評価することができる。すなわち，「美学は2つのこと，つまり遊び（レクリエーション）と創造（クリエーション）に関連している。遊びとは人の心と身体を活気づけるもの，結果や影響にはかかわりなくそれをすること自体が満足感を与えてくれるものである。遊びはそれ自身に価値がある。（中略）経営することそれ自体が楽しみであり喜

びであれば，経営は美学的な価値をもつのである」（Ackoff, 1986, p. 147, 邦訳, p. 149）。

　さらに，エイコフは美学の創造的な意義を次のように敷衍している。すなわち，

　「美学の創造的側面は，発展するという，人が抱く感覚に現れる。この進歩するという感覚こそが，人間活動に外部的価値を与え，人間活動を有意義なものにしている。（中略）美は，発展や進歩のために努力する動機を与えるのである。遊びは，進歩の追求の過程で息抜きを与え，達成への努力自体を満足感あるものにしてくれる」（Ackoff, 1986, pp. 147-148, 邦訳, pp. 149-150）。

5　結　語

　モノポリーそれ自体は，資本主義経済における土地取引を単純化したゲームである。いわば単純化された現実の一部，すなわち非現実的な空間で，引いたカードの内容やサイコロの出目で展開が大きく左右される。そういう場面にプレイヤーは繰り返し直面し，逡巡し，熟慮し，決断し，その後，反省する。非日常的な興奮やエピソードを通じて，プレイヤーは土地取引，資金調達・運用の仕組み，したがって資本主義の原理原則を身につけてゆく（Kapp, 2012, pp. 7, 26-27, 68）。同時に，プレイヤーは，交渉と取引を繰り返すことで，社会を構成する，文字通り人として振る舞い，マナー，倫理を体得する。

　そのようなゲームとしてのモノポリーにおける定石（OR，ゲーム理論，数学的アプローチ）を探求することにいったいどんな意味があるのか。

　それは，他でもなく，OR，ゲーム理論，数学的アプローチへのゲートウェイを認識すること，これである。すなわち，モノポリーは，学問としてのそれらの位置，経営の実践に与える意義と限界に対する関心をプレイヤーに与えること，そういった役割を果たしているのである。

　一等地としてのオレンジ・グループはモノポリーにおけるいわば共通語である。どこの大都市にも一等地があるのと同じように，単純化されたゲームにもそれが反映されている。一等地を手に入れることは重要である。しかし，たとえば収益性が相対的に高くない土地への集中化戦略など，ランチェスター戦略が教える手法によって，他の土地しか持つことができないプレイヤーにも逆転

の余地が残されている。努力と工夫によって，すでに一等地を持っているプレイヤーを倒す醍醐味は，ゲームであれ現実であれ，変わりはない。シュンペーター（Schumpeter, 1912）が言うように，それは資本主義経済の生命線でもある。

　経営の定石，または管理原則は，実務家が放漫経営を戒めるための，いわば参照点としての役割を果たしている。ただし，それらは，PERTやシンプレックス法のような一定の制約条件下で最適解を導くための手段と同じではない。それゆえに，定石や原則は，技巧や芸術の面を帯びているため，科学的とも非科学的とも言えない性質のものである。モノポリーにおいて計算される，個々の物件における確率分布と収益率も，それと同じである。参照点は，それに従わなければならないルールではない。

　エイコフが言うように，「例外の原則」における例外事象の連続，すなわち非定型的な意思決定の連続こそが人の創造と成長を促す。わくわくさせてくれる経営意思決定の連続は，そのような意味で美学的である。したがって，ゲームとしてのモノポリーもまた本質的に美学的な面をもっているのである。

〔注〕

1　雪のアルプス山中で遭難したパーティを混乱に陥れずに秩序正しく下山させるためのカギとして，メンバーのセンス・メイキングを演出する責任者の役割が重要であるとワイクは説いている（Weick, 1987）。ここで，パーティのメンバーを企業のステイクホルダーと読み替えれば，危機からの脱出を資源の結集または協働と読み替えることができるかもしれない。

2　たとえば，組織革新など，社会のいろいろな場面における保革対立を経由する覇権の交代（林，2011）。それはしばしば世代交代をも伴う。そういった社会の新陳代謝こそが，それを保障する私有財産制と自由主義が，現代の多くの人々によって支持されている証拠でもある。

3　IT革命に乗じて既存業界における競争のルールを一変させた例としてコマツ社のKOMTRAXがある（山根，2015a, pp. 76-97）。これに対して，すでに旅行事業というコア市場を抱えるHIS社による航空事業産業への参入事例は特殊である。同社にとって航空事業における市場シェア獲得よりもむしろ，航空事業における競争ルールの変更それ自体を目的とする，いわば早期撤退を見込んでの参入も現実にはありうる。その新規参入にかかるコストは必ずしも小さくはないが，撤退により莫大な固定費からは解放されるのである。HIS社の全社的な観点に立ってみると，賢明でかつ高度な戦術であったと評価できる（中庭，2008）。

4　リブセンス社は，ジョブセンスというビジネス・モデルによってリクルート社における強みを弱みに変えた。大人数でかつ広範囲にわたって求人広告を扱う営業部門こそは，リクルート社の強みであり，創業者である故・江副浩正氏のDNAを引き継ぐものと考えられる。ところが，この人件費という名の莫大な固定費は，リクルート社の強みであると同時に，そこを狙われたら弱いという意味でのアキレス腱でもある。インターネットとモバイルの普及による社会のIT化に乗じて，それまでの求人雑誌市場の常識を，リブセンス社は覆したのである。そのエッセンスはこうである。すなわち，紙媒体による多くの求人情報は空振りに終わる。求人側にとってムダな広告費は抑えたい。求職側は無料の求人情報はありがたいが，待遇や条件の検索が自在なモバイルで情報収集できるならもっとありがたい。問題は，両者のマッチングにどう付加価値を見出し，いかにビジネスとして成立させるか，であった。リブセンス社はこの問題を成功報酬としての「成約料」と「採用祝い金」によって解決した。求職側がリブセンス社に成約を報告するとリブセンス社から祝い金をもらえる，という仕組みである。その原資には求人側からリブセンス社が間に入って受け取る成約料の一部が充てられる。その差額がリブセンス社の営業収益の一部となる。

5　藤原（2016）は，そのような競争市場における戦略立案の論理を4つの構成要素から可視化するツールとしてVRICマップを提示している。すなわち，価値提案（value proposition），リスク・コントロール（risk control），見えざる資産（invisible assets），収益獲得構造（cash generator），これらである。

6　この点，制限時間があるとき，または初期プレイヤーの数が多いほど，交渉は積極的であるべきと言われる（e.g., Orbanes, 2013）。したがってそれは定石であるように思われる。しかし，逆に，制限時間が定められていないか，または初期プレイヤーの数が少なければ，そのような積極的な交渉が必ずしも勝機を呼ぶとは限らない（cf. 図5-4，図5-5）。

7　たとえば，ハーバード大学でのMBA取得後，高額報酬を伴うヘッドハンティングのオファーに応じることなく，三菱商事を辞めることなく，総合商社ならではの大規模な取引の経験を積んだことが，その後の新浪剛史氏の飛躍に繋がったのではないかと山根は分析している（山根, 2015b, pp. 231-251）。

8　実際に低賃金で働いている人たちは，なぜ，経済的待遇のよい他の職や職場へ移ろうとしないのか。この素朴な疑問を起点として，Cheng（2016）は長崎市内の実態調査に基づいてその理由を科学的に明らかにしている。また，バーナードは自説の権威受容説を主張する根拠として無関心圏の概念を導入した。しかし，無関心圏は時間とともに個別特殊的に膨張／収縮するはずである。その変動の記述・説明をバーナードは行っていない。これに対して小林（2016）は，媒介変数として愛着をおき，事例分析によってその記述・説明を試みている。

9　competitionの定訳は「競争」である。当時の大蔵省の要職者は，訳語としての「争」を，それが穏やかでないとして受け入れなかった。それゆえ，競争の二文字を黒く消して，求められた翻訳を相手に渡した，と福沢諭吉は述べている（福沢, 1994, pp. 184-185）。

第 **6** 章

交渉術と遊び

1　序

　モノポリーと社会科学における専門分野との接合面（インターフェイス）は次のようである。すなわち，①歴史と文化（土地や建物に関する税制度や思想），②銀行（利息，抵当権の設定と消滅，競売），③企業金融（複式簿記の原理，資産・負債・資本（純資産）），④民法（契約，売買，交換，抵当権，物上代位），⑤定石（OR，ゲーム理論，数学的アプローチ），⑥交渉術（価値観，コミュニケーション，誘因，説得），これらである。本章では，⑥交渉術（価値観，コミュニケーション，誘因，説得），これを取り上げる。

　モノポリーの専門科目との接合面の１つに，交渉術（価値観，コミュニケーション，誘因，説得）がある。本章ではまずこれを簡単に整理する。加えて，遊びに関するロジェ・カイヨワ（Roger Caillois）による古典的な所説に対する多田道太郎（カイヨワの訳者）による解釈に基づき，モノポリーがゲームとして本来備えている遊びの面の意義を理論的に明らかにする。

　なぜなら，経営にはコミュニケーション技能が不可欠であるけれども，ゲームとして楽しくモノポリーをプレイする（遊ぶ）ことにより，基礎的でかつ重要なコミュニケーション技能の一部を身につけられると考えられるからである。

　逆に，データ分析手法としての統計学，一定の仮定のもとに構築されたモデルにおける均衡解を求めるための数学，複式簿記の原理，土地制度の変遷を中心とする世界の歴史，民法，これらをマスターしていたとしても，それだけで実際に経営がうまくできるわけではない。もちろん，ファヨールが言うように，たとえば基礎的な数学は，判断力の育成にとってけっして無駄ではないとして

も[1]。

　端的に言えば，それらの技術や専門領域においては，利害関係者としての人（プレイヤー）が，生身の人として取り扱われていない。そこが実務と学術の伝統的な分水嶺でもある。

　たとえば，ハーバード・ビジネス・スクールのカリキュラムでは，営業を教える科目がないと言われる。なぜか。

　ブロートン（Broughton, 2012）によれば，営業は大学院で教えるほど高尚なものではない。つまり格下である。そういえばもっともらしく聞こえるが，実のところ，教授陣が客相手に売る技能を持たないから，というのが実情である。そのような技能を持っていれば，自ら実地にやっているはずである。言い換えると，それができないから，あるいはできなくなったから，教壇に立っている。そう見てよい[2]。

　あのマルクスがそれを「命がけの飛躍」と称したことからも明らかなように，市場危険の下で執り行われる商品の販売は，資本主義経済における企業活動の精髄である。これなくしては，どれだけ資金調達しても，商品にどれだけ付加価値を与えても，従業員に特殊な専門知識や技術をどれだけ叩き込んでみても，不毛である。

　このような問題意識を背景として，モノポリーをめぐる交渉術と遊びを取り上げるのは，それらを経営におけるコミュニケーション技能の会得と理論的に関連づけるためである。そのような目的で，交渉術や遊びとモノポリーを関連づけている先行研究はほとんどない。

　以下では，第1に，経営におけるコミュニケーション技能の重要性についてレビューする。第2に，交渉術について経営と部分的無知の見地から考察する。第3に，ゲームとしてのモノポリーを遊びの見地から考察したうえで，交渉術，遊び，コミュニケーション技能を，理論的に関連づけて整理する。

2　経営におけるコミュニケーション技能

　本書でいうコミュニケーション技能とは，バーナード（Barnard, 1968）と森川（1996）が述べている意味でのそれを指している。前者は抽象的であるが，後者はやや具体的である。後述するように，バーナードは具体例や比喩を交え

て説明してはいるけれども。

　すなわち，ひとつは，よく知られている公式組織の３要素のうちの１つとして，あるいは非公式組織の生成と維持に不可欠なそれとして，である。いまひとつは，人的スキルである。後者からみることにしよう。森川はこれを次のように説明している。

　　「チャンドラーによると，大企業の組織力は物的設備と人的スキルから成り立つが，スキルの持ち主のネットワークの中で，あるいはそれとともに働くことで，ネットワークの実体を熟知しているトップ経営者は，その企業の組織力の根幹をつかんでいる。創業者と内部昇進専門経営者は，その共通する資格において，最大の業績を期待することのできるトップ経営者である。」
　　　　　　　　　　　　　　　　（森川，1996, p. 121，ただし傍点は引用者）

　この引用におけるキーワードは，「スキルの持ち主のネットワーク」である。これが明確にならなければ，引用全体の意味もはっきりとしない。この点に関連して，森川は，一定の歴史を経て発展を遂げた大企業における，創業者家族と専門経営者の間での不信感と協力関係に注目している。これをみてみよう。すなわち，

　　「創業者家族と専門経営者の間には，根強い相互不信が存在し，コンフリクトがたえまなく発生するというのが常態である。家族側，あるいは専門経営者側，さらには双方の側からの意識的・人為的働きかけが積み重ねられた結果として，両者間に協力関係が成立する。」　　　　　　（森川，1996, p. 47）

　そのうえで，両者の間の協力関係の前提条件が何であるかを，「スキルの持ち主のネットワーク」とかかわらせて，次のように説明している。

　　「恵まれた家庭環境に生まれ育ち，挫折体験に乏しく，交友範囲も限られた創業者家族のメンバーは，毎日会社に（原文ママ）働く中でスキルを磨き，内部昇進を遂げてきた管理者，技術者たち，現場従業員たちが形作る血の通ったネットワークには入り込みにくい。ただし，草の根から企業を起こした

創業者には，従業員と創業の苦難を分かち合った体験がある。創業者にとってそのようなネットワークに入っていくことは困難な問題ではない。」

（森川，1996, p. 57, ただし傍点は引用者）

　挫折や苦難の分かち合いといった経験は，現場でしか体得できない。したがって，人的スキルとは座学だけでは絶対に会得できない能力のことである。森川が言うように，創業者は，その定義上，人的スキルを当然に備えている。問題は，ホワイトカラーとしての専門経営者が，そのような人的スキルをいつどのようにして身につけるか，である。宮下（2013）は，それが圧倒的に「実務経験」の中で，であることを明らかにしている。

　そうであれば，大学や大学院において，人的スキル，わけても重要なコミュニケーション技能を学生が身につけることは期待できないのであろうか。この点，とりわけ民間企業への就職活動において，同じ学生でも，主として体育会系の部活動経験者であることが比較的優位にある現実に鑑みると，学生は，主に課外活動を通じて人的スキルを培っているように思われる。

　スキルの持ち主のネットワークを，かりにチームと言い換えれば，チームが機能するための条件は何か。齋藤（2012）によれば，「チームの前提条件は，お互いの弱みを知っていること」（p. 126）である。したがって，コミュニケーション技能が経営に求められる理由を突き詰めると，メンバーの心を開かせて各自の強みと弱みが何であるかを積極的に吐露させること，と言い換えることができる。

　互いの得手不得手，強み弱みがわかれば，役割分担の段階で失敗することはない。役割分担が成功していれば，互いに信頼することは容易となり，見栄や虚栄心に基づく不信感の壁がなくなり，全体としてのコミュニケーションも円滑になる。結果として風通しがよくなる。そうなれば，都合の悪い情報が隠されたり滞ったりすることもなくなる。

　伝統的に日本企業が，朝礼はもとより新人研修や慰安旅行など各種の社内行事に莫大な時間とコストをかけている理由はここにある。

　このような意味でのチームは，いわゆるソーシャル・キャピタルの一面を成している。ソーシャル・キャピタルは，コーエンとプルサック（Cohen and Prusak, 2001）によれば，人々のあいだの積極的なつながりの蓄積によって構

成される。すなわち，社交ネットワークやコミュニティを結びつけ，協力行動を可能にするような信頼，相互理解，共通の価値観，行動である。またそれは，ベイカー（Baker, 2000）によれば，個人的なネットワークやビジネスのネットワークから得られる資源を指している。情報，アイデア，指示方向，ビジネス・チャンス，富，権力や影響力，精神的なサポート，さらには善意，信頼，協力などがここで言う資源としてあげられる。こうした資源は個人財産（ヒューマン・キャピタル）ではない。人間関係のネットワークの中に内在するものである。

　このように定義されるソーシャル・キャピタルはそのままでは抽象的な概念であるが，挫折や苦難の分かち合いといった経験をその特徴とするチーム，すなわち，スキルの持ち主のネットワークにブレイク・ダウンしてみれば，これを具体的にイメージすることができる。

　他方で，コミュニケーション技能に関してバーナードが喝破している文言を指摘するなら，少なくとも2カ所はあるように思われる[3]。要するに，彼は，一方で，公式組織を機能させるための非公式組織の重要性を指摘しつつ，他方で，公式組織の3要素のうちコミュニケーションがもっとも中心的な位置を占めていると説いている[4]。

　しかも，管理機能の主要な部分を成すこのような技能は，「科学よりもむしろ芸術であり，論理的であるよりも審美的である」（Barnard, 1968, p. 235, Chapter 16, 邦訳, p. 245）と彼は述べている。

　以上みたように，バーナードによるコミュニケーション技能の説明は抽象的である。それゆえに，それを具体的にどのように体得すればよいかについては，無言のままである。しかし，何の手がかりもないというわけではない。経験，芸術，審美といったキーワードがそれである。そのような技能の会得は，実務経験を積み重ねられればもちろん可能であろう。が，モノポリーを通じてでも，一定の限度はあるにせよ，可能である。そのことを以下で論証する。

3　交渉術：経営と部分的無知

⑴　経　　営

　ここでは，まず，現実の経営で求められる交渉の前提となる採算の面を簡単にレビューし，モノポリーと対比させる。次に，両者に共通する点を整理する。

　「値決めは経営。」稲盛和夫による有名な言葉である[5]。アメーバ経営の精髄は，一口に言えば，分権のもとでの効率的な採算，すなわち時間，原価または利益の管理の徹底である。したがって，その対象は，仕入から，製造，営業，さらには非採算のスタッフ部門まで，例外はない。時間あたりの採算という基準によって，統一的に評価される。こうしてすべてのアメーバと称される単位の責任者は，経営者意識という圧力の下で，あらゆる交渉と意思決定にあたるのである。

　採算という面だけをみれば，実際，薄利多売という商売の方法もあるが，錦見（2012）のように，「利益確保を前提とすれば，単価を 5 ％値下げするなら，販売量を20％あげなければならない。」（p. 47）と，安易な値下げ販売に対して警鐘を鳴らす見方もある。

　他方，西田（2012）は，「職人経営から商人経営への転換は，トップの覚悟がなければできない。」（pp. 188-206）と言う。ここで，職人経営とは，利益意識が低く，品質と納期に追われ，儲からない製品をせっせと売り，値決めは現場任せ，という特徴をもつ。これに対して，商人経営とは，利益意識が高く，品質と納期を武器にし，儲かる製品をとことん売り伸ばし，値決めは経営者の仕事，という特徴をもつ（西田，2012，pp. 42-51）。

　また，『商業界』（第62巻第11号）に紹介されている実例[6]からわかるように，倉本（2009）は，「低価格競争に限界がある以上，次に見えてくるのは価格競争ではなく，差別化競争であり異質競争，価値競争になることは間違いない。」（p. 9 ）と指摘している。

　いずれにせよ，経営における交渉は常に採算が前提となっている。しかも，トップの関与が決定的である。ただし，採算を判断するための基準は，アメーバ経営のような一律の何か，とは限らない。

　たとえば，既存の商品を継続的に効率的に生産すること（安定性の追求）と，それを駆逐することを目的とする新商品を開発すること（柔軟性の確保）は，互いに矛盾する。しかも，どのタイミングで新商品の導入を実施するかは，税務面への影響を含む微妙な損益計算のみならず，競争相手をはじめとする多くの利害関係者を巻き込むため，きわめて高度な意思決定である。にもかかわらず，繰り返し安定性と柔軟性の同時達成をしなければ，組織の存続は不可能である（Weick, 1979；岸田, 2009）。それが厳しい現実である。

　そればかりではない。従来の利害関係者との関係を不断に組み直さなければならない。株主，銀行，納入業者，競合他社，労働組合，税当局，地域社会，地権者，顧客，など，それぞれの利害関係者との関係のありよう，あるいは関係先の入替え，といった，きわめて重要かつ微妙な交渉と判断がトップには求められる（山倉, 1993）。

　わけても重要な「値決め」は，そのようなステイクホルダー・マネジメントと切り離して行うことはできない。両者は同時決定的な性質を持つ意思決定事項なのである。

(2)　部分的無知

　このような実際の経営における交渉術と比べて，モノポリーのルールにおいて認められているそれは，きわめて限定的である。けれども，最終的な資産の多寡によって勝敗を決するという目的がある限り，すべてのプレイヤーには採算の圧力が強いられるから，交渉術の会得に対して無意味ではない。

　モノポリーにおいて許される交渉は，交換と売買のみである。競売は，厳密には交渉ではないが，落札後の交換なり売買なりを入札中に働きかけることもできるので，交渉と密接に関係している。ゲームは「現場」ではないが，以下でみるように，現場と類似の試行錯誤や失敗による学習が求められる。

　経営とゲームの交渉をめぐる共通点は，経営者またはプレイヤーの，価値観とヒューリスティクスにほかならない。それらによって，どちらとも，大局観，展開の見立て，それに取引の時期の判断が左右されるからである。林（2015）では，バーナードによる「誘因の経済」の観点から，交渉による説得の方法を分析した[7]。

　以下では，アンソフが言う部分的無知（partial ignorance: Ansoff, 1965）の概

念から，経営とゲームの交渉術の共通点を整理する。なぜなら，それが芸術や審美と関係するからである。

　まず，戦略的意思決定に関して，その記述[8]をみてみよう。

　　「戦略的意思決定においては，将来の諸機会についてのこのような部分的無知の状態は，例外的というよりもむしろルールなのである。」

（Ansoff, 1965, p. 39, 邦訳, p. 20）

　ここで，「ルール」というのは誤訳ではないか。

　著名なテキスト『新版・経営戦略論』の第 1 章「経営戦略と何か」において，加護野はアンソフ（Ansoff, 1965）の邦訳に即してこう説明している。

　「このような『部分的無知』のもとで行われる決定の『決定ルール』となるのが戦略である。」（石井・奥村・加護野・野中, 1996, p. 2），と。ただし，加護野（2010）においては，「アンソフによれば，戦略的決定は部分的無知の下での意思決定である。」（p. 156）と修正されている。

　部分的無知という用語はアンソフによるものである。邦訳『企業戦略論』においては，ページ順に， 3 回（p. 20）， 2 回（p. 23）， 1 回（p. 56）， 1 回（p. 59）， 1 回（p. 61）， 1 回（p. 68）， 1 回（p. 121）， 1 回（p. 149）， 3 回（p. 150）， 2 回（p. 191）， 1 回（p. 254）， 1 回（p. 263）， 1 回（p. 266）。合計19回登場する（ただし，邦訳には索引が掲載されていないため，引用者が数えて確認した回数である）。

　原書のindexによると，1965年版では，pp. 47，152，以上 2 つのページが，また，1988 (1965) 年版と照合すると，pp. 39 (16)，41 (18)，59 (46)，61 (48)，64 (54)，114 (117)，115 (120)，143（新たに「ポートフォリオ分析」の章が挿入されたため該当ページなし），184 (213)，以上 9 つのページが，それぞれ示されている。

　こうしてみると，きわめて重要な概念であることがわかる。なぜ誤訳と考えられるのか。なぜなら，加護野自身がその直前で紹介しているように，「戦略的決定は，他の決定と比べると，非反復的で高度の不確実性に富んでいる。」（石井・奥村・加護野・野中, 1996, p. 2）からにほかならない。そもそも，非反復的な意思決定が，決定ルール（規則ないし決まった手続き）であるはずがな

い。そのような「ルール」にできないからこそ，非反復的なのである（Simon, 1977）。であるとすれば，正しい訳は「常態」でなければならない。すなわち，

　「……部分的無知という状態は稀ではなくむしろ常態である。」　　（引用者訳）

　そればかりではない。重要な概念であるはずなのに，それは後になって，部分的無知はなぜか「部分的な情報不足」（『最新・戦略経営』）へと言い換えられ，『戦略経営の実践原理』や『アンゾフ戦略経営論新訳』では，登場すらしないのである。

　「部分的な情報不足」と言い換えられた背景には，アンゾフ自身がチャンドラーとサイモンから強く影響を受けていること，それに加えて，経済学で有名な「情報の非対称性」などとの混乱があったと考えられる。経済学では，経済人，すなわち完全情報が前提となっている。それが不完全であって，かつ，プレイヤーの間で非対称であるからこそ，取引の交渉に有利・不利の差が生じて，云々，という論理である。この論理で詰めると，不完全，あるいは非対称な情報が，何らかの事情で補完されれば，プレイヤーは完全情報を得るから，その段階で最適な意思決定ができる，ということになる。ただし，それは（現実にはほとんどまったくありえないが），完全なる計算能力と確定的な選好基準が与えられていれば，の話である。

　そういうわけで，「部分的無知」は「部分的な情報不足」とは本質的に異なるし，むしろ，すぐ後に述べるように，アンゾフが本来言いたかったことを歪めた可能性が高い。完全情報もしくは経済人を前提としない，そのような部分的無知とはどういうことか。たしかにアンゾフ自身も述べているが，「将来に関して不確実性が支配する」（Ansoff, 1965, p. 120, 1988, p. 115；金井，1997, p. 19），という点だけでは説明が十全でないように思われる。

　むしろそれは，ワイク（Weick, 1969, 1979, 1987）が言うイナクトメント（enactment），あるいは即興（improvisation）と置き換えられるべきである。ひらたく言えば，目の前の，過去の，または未来の，与えられた状況に対して，そのときに有している先入観，偏見，あるいは思考の枠組みを「押しつける」または「押しつけ直す」ことで浮かんでくる意味の表現・構築（環世界または思い込み）とその繰り返し，これである。したがって，心理学で言うリフレイ

ミング（reframing）と言い換えてもよいかもしれない。これが部分的無知の本義である。

　その論拠として，『戦略経営の実践原理』においてアンソフは，「経営情報」（Management Information: Ansoff and McDonnell, 1990, p. 66, figure 2.3.8, 邦訳，p. 59，図表 3・8 ）を次のように 3 つのフィルターによって説明している点が挙げられる。すなわち，「環境→（監視フィルター）→データ→（メンタリティ・フィルタ）→認識→（権力フィルタ）→情報→活動」（ママ），と。これら 3 つのフィルター（surveillance, mentality, power）を部分的無知の源泉とみれば，「経営情報」に関するこうした枠組みは，部分的無知という概念の展開を意図したものと解釈できる。

　ただし，イナクトメントや即興それ自体は，価値的に中立的な概念である。しかし現実は，情念と動機によって色濃く影響を受けざるを得ない。ヒューム流に言えば，「理性は情念の奴隷」（Hume, 1739）であって，理性だけから何らかの動機が導かれることはありえない。

　福永（2007）によれば，バーナードに影響を与えたヘンダーソン（Lawrence J. Henderson）は，もともと人間の営為における合理性を強調する実証主義，合理主義の立場をとっていた。しかし，年をとるにつれてその傾向は変化した。フロイトや文化人類学の分析，共産主義，ファシズム，ナチズムの台頭のような世界情勢の観察から彼が得たことは，人間行動のもっとも重要な側面は実証科学では理解できない，ということであった。価値や感情という問題が，ヘンダーソンの心の中で大きく占めるようになったのである。こうした考えは，ホーソン研究で知られるいわゆるハーバード・サークルへ受け入れられていった（福永，2007, p. 195）。

　また，福永（2007）によれば，ヘンダーソンは「パレート（Vilfredo Pareto）研究会」を主宰していたが，いわゆるパレート最適とはまったく異なる概念をパレートは主張していた。すなわち，社会は合理的でもないし，必ずしも進歩するものでもないし，民主的なものでもない。また，人々は完全主義を志向しているわけではない。むしろ，人間の行動の基盤の多くは根源的な感情，衝動，欲求，推進力からなっており，本質的には非合理的，非論理的なものである（福永，2007, pp. 194-195），と。

　こうして，部分的無知は，経験，芸術，あるいは審美と関係しているのであ

る。

⑶　共 通 点

　部分的無知が常態であるとすれば，経営であれゲームであれ，実際の交渉で
もそれが前提となる。ニーレンバーグ（Nierenberg, 1971）によれば，「交渉と
は，厳密に言えば二度と繰り返しのきかないもので，科学実験とは違うのであ
る。交渉においては，1つ1つの仮定についての実験的な証拠，および次に用
いる戦術についての仮定を見つけ出すことが必要である。」(pp. 168-169, 邦訳,
p. 213)

　これを一口に言うなら，試行錯誤の繰り返し，経験の積み重ねによってのみ，
交渉術は会得できる，となる。さらに，事例研究法（case method）において，
現実の事態を「報告者が自分の現実観に合わせようとするために，画像が歪め
られてしまう」(Nierenberg, 1971, p. 170, 邦訳, pp. 214-215)，とニーレンバーグ
は述べている。これから，部分的無知は，センス，価値観，先入観などと密接
に関している，と解釈できる。

　経営もゲームも，一手一手，逐次的に複数の相手と交渉と決断を重ねる点で
共通している。現実社会ではカルテルは法的に規制されている。ゲームにおい
ても，たとえ一時的に連合を組むことができても，早晩，その連合の内部で白
黒をつけなければならない。

　であれば，経済人とは異なる現実的な仮定，すなわち，第1に，交渉や意思
決定における過去からの経路依存，第2に，互いに異なる価値観，先入観，あ
るいは時間感覚の共存と変遷，第3に，一時的ないし長期的な仲間との連合関
係，これらを理論的に整理しておく必要がある。その導きの糸として，ここで
は郡司（2013）に依拠することにする。

　第1に，サイモン（Simon, 1996）や稲葉（2010）が言うように，問題解決に
際して，過去に類似の経験があればそれに基づいて単純化して処理する傾向が
われわれにはある。そのばあい，どのように類似性の有無を判定するか。これ
に関して郡司（2013）は，モノとコト[9]，デジャブとジャメブに注目して，次
のように述べている。

　　「初めて見たものに何かしら懐かしさを感じるデジャブや，いつも見てい

るのに新奇性を感じるジャメブというある種の錯覚がある。これも，モノと
コトに関して考えると理解しやすいだろう。モノについてはわからないが，
コトについてわかるのがデジャブで，モノについてはわかっているが，コト
についてはわからないのがジャメブだといえる。

　通常，モノもコトも両義的にわかっているからこそ，それに対して客観的
知識として知ると同時に，なんらかの主観的な質感をも感じている。」

（郡司，2013, pp. 262-263）

　この引用と問題解決に関するサイモンや稲葉の指摘のなかに経路依存の本質
があるように思われる。それは，どの文脈で，どのタイミングで，何を提示す
るか，しないか，という交渉の要諦である。バーナード流に言えば，「管理的
意思決定の精髄」(the fine art of executive decision: Barnard, 1968, p. 194, 邦訳，
p. 202) である。よって，具体的な交渉では，相手のイメージをイメージする
こと，いわば類似性の外堀を埋める作業が重要である。逆に，文脈を無視する
ことは現実の交渉では論外である。

　第2に，一方で，そのような経路依存と物理的な時間経過のなかで，他方で，
複数の異なる（したがって価値観や先入観の内容も異なれば，時間感覚も同じ
ではない）プレイヤーとともに，われわれは，互いに交渉に臨み，決断するこ
とを繰り返している。この点に関して郡司（2013）は，モノとコトの関係に注
目してこう述べている。すなわち，

　「多様な個，多様な時間軸を認めるとき，因果律は一様に進まない。ある
個体において原因から結果が導かれるとき，また別の個体では結果が先行し，
そこからは原因を想像することしかできなくなる。

　多様な個，多様な時間を認めるかぎり，群れにおけるモノとコトの両立‐
分化，そして融合過程が相次いで起こる。このような帰結は必然である。

　時間軸が多様になるとき，同一時間面は波打ち，時間は非同期的に進むこ
とになる。さらに因果律の多様性は，1個の個が階層構造を有することへも
影響を与える。（中略）

　選択（可能から実現へ）と予期（実現から可能へ）が，並列的に進行する
多数の個からなるシステムでは，個と社会，モノとコトは対立概念とならな

い。」　　　　　　　　　　　（郡司，2013, pp. 269-270，ただし傍点は引用者）

　一読しただけではわかりにくいが，要するに，交渉と決断の実践は，モノとコトの，同時的または逐次的な，両立-分化と融合過程とともに，繰り返されるのである。この点，理論的にはローレンスとローシュ（Lawrence and Lorsch, 1967）の議論と通底している。

　第3に，しかも同時に，われわれは，競争と協調，すなわち，他のプレイヤー（たち）と手を組んだり切ったりすることを繰り返している。この点について郡司（2013）は，飛行機の操縦に譬えて次のように説明している。

　「身体は，全体を参照しながら，モノとコトの分化を実現し，実現され維持されるなかでも，絶えず分化・脱分化を繰り返す。身体は，だから，サイズを変えることができる。
　飛行機の操縦は，最初セスナのような小型機で訓練されるだろう。セスナの操縦に熟達し自由に乗りこなせるようになれば，着陸の際，主脚が接地してどれくらい頭を上げれば尾輪が接地するか，無意識のうちにわかるだろう。セスナの全体が，自らの拡張された身体のように，操れる。
　もし小型機が身体のように自由に扱えるなら，それは特定の大きさに慣れ，そのサイズに固有の操縦技術を獲得したのではなく，機体全体を参照して，身体感覚をうまく機体に貼りつけ，操縦することに慣れたのである。」
　　　　　　　　　　　（郡司，2013, pp. 235-236，ただし傍点は引用者）

　いま，機体の大きさを他のプレイヤー（の性格の多様性と人数）と置き換えれば，操縦という表現は別として，この説明はマネジメントの実践を指していると言ってよい。しかし，モノを操る技能とひとを動かす技能は，共通点はあるにせよ必ずしも同一ではない。ひとのばあいには，感情や一体感が伴うからである。バーナードが言う非公式な社会はその一面である。そのような感情や一体感を規定する何かが，方向性を帯びた経営理念，すなわち組織の重心（林，2000，2005，2011，2015）である。

　以上から，経営とゲームにおける交渉術の共通点は，「互いの部分的無知を前提として人を動かす技能」をその要件としていること，これである。

4　遊びに関する先行研究

　ここでは，まず，カイヨワによる遊びの分類と遊びの定義に，モノポリーを
あてはめる。次に，遊びの研究の嚆矢であるホイジンガによる仕事を発展させ
たといわれるカイヨワの所説に対する多田の解釈，ならびに現代社会において
遊びがもつ意義を紹介する。それらをふまえて，モノポリーを実践することの
意義を，遊び，交渉術，コミュニケーションの観点から整理する。

⑴　遊びとしてのモノポリー

　モノポリーは，カイヨワ（Caillois, 1967）による遊びの分類にあてはめれば，
そのルール上，アレア（運）とアゴン（競争）から成っている。しかし，それ
だけではない。

　たとえば，経験がないかまたは浅いプレイヤーが実践を見てあるいは失敗を
しながら学んでいく過程はミミクリ（模擬）である。逆に，たとえば，展開上
有利な目が連続で出たり，都合が悪くないチャンス・カードや共同基金カード
を引き当て続ければ，たとえ敵の立場であっても，それはイリンクス（眩暈）
となりうる。

　このように，モノポリーは，カイヨワによる遊びの分類すべてを網羅してい
る。

　また，カイヨワが定義する遊びの6要素にもあてはまる。すなわち，モノポ
リーにおいては，どのプレイヤーも当然に他のプレイヤーや外部者から何の強
制もされない（自由な活動），アナログのタイプであれデジタルのそれであれ，
区切られた時間と空間のなかで展開される（隔離された活動），どのプレイヤ
ーが勝ちまたは負けるかが事前にわかることはない（未確定の活動），何ら財
や富を生産することなくゲーム終了後は開始時の原状に復帰する（非生産的な
活動），いくつかのルールの変更についての合意があるにせよ，そのルールに
全員が従う（規則のある活動），基本的にゲームそれ自体は日常生活に何も影
響を与えない（虚構の活動）。

　同様に，遊びとしての麻雀もまた，遊びの4分類も6要素もすべて満たして
いる。見立てと駆け引きが必要な点で麻雀とモノポリーは共通するが，後述す

るように，両者には重要な相違点がある。

(2)　現代社会と遊び

　カイコワ（Caillois, 1967）の訳者でもある多田（1988）によれば，巨大な産業社会の発展は，遊びをあやうくする。遊びの大衆化をささえる近代的諸産業の根本的な原理は，日常的な安定性であり，世界の同質性である。ところが，遊びに内在する自発性[10]は，こうした原理とは相いれない。遊びは安定的であるよりむしろ破壊的である。日常的秩序は，ときとして遊びによって破られる。また，遊びの自発性とは独創性とも無関係ではない。よって，同質性とも矛盾する。産業の高度化は社会を豊かにするはずの「遊び」を危険にさらす，というわけである。こうして多田は，文化の進展にとって余暇の善用という立場の余暇論ではなく，遊びを遊びとして考えるべき，と主張している。

　ところが，実際，カイヨワによれば，遊びに関する学問的研究の領域[11]は，遊びの領域に関する日常の経験とは裏腹に，それを失っている（Caillois, 1967, p. 312, translated ed., pp. 161-162, 邦訳, p. 262, 旧訳, pp. 235-236）。

　遊びが現代社会に対して持っている効果は何か。カイヨワに依拠して要約して整理すれば，それはこうである。すなわち，遊びは能力を発達させることを固有の機能としていない。遊びの目的は遊びそれ自身である。にもかかわらず，遊びが鍛える素質は，勉強や，大人の真面目な活動にも役立つ同じ素質である。かりにこれらの能力がなければ，子どもは勉強も，同時に遊びもできない。新しい環境に適応することも，注意を集中することも，規律に従うこともできないからである（Caillois, 1967, p. 323, translated ed., p. 167, 邦訳, p. 273, 旧訳, p. 245）。

　端的に言えば，遊びは特定の職業の訓練をするのではなく，障害を克服し困難に立ちむかう能力を高めさせることによって，人生全体への案内役を果たしているのである（Caillois, 1967, p. 21, 邦訳, p. 24, ただし，英訳・旧訳にはない）。

　このようにきわめて汎用性の高い社会適応力を，「非」遊び，すなわち座学のみで得ることは不可能である。

(3)　遊びと企業倫理

　その名の通り，モノポリーは他のプレイヤーをすべて破産させ，大資産家と

して生き残ることを目的としている。モノポリーには，上記でみたような遊びとしての効果が備わっている。生身の人間を相手にするゲーム（遊び）であることに鑑みるとき，結局のところ，それは人間同士のコミュニケーションである。そこでは，どのような交渉やマナーが求められるのか。この問いに対する1つの答えをカイヨワは与えている。すなわち，

　　「たしかに，遊びは勝とうという意欲を前提としている。禁止行為を守りつつ，自己の持てる力を最大限に発揮しようとするのだ。しかし，もっと大事なことは，礼儀において敵に立ちまさり，原則として敵を信頼し，敵意なしに敵と戦うことである。さらにまた，思いがけない敗北，不運，宿命といったものをあらかじめ覚悟し，怒ったり自棄になったりせずに，敗北を甘受することである。立腹したり愚痴を言ったりする人は，信用をおとしてしまう。」

（Caillois, 1967, p. 22, 邦訳, pp. 24-25, ただし，英訳・旧訳にはない。傍点は引用者）

　要するに，勝つためには何をしてもよい，というわけではないのである。これはちょうど，ステイクホルダーとの関係の調和というマネジメントの実践において，最終的に利益さえ出せば何をしてもよいのか，という古典的な企業倫理の議論とも通じている（山倉, 2007）。遊びも経営も狭い世間という人生のなかでのことであるから，当然の帰結である。

5　結　　語

　本章では，コミュニケーション技能の育成に対してモノポリーが持つ意義を，交渉術と遊びの見地から考察した。最後に，これを麻雀と簡単に比較しておく。
　麻雀は，モノポリーと同様に，カイヨワによる4分類と6要素があてはまる「遊び」である。磯村（1983）は次のように分析している。すなわち，「麻雀によって，自己本位の失敗，油断などを知るようになるし，上手になると，人の癖をとらえられるようになる。技巧や運の意味もわかってきたりする。」（p. 100），と。要するに，麻雀を通じて，自己分析，他者分析，研鑽，運，これらを学ぶことができる。

　しかし，こうした利点はあっても，経営に必要なコミュニケーション技能の観点からすると，麻雀には重大な欠点がある。プレイヤー同士の資産の取引（売買または交換），したがって明確な交渉がないことがそれである。それゆえに，麻雀の経験を重ねても，交渉術や説得の方法を体得することはできない。そもそも，会話は必要とされない。また，ギャンブルとしての麻雀には，たとえば「勝ち逃げ」と言われる言葉があるように，必ずしも倫理的な面が伴うわけではない。

　これに対して，モノポリーは同じく遊びではあるが，これを繰り返すなかでコミュニケーション技能，交渉術を会得することができる。交渉としての対話がこのゲームの根幹であると言ってもよい。しかもそれはいわば競争と協調が織りなす芸術でもある。たとえ勝ちっ放しであるとしても，どの勝者にも，すべての敗者が繰り返しプレイを求めてくれるような，ある程度の紳士・淑女的な振る舞いが求められる。ゆえに，随伴的に，企業倫理の基礎も培われるのである。

　座学の限界を補う1つの処方箋としてモノポリーをプレイする。それにより，基礎的で重要なコミュニケーション技能の一部を身につけられる。本章では，これを理論的に明らかにした。すなわち，第1に，経営におけるコミュニケーション技能の意義をレビューし，第2に，交渉術について経営と部分的無知の見地から考察を加えた。第3に，遊びの先行研究の成果をふまえて，交渉術，遊び，コミュニケーション技能の面から，モノポリーの機能を理論的に整理した。

〔注〕
1　「基礎的な数学の研究が，他の一般教養科目と同じように，判断力の養成に貢献するということを私は堅く信じている。しかし，将来の技師に不必要に課せられる高等数学の高度の教養が，同じ効果をもつとは，私は全く信じない。」（Fayol, 1916, p. 78, translated ed., p. 86, 山本訳, p. 152）
2　事実，学部学生相手の講演依頼に快諾してくれる実務家は例外はあるにせよ現場からすでに退いていることが多い。常に現場にいないと業務に支障を来すほど重要な働き盛りの管理職については……本音を言えばそういう人にこそ講演をお願いしたいのにもかかわらず……その上司が許可しないからである。

3　「特別な経験や訓練および個人的な交際の継続に際して非常に大きな要素となるのは，たんに情況とか条件のみでなく，その意向をも言葉を通じないで理解する能力である。」（Barnard, 1968, p. 90, Chapter 7, 邦訳，p. 94)

　「組織のコツを知ることは，（中略）だれがだれで，なにがなにで，なぜにやっているかを知ることである。」（Barnard, 1968, p. 121, Chapter 9, 邦訳，p. 127)

4　「組織の理論をつきつめていけば，伝達が中心的地位を占めることとなる。」（Barnard, 1968, p. 91, Chapter 7, 邦訳，p. 95)

5　同じプロフィット・センターでも，いわゆるアメーバ経営とチャンドラーが注目した事業部との異同については上總・澤邉（2006）を，アメーバ経営と京セラフィロソフィの関係については潮（2006, 2013）を，それぞれ参照。

6　「我，価格に覚悟あり：経営の本質"値決め"に説得力を持て」（岳ほか，2009, pp. 10-25）における差別化戦略の実例として次の3つを挙げておく。
　⑴　株式会社ヤマグチ（町田市）は，量販店の安売りに左右されない地域に密着した徹底した顧客サービスによって，量販店よりも2－3割高い販売価格を維持している。
　⑵　株式会社スーパーホテル（大阪市）は，部屋の鍵とチェックアウトを省くことなどによる低価格と，部屋の設計，照明，静音型冷蔵庫，枕を選べるようにするなどによる科学的な快眠環境の提供の，両立を図っている。
　⑶　株式会社ティア（名古屋市）は，明朗会計と適正価格の公表・提供によって，不明朗かつ不適正価格が常識であった葬儀業界を変革している。

7　経済問題で重要なインセンティブに関して，梶井は，それが3種類あるという。価格・金銭，法律・制度，習慣・宗教，これらである（梶井，2002, pp. 68-69)。不完全な分類ではあるにせよバーナードによる誘因の分類と比べれば，それが現実の一部しか捉えていないということがわかる。また，吉川（2014）は，「ハーバード流交渉術」の基礎にある交渉理論を詳細にふまえたうえで，交渉力育成の面からみたモノポリーの有効性と限界の両方を説いている。

8　"… such conditions of partial ignorance about future opportunities are the rule rather than the exception." (Ansoff, 1965, p.39)

　青島・加藤（2012）は，経営戦略を企業経営に関する（必要に応じて異なる）地図としている（p. 11)。比喩としてはわかりやすいが，ブルーマップ，道路地図，鉄道地図，海図，航空用地図など，物理的な測量技術が高度に発達した現代の地図全般を念頭に置いているとすれば，部分的無知の本質から乖離している。なお，経営戦略における現代の標準的なテキストである同書でもまた網倉・新宅（2011）でも，索引に部分的無知は挙げられていない。

9　「論理的計算はモノ，非論理的計算はコトであり，両者の共同作業として，身体化された知能＝ロボットは発動する。」（郡司，2013, p. 64)

10　カイヨワによれば，「jouer le jeu（遊びを遊ぶ，やる）という言葉は，遊びとはかけはなれたところ，いや，とりわけ遊びとは無関係な数多くの行為や交際において使われる（jouer son jeuは事業をやる，jouer gros jeuは大博打を打つ，jouer le grand jeuは知力をふりしぼる等の意味がある)。それは，遊びの取りきめに似た暗黙の取りきめを，そうした

領域にまで拡げようという試みなのだ。いかなる公式の処罰も違反した相手に加えられないだけに，よけいに，こうした取りきめに従わねばならないのである。不当な取りたて，奸計，封じ手などは一切，一致した見解による取りきめによって放逐される。」（Caillois, 1967, pp. 13-14, 邦訳, pp. 17-18, ただし, 英訳・旧訳にはない）

11　「遊びの世界は多様で複雑なので，その研究にとりくむ方法もたくさんある。心理学, 社会学，世相史，教育学，数学が1つの領域を分けあい，この領域の統一性を認めにくくしている。ホイジンガの『ホモ・ルーデンス』，ジャン・シャトー（Jean Château）の『子どもの遊び』，ノイマンとモルゲンスターン（Neumann and Morgenstern）の『ゲームの理論と経済的行動』のような著作は，同一読者を対象としないというだけではなく，同一主題を取り扱ったとさえ言えないようである。」（Caillois, 1967, p. 311, translated ed., p. 161, 邦訳, p. 262, 旧訳, p. 235）

第 **7** 章

アクティブラーニング

1　序

　近年の大学教育におけるアクティブラーニング推奨への応答として，Hasbro社製モノポリー（Windows版）の活用を試みてきたところである。

　具体的には，2012年度前期ならびに2013年度前期における選択科目「基礎ゼミ」（2年次生15名），2016年度第3クオーターにおける全学モジュール科目「現代経済と企業活動Ⅱa：企業行動と戦略」（多文化社会学部と教育学部の2年次生計27名と再履修3年次生1名）がその実施現場である。また，高校生を対象とした地域教育連携・支援センター事業「クラスラボ」（2016年6月14日，長崎県立松浦高等学校1年生から3年生まで計25名）においても実施した（付録A参照）。

　このゲームを教材として選択した主な理由は次の通りである。すなわち，多くの受講生が，

① 財産の把握や複式簿記の意義をあまり理解していない。
② 消費税以外に納税（資産税）に対する関心をあまり持っていない。
③ 土地・建物の売買・賃貸借に関する意識がかなり低い。
④ 公共事業の経営に対する意識があまり高くない。
⑤ 土地や事業の競売に関する知識も感覚もない。
⑥ 刑事施設に収監された経験はないがゆえに収監中に可能な経済活動の範囲を知らない。
⑦ 釈放の時期選択と保釈金に関する関心がない。
⑧ 既習内容であるはずの抵当権の設定・消滅といった基礎的な内容を忘れ

ている。

⑨　負債（借金）の積極的・建設的な意義をよくわかっていない。

⑩　売買・交換の交渉に必要なコミュニケーションの技能が乏しい。

⑪　ゲーム全体の流れ，大局観，総合的判断に必要な「見立て」の経験が乏しい。

⑫　思わぬ幸運や重大な不慮の事象に対する想像や心構えが欠落している。

などである。要するに社会人としての経験が多くの学生に欠けているのである。高等学校の普通科から現役で入学する学生にとって，登記簿，手形，小切手などを見たことも触ったこともなく，裏書きをしたことも銀行窓口で現金化したこともなく，また小説や映画以外で債務取立ての場面に遭遇したこともない，それが一般的である。民法上は未成年者であっても営業の許可が与えられれば成人と同様に扱われる（6条1項）にもかかわらず，である。

実際，上記①から⑫に関する素養を期待することがそもそもの間違いである。それがわが国における学校教育の現状である（ただし，商業科などの例外はある）。けれども，とりわけ⑪や⑫に関しては，モノポリーに限らず，他者との協力（coalition）と競争（competition）という互いに矛盾する性質が同時に必要なほとんどすべての社会生活において避けて通ることができない。したがって，こうした現状を放置するべきではない。

アクティブラーニング推奨の背景にはこうした事情もあるはずである。他方で，Windows版を使用する理由は，(i)広いテーブルなどの物理的な空間が必要ないこと，(ii)煩雑な紙幣のやりとりに時間をとられないこと，(iii)税その他種々の手数料の計算に時間をとられないこと，(iv)コマの不正や禁じられているはずの贈与を防ぐことができること，などである。ただし，(iii)と(iv)について付言すると，現実社会における取引において錯誤や誤解によるトラブルや不正による犯罪は避けられない。よって，本来，伝統的なアナログ版を使用することが望ましい。

アナログ版に伴うそのような利点を失うことを承知の上で，大学のクラスが1コマ90分という都合上，Windows版を使用することにした。その代わりに，ソフトは英語版を使用したので最低限の専門用語を学習させることができた（ただし，高校生対象のクラスを除く）。

なお，演習室でのグループ対抗戦に加えて，モノポリーのルールと戦術に関

する英文の原書講読とそれに基づく筆記試験を実施し，その結果をも単位認定の基礎資料とした。

　以下では，第1に，関連する文献を引用しながら実生活からみたモノポリーの楽しさと意義を紹介する。それをふまえて，厳しい現実，伝統的な対処の手段，モノポリーで求められる動き，これら3者の関係を取引などの場面ごとに整理する。第2に，ゲームに不可欠な大局観と逐次的あるいは同時的な意思決定（交渉または説得を含む）の場面を抽出して，財産状況の流れ，価値観とヒューリスティクス，それに交渉術の観点から，実践的なビジネス教育におけるモノポリー（アクティブラーニング）の有効性を論証する。第3に，これとは対照的に，定石（OR，ゲーム理論，数学的アプローチ），企業金融，銀行，民法，土地・建物に関する思想・制度の外国との比較など，制度分析に必要な専門科目との接合面（interfaces）としてのモノポリーの側面を明らかにする。

2　モノポリーと現実

　以下では，モノポリーの魅力と現実との関係について4つの文献からそれぞれ要点を紹介する。

　第1に，ナイフィンによれば，コーラ，スターバックス，ディズニーと同様に，モノポリーは，アメリカを代表する象徴の1つであり，世界中の老若男女が興じるゲームの1つである。その原型は1903年まで遡ることができる。その後，1934年にチャールズ・ダローによって量産され，さらに，パーカー・ブラザーズへの版権の移転を経て，現在はハスブロ社がその版権を持っている。プレイヤーの誰もが平等な状態から開始されるモノポリーはアメリカン・ドリームの1つの形であり，その魅力は複雑すぎないルールによって支えられている（Knipfing, 2011）。

　第2に，齋藤によれば，これがゲームとして発売される前は経済学・経営学の教材であったとも言われている。「独占」というネーミングや一人勝ちを生み出すルールから，資本の本質を理解させるには最適である。レンタル料（レント）という名の不労所得によって，富める者はますます富み，奪われる者は骨の髄まで奪われる。発明された当時，米国はあの大恐慌からようやく脱しようとしていた時期であった。人々が懲りずに破産ゲームを楽しんでいたわけで

ある。こうしてみると，このゲームには資本主義の奥深さと人間の欲深さが体現されている（齋藤，2005）。

　第3に，鳥羽によれば，このゲームの面白さは，最初に土地を買い占めたり家やホテルを早く建てた者が勝つとは限らないことにある。必勝法は，便利な土地にホテルを建てることと，どんな苦境でもあきらめずに執念をもって事業計画を進めることである（鳥羽，1971，p. 129）。

　第4に，オーバンズによれば，ゲームでも職場でも全員がベストを尽くす条件は，責任，目標，評価基準，これらが明確なことである。ルールは単純かつ矛盾のないことが前提であるが，前半で幸運に恵まれなくても，後半に逆転のチャンスが残されるなら，プレイヤーも職員も集中し続けられる。モノポリーで勝つプレイヤーに共通する特性は，投資リターンを見極める，駆け引きを知っている，敵をつくらない，これらである（Orbanes, 2002）。

　なお，モノポリーのルールや人生観との関係などについては和書では亀和田（1988）が，モノポリー版権に関する歴史やバージョンの変遷などについてはオーバンズ（Orbanes, 2006）が，それぞれ詳しい。

　このようにモノポリーは，資本主義社会におけるマネジメントまたは現実のビジネスと密接な関係にある。ところが，冒頭に紹介した大学生の実情に加えて，わが国では，消費者金融やクレジットカードに端を発する自殺，しばしば学生が巻き込まれる英会話教材や化粧品の押し売り，いわゆる振り込め詐欺，種々の脱税など，数多くの暗い経済事件に象徴されるように，金融に関する知識を含む資本主義経済社会に関する基礎的な教育が，伝統的に義務教育段階において徹底していないように思われる。谷川ほか（1997）は，生活科と社会科の教科書において「金銭の視点がない」ことを指摘している（谷川ほか，1997，pp. 126-133）。

　こうした事件に巻き込まれないためにも，また逆に，自己の才覚と努力による積極果敢な投資活動を促すためにも，モノポリーを通じたアクティブラーニングは有効であるように思われる。また，金融広報中央委員会のホームページ「知るぽると」には，金融経済に関する基礎的な知識や金融教育に関する情報が掲載されている。

　ルール・制度の面からそのことを論証するため，以下で，厳しい現実，伝統

的な対処の手段，モノポリーで求められる動き，これら3者の関係を取引など
の場面ごとに整理する（**表7−1**）。

　これによれば，一方で，モノポリーのプレイを通じて確実に身につけられる
知識が，土地の売買，公共事業の経営と競売，収監と釈放ならびに収監中の経
済活動，抵当権の設定と消滅，家とホテルの建設・売却，これらである。さら
に，身につくと期待される技能が，売買・交換の交渉，それに展開の見立てと
取引の時期の判断，である。

　これらに対して，とりわけWindows版のモノポリーで身につけることが期
待しにくい知識が，資産の認識と把握，資産税の計算，家賃収入の計算，これ

表7−1　**モノポリーで求められる動き・厳しい現実・伝統的な対処の手段**

取引などの場面	モノポリーで求められる動き	厳しい現実	伝統的な対処の手段
資産の認識と把握	*財産状況の一覧表*	こづかい帳・家計簿	簿記
資産税の計算	*資産の把握かつ重要*	登記簿・固定資産税台帳	租税
家賃・地代の収入	*権利書で確認*	単式簿記	算数
債権回収	なし	*交渉または専門家依存*	せいぜい督促状レベル
不良債権への対処	なし	*債権放棄*	貸倒引当
土地の取得	いつでも可能かつ重要	*専門家依存*	複式簿記・関係法令
土地の売却	いつでも可能かつ重要	*専門家依存*	複式簿記・関係法令
給与所得	*銀行からの現金支給*	口座振替	給与明細
公共事業（電気水道鉄道）経営	いつでも可能かつ重要	*株式市場*	株式
公共事業の競売	いつでも可能	*株式市場*	株式
土地の競売	いつでも可能かつ重要	*ほぼ専門家依存*	複式簿記・関係法令
収監（刑事施設）	頻繁	*まれ*	道徳観・倫理観・法令
収監中の経済活動	おおむね何でも可能	*大幅な制約下に置かれる*	株式・不動産
釈放時期の選択	頻繁かつきわめて重要	*まれ*	保釈金の確保
抵当権の設定	頻繁かつきわめて重要	*まれ*	複式簿記と利息
抵当権の消滅	頻繁かつきわめて重要	*まれ*	被担保債権
家とホテルの建設・売却	頻繁	*まれかつ専門家依存*	関係法令
単なる金銭貸借	*禁止*	*消費者金融など*	利息と弁済方法
売買・交換の交渉	頻繁かつきわめて重要	*保守的になりがち*	心理とコミュニケーション技術
展開の見立てと取引の時期	決定的	*保守的になりがち*	経営史または経験
チャンス・共同基金カード	*頻繁*	*幸運または不慮の事故*	なし

　注：イタリックは知識・技能が得にくいことを示している。
　　　＊ただし，アナログ版であれば知識・技能を得やすい。
出典：筆者作成

表7-2　Chance と Community Chest におけるすべてのカード内容（表1-2再掲）

Chance

1	Pay poor tax of $15	8	Go back 3 spaces
2	You have been elected chairman of the board. Pay each player $50	9	Advance to St. Charles Place
3	Make general repairs on all your property Pay $25 for each house Pay $100 for each hotel	10	Advance to Illinois Avenue
4	Get out of Jail free card	11	Take a walk on the Boardwalk
5	Your building and loan matures Collect $150	12	Advance to Go Collect $200 dollars
6	Bank pays you dividend of $50	13	Advance token to nearest Utility. If unowned, you may buy it from the Bank. If owned, throw the dice and pay owner a total of 10 times the amount thrown.
7	Go directly to Jail	14	Take a ride on the Reading Railroad If you pass Go collect $200
		15(×2)	Advance token to the nearest Railroad and pay the owner Twice the Rental to which he is otherwise entitled. If Railroad is unowned, you may buy it from the Bank.

Community Chest

1	Advance to Go Collect $200	9	Receive for Services $25
2	Go to Jail	10	Xmas fund matures Collect $100
3	Pay hospital $50	11	Bank Error in your favor Collect $200
4	Doctors Fee Pay $50	12	Life insurance matures Collect $100
5	Pay school tax of $100	13	Income Tax Refund Collect $20
6	You are assessed for street repairs $40 per house $115 per hotel	14	From sale of stock You get $50
7	Get out of Jail free card	15	You inherit $100
8	You have won second prize in a beauty contest! Collect $10	16	Grand Opera Opening Collect $10 from every player

出典：モノポリーClassic，Hasbro®

らである。このことは，ちょうどコンピュータの普及によってボウリングや麻雀のあまり複雑ではない点数計算を自分でできない若者が急増しているのと共通している。ただし，アナログ版であればこれらの知識を身につけられると期待される。

　他方で，モノポリーによって必ずしも身につけられない感覚と知識が，給与所得，債権回収，不良債権への対処，プレイヤー同士の金銭貸借，それにチャンス・カードや共同基金カードに含まれる幸運や不慮の事故，これらである。

　給与所得にあっては，実のところ，口座振替によって労働の対価としての感覚が，源泉徴収によって納税の感覚が，さらに家庭によっては配偶者に家計を全面的に配偶者に任せることで慎重な消費・投資・貯蓄の感覚がそれぞれ麻痺しがちである。

　他方，債権回収と不良債権への対処は，営業の経験などがない限り，実感することが難しい。友人・知人同士の金銭の貸借の経験は，誰かの保証人や連帯保証人になることと同様に，当事者が育った背景に依存しており，その有り無しが比較的明瞭である。モノポリーではルール上，プレイヤー同士の金銭貸借は禁止されている。

　チャンス・カードと共同基金カードに含まれる内容は**表7-2**の通りである。たとえば，プレイヤーが突然，交通事故や病気で死ぬ，といった極端なケースはこれらの中には設定されていない。したがって，どういった事象が起きるかを事前に想定できてしまうし，保険という金融上の概念もモノポリーには欠けている。サイコロやカードを用いることで偶然の要素を取り込んではいるものの，モノポリーだけで柔軟な対応の技能を磨くには限界がある。それゆえに，ある種の技能は体験からでしか身につけられないという制約もある。

3　大局観と意思決定

　大森田「モノポリーの数学的考察」によれば，モノポリーはゲーム理論上，n人ゼロ和完全情報ゲームに分類される。しかし，「モノポリー解析」の「概論」でも指摘されているように，それぞれが所持する現金，カード，公共事業，土地などの資産状況を常に完全に把握しつつプレイすることは，たとえWindows版であってもなかなか難しい。ましてやアナログ版ではほぼ不可能

である。なぜなら，原則として双六同様に逐次的に一手一手が進められていく一方で，サイコロを振る順とは関係なくどのプレイヤーも他のどのプレイヤーに対しても任意の時期に売買や交換の交渉・取引をすることがルール上，認められているからにほかならない。

けれども，こうした複雑な展開を支配しているルールそれ自体は，実社会における取引法の体系と比較すれば甚だ単純である。単純な双六と一線を画する場面は，大森田「モノポリー解析」によれば以下の5通りである。すなわち，(i)空いている物件にとまったとき購入するか競売とするか。(ii)刑事施設（Jail）から出るか否か。(iii)競売においてどこまで競るか。(iv)様々な取引における価格や財産の組み合わせなどの条件の設定，その提示，相手からの提示に対する回答，など。(v)現金不足に直面したときの捻出。これらである。

これらを制する者が勝敗を制すると言っても過言ではない。これらを実社会に照らしてみよう。まず(i)と(ii)はゲーム特有の問題である。(iii)は，いわゆる三味線を弾くことによって相手から本音を引き出すなどの技術がこれに相当する。(iv)は，売買・交換・抵当権の条件設定や手順などでほぼ無限の組み合わせが考えられるため，これを単純化したりプログラム化したりすることは事実上不可能である。よって(v)とあわせて，自らの大局観の下で取引のタイミングをはかることと，交渉術が問題となる。

ゲームを左右する，したがって実社会においても無視できないこうした意思決定に際しては，第1に全体的な財産状況の流れの把握，第2に価値観とヒューリスティクスの掌握，第3に交渉術の体得，これらに加えて大局観と展開の見立てが重要である。

(1)　財産状況の流れ

大森田「モノポリー解析」によれば，プレイヤーの財産状況は**表7-3**のように単純化された貸借対照表と損益計算書で把握される。

表7-3に若干の注釈を加えておく。借方における所有物件は土地・公共事業（鉄道・電気・水道）である。カード支出・収入はチャンス・カードと共同基金カードに基づいている。物件支出・収益は土地・家・ホテル・公共事業に基づいている。資本金はゲーム開始前に銀行係からすべてのプレイヤー一律に与えられる現金である。

表7-3　貸借対照表・損益計算書

（資産の部）	（資本の部）	
固定資産	資本金	$1,500
家付きのエリア		
所有物件の1/2		
流動資産		
所有物件の1/2（抵当額）	（収入）	
現金	サラリー	
（支出）	カード収入	
税金（Luxury／Income Tax）	物件収益	
カード支出	取引利益（損失の場合△）	
物件支出		
損失（抵当金利，家の取り壊し）		

出典：大森田「モノポリー解析」

　実務上，経営者などは，一般に，日，週，月，四半期，半期，決算期ごとに
こうした計算書の内容を把握すればそれで十分である。これに対しモノポリー
においては，プレイヤーはこうした内容を必ずしも正確ではないにせよ，常に
把握しておく必要がある。なぜなら，相手を破産させることがゲームの目的で
あるからである。

　逐次的に破産に追い込む展開を見立てつつも，他のプレイヤーとの協力
（coalition）あるいは裏切りなど，展開によっては，見立てとは異なる手を用い
る羽目に陥るなど，柔軟な対応が求められる。そうした意思決定の一助となる
データが表7-3の内容なのである。

　たとえ正式な簿記一巡の手続きを正確に知らなくても，複式簿記の基礎的な
原理さえ理解していれば，現実のビジネスにおける，資産・負債・資本（純資
産）の相互関係，収益・費用の対応，これらの間の短期／長期のバランスをと
るという総合的な感覚は，モノポリーの実践を通じて身につくものと思われる。

(2)　価値観とヒューリスティクス

　アナログ版付属のルールによれば，「このゲームの目的は，モノポリー（独
占）ということばの意味から，財産を独占して他のプレイヤーを破産に追い込
むことです。その手段として，土地・建物・会社の売買やレンタルをうまく利
用して，運と知力で戦います。」となっている。

　しかし，ゲームである以上，勝者は常に1プレイヤーであり，他のすべての
プレイヤーは敗者となる。ここが現実とは決定的に異なる。であるがゆえに，
実際のゲームの展開においても，それがゲームであるとプレイヤー自身が自覚
していても，価値観やヒューリスティクスがプレイヤーの判断と動きに微妙に
影響を与えることになる。

　大森田「モノポリーの数学的考察」によれば，取引・交渉の戦略・戦術に際
して，プレイヤーのビジョン，信念，あるいは経営理念に相当するものが大き
く作用する。それはすなわち，プレイヤーがモノポリーに何を求めているか，
ということである。たとえば，楽しさ，緊張感を失わないこと，支配，一発逆
転，結果，勝ち負けよりプロセス，などである。これらはプレイヤーの人間性
そのものである。

　ちょうど経営者が経営戦略を策定するのと同様に，ゲームにおいても，サイ
コロ，カード，相手の価値観やヒューリスティクス，こういった不確実性の源
泉に取り囲まれる中で，プレイヤーは，一手一手ぶれない意思決定を重ねてゆ
くには，何よりも自己の揺るがない価値観が欠かせない（奥村，1989, pp. 66-70）。

　ビジネスにおいて市場シェアやROIの向上がすべてではないのと同様に，
ゲームにおいては，勝負に対する緊張感や魂ももちろん重要であるが，それ以
上に，いかに楽しい時間を過ごせたか，次もプレイしたいと感じられるか，ま
た逆に感じてもらえるような振る舞いができたか，そういったことが重要であ
るからである。目先の勝ち負けではなく長期的な見通しと大局観こそが重要で
ある。

　そのためには，相手の価値観やヒューリスティクスを掌握すること，すなわ
ち相手に対する理解とともに，自己のそれらを内省することが必要である。そ
ういった相互理解と内省は，現実のビジネスにおいても欠かせないコミュニケ
ーション・プロセスである。

(3)　交　渉　術

　世界選手権2000年チャンピオン岡田豊氏によれば，(i)互いに得になる着地点
を探すこと，(ii)常に笑みを絶やさず物腰が柔らかい印象を前面に出すこと，(iii)
土地や金額などの手の内をあえてさらすこと，それに(iv)諦めが悪いこと，これ
らが王者の秘訣である。岡田氏は2018年現在，みずほ総合研究所主任研究員で

あり地域振興をテーマとしている。

　これら4つの秘訣については，オーバンズ（Orbanes, 2002）でも同様のこと
が指摘されている。また，オーバンズは，敵をつくらないということに関して
次のように敷衍している。すなわち，

　　「取引材料を持つことは基本条件だが，取引で優位に立ちたいならば，品
　　行も重要だ。（中略）だれだって負けるのは嫌だが，どうせ負けるなら愛想
　　がよく，思いやりがあり，外交的で聡明な人に負けたい。威圧的で人を辱め
　　るようなプレーヤー，知ったかぶりのプレーヤーに負けるのは，実に不愉快
　　なものである。」さらに，「世界選手権で優勝するような人は，戦略と交渉の
　　達人であり，不運による打撃を最小限に抑え，ちょっとした運から桁外れの
　　成果を上げるように持っていく術を知っている。」

　　　　　　　　　（Orbanes, 2002, p. 56, 邦訳, p. 126, 傍点は引用者）

　ここでオーバンズが言っている戦略は，(a)財産状況の流れと，(b)価値観とヒ
ューリスティクス，これらに基づき机上で策定できるものである。これに対し
て交渉は，岡田氏が(i)から(iv)で述べているように，一朝一夕に身につけられる
ような単純な技能ではない。この点，アクセルロッドは本質を突いている。
　「モノポリーは，サイコロや銀行とプレーするゲームではなく，人とプレー
するものである。」（Axelrod, 2002, p. 96, 邦訳, p. 107）と。さらに，「このゲー
ムにおける説得のほうが，実社会における説得よりもはるかに難しい。あなた
が望むことが，相手の利益になると説得しなければならないからだ。（中略）
この環境で交渉に成功できるなら，実社会でも交渉を実らせることができる。
実社会のほうがはるかに楽だと感じるだろう。」（Axelrod, 2002, p. 102, 邦訳, p.
116）と断じている。

　笑みを絶やさず物腰を柔らかく，というのは演技で何とかなるかもしれない。
しかし，いったい交渉や説得の要諦とは何であろうか。バーナードは「誘因の
経済」（Barnard, 1968, pp. 139-160, Chapter XI）において，誘因の方法と説得の
方法を紹介している。
　一方で，誘因の方法には，特殊的誘因（物質的誘因，個人的で非物質的な機
会，好ましい物的条件，理想の恩恵，など）と一般的誘因（社会結合上の魅力，

情況の習慣的なやり方と態度への適合，広い参加の機会，心的交流の状態など）がある。

　ただし，これらのうち傍点を付した2つは明らかに物的誘因であるが，その他はすべて非物的誘因に属する。このようにバーナードにおいては，ハーツバーグ（Herzberg, 1966）が峻別した動機づけ（非物的）と衛生（物的）の二要因が混乱している。

　いずれにせよ，「人はそれぞれ違った誘因，あるいはその組み合わせによって動かされるし，時が異なればまた違った誘因，あるいはその組み合わせによって動かされる。」（Barnard, 1968, pp. 148-149，邦訳，p. 155）。

　他方で，説得の方法には，強制的状態の創出，機会の合理化，それに動機の教導，の3つがある。強制と教導は両極端であるが，前者は比較的短期間に単純な作業をしてもらうばあいに，後者は比較的長期をかけて徐々に複雑な作業を人に経験させるばあいにそれぞれ効果的に用いられる。それらとは異なり，「合理化」（rationalization）は，生産において時間や費用を小さくする効率の意味ではなく，こじつけて正当化する，という意味である。「そうするのがあなた（がた）のためになる」（Barnard, 1968, p. 150，邦訳，p. 157）と納得させることである。すなわち，一般均衡解ではなく特殊満足解を提示できればそれで事足りるのである。

　以上から，交渉や説得の要諦は，「物的／非物的の要因（誘因）の1つないし複数の組み合わせを選び，3つの説得の方法のいずれかで相手に挑む」ことに他ならない。ただし，バーナードも言っているように，いつでも誰に対しても有効な，オールマイティがあるわけではない。その場その場で冷静かつ果敢に挑み，失敗を繰り返しながら，自らの交渉と説得の技能を磨いてゆくしかない。

　実生活ではたいへんなことになるが，ゲームでなら，たとえ何度失敗を繰り返しても命や身上を失うことはない。しかも，アクセルロッドが言うように，モノポリーの実践を通じて交渉術を磨けば，その技能を実生活で活かせるのである。

図7-1　専門科目との接合面（図1-1再掲）

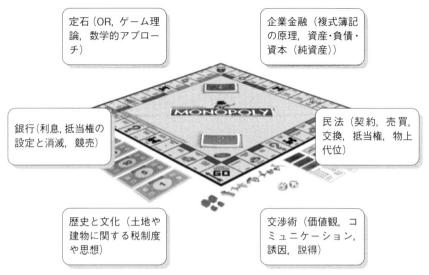

定石（OR，ゲーム理論，数学的アプローチ）

企業金融（複式簿記の原理，資産・負債・資本（純資産））

銀行（利息，抵当権の設定と消滅，競売）

民法（契約，売買，交換，抵当権，物上代位）

歴史と文化（土地や建物に関する税制度や思想）

交渉術（価値観，コミュニケーション，誘因，説得）

出典：写真はHasbro公式サイト（https://shop.hasbro.com/）より，筆者加筆

4　専門分野との接合面

　以下では，実践的なアクティブラーニングとは対照的に，モノポリーをめぐる専門分野をできるだけ網羅的に紹介する。モノポリーが実践的な教育で有効性を発揮することはこれまでに述べてきた通りであるが，それがゲームである以上，現実社会と同じではない。どういった点が異なっているかを体系的に理解できれば，現実社会における意思決定において必要な具体的な修正の道筋も見えてくるはずである。定石，企業金融，銀行，民法，土地・建物の制度，この順に紹介する。

　第1に，定石，すなわち，OR，ゲーム理論，数学的アプローチである。2つのサイコロが用いられること（和は7が出やすい），ぞろ目が3回続けばそれ以上は進めず刑事施設行きとなること，はじめにシャッフルされたカードがそのまま循環的にめくられていくこと，ボード上の土地や公共事業の配列が固定されていること，などの理由から，どの土地を独占すれば有利か不利かを，マルコフチェインによって確率計算できる。

その結果，標準的なルールに従うなら，たとえば，オレンジやレッドのグループがゲームを支配しやすい，土地によっては3軒目からの賃料の上昇率が大きいからいたずらにホテルを建てるべきでない，といった定石がある。それらは，価値観，ヒューリスティクス，大局観，交渉術とは独立であり，純粋に確率的に計算される性質のものである。

第2に，企業金融である。モノポリーは，ある意味で，多角的な経営の競争である。企業経営において不渡りを出さないことはイロハのイである。どんなにたくさん家やホテルを建てても，ひとたび相手から賃料を請求されれば，ルール上，待ってもらうこと（手形を振り出すこと）も逃げること（未払いとして負債に計上すること）もできない。つまり，一定の流動性の確保が絶対条件なのである。他方で，たとえば限界まで抵当権を設定して多くの現金を調達し，一気呵成に集中投資（土地・事業の取得や家・ホテルの建設）することも欠かせない。こうした企業金融のバランスをとる感覚は，金融全般や財務管理といった専門科目への橋渡しとなる。

第3に，銀行である。ゲーム上，銀行係は絶対に倒産しない。つまりプレイヤーではない。主な役割は，収監中でない各プレイヤーに定期的に給与を提供し，家やホテルを売ったり買い戻したりし，競売を執行し，抵当権者として現金を融通し，抵当権が消滅するときに利息を受け取り，といったことである。たとえば外国為替取扱や信用創造機能といった重要な役割はモノポリーでは扱われないが，銀行論や金融全般といった専門科目との結びつきは無視できない。

第4に，民法である。モノポリーは契約の締結における意思主義から抵当権の各論に至るまで，たいていのボードゲームと同様に，民法とは切っても切り離せない。しかし，家やホテルには抵当権が設定できないことや，プレイヤー間での貸し借りができないことなど，現実社会では当然のことができないといった，重大な制約がモノポリーにはある。現実の不動産取引に精通している者にとっては，たとえば抵当権が設定されている状態の土地から賃料が停止する（cf. 物上代位）など，どうしてあれやこれやができないのかと一時的に戸惑いを覚えるかもしれない。逆に，不動産に関する知識がまるでないずぶの素人にとっては，このゲームは民法への入門の役割を果たしてくれる。

第5に，土地・建物に関する思想・制度の外国との比較である。モノポリーでは先に家を銀行係に売って更地にしてからでないと土地に抵当権を設定でき

ないことになっている。日本の民法ではありえないこの奇妙なルールは，違和感を与える。しかし，その違いにはそれなりの理由がある。

　法楽アカデミー「モノポリーと民法」によれば，欧米や中国には共通していることであるが，土地と建物は一体（付合）として抵当権の目的（日本流に言えば共同抵当）として扱われるのが常識なのである。ではなぜ日本では別々に扱われるのか。それを知るには，地租改正と公証制度（地券と家券），さらに江戸時代には土地の売買が禁じられていたといったことなど，わが国独特の歴史的事情にまで遡らなければならない。モノポリーはアメリカ合衆国で誕生したゲームであるから，当然にアメリカの慣習や文化が色濃く反映されている。しかし，それをむしろ比較文化研究の扉と受け止めれば，歴史などの専門科目への橋渡しとなる。

5　結　　語

　本章では，第1に，モノポリーの楽しさと意義を紹介し，それをふまえて，厳しい現実，伝統的な対処の手段，モノポリーで求められる動き，これらの関係を，取引などの場面ごとに整理した。第2に，財産状況の流れ，相手の価値観とヒューリスティクス，交渉術，これらの面から，アクティブラーニングとしてのモノポリーの有効性を論証した。第3に，これとは対照的に，定石，企業金融，銀行，民法，土地・建物に関する思想・制度，こうした専門科目との接合面（interfaces）としてのモノポリーの側面を明らかにした。

　最後に，本章でとりあげたアクティブラーニングとしてのモノポリーについて，これを基礎ゼミ（長崎大学経済学部）の教育到達目標と，「4．わが国の金融に関する消費者教育の望ましい姿」『金融に関する消費者教育の推進に当たっての指針』（金融広報中央委員会，2002）（以下，「金融教育指針」とする）にあてはめて簡単に考察しておこう。

　まず，基礎ゼミにおける教育到達目標は3つある。(ⅰ)現代経済社会に関する幅広い知識とそれらを駆使した思考方法・技術を身につける。(ⅱ)自分の考えについて，わかりやすく伝え，討論する。(ⅲ)現代経済社会の課題に対して，専門領域や隣接知識と高度な応用分析能力を総合して，現実を踏まえた解決と新たな価値の創造を図る能力を身につける。

　(i)図7-1に示したようにモノポリーが幅広い知識への扉となっている。また，思考・技術についてはプレイを繰り返す中で自ずと身につくものと考えられる。(ii)他のプレイヤーとの交渉・取引を含む一手一手を通じてプレイヤーとしての大局観が表現されてゆく。討論の技能の代わりに高度な交渉術が磨かれるものと期待される。(iii)交渉・取引を含む一手一手，すなわちゲームの展開それ自体が高度な応用分析能力の反映であり，接合する専門科目から，たとえば，新しいルールの開発，交渉・説得の理論的研究，土地・建物に関する歴史・制度の比較研究などを通じて，新たな価値の創造が期待される。

　次に，「金融教育指針」では，(a)誰に，(b)何を，(c)どのように，(d)どこで，(e)教育手段，(f)推進主体，これらが挙げられている。

　(a)わが国在住のすべての人々が対象であるが，金融自由化を背景にとくに「自己責任」が強調されている。モノポリーはゲームであるので対象としてのプレイヤーは限定されない（後述するように標準年齢はありうる）し，自己責任の感覚を植え付けるには絶好である。(b)商品や取引の制度に関する知識が求められる中，モノポリーから保険などの金融商品の知識を直接得ることはできないが，それと同等程度に重要な不動産の知識を得ることができる（cf. 梶井「質屋と抵当」）。(c)「金融理解度向上のための年齢階層別カリキュラム」によれば売買と貸借の違いが中学生レベルであるから，それらを含む契約全般と資産運用に関する自己責任を，高校生以上を標準としてゲームを通じて学ぶことができる。(d)モノポリーは教室や演習室でもできる。Windows版などが普及している現在，対話さえできれば家庭でも外国でもどこでもできる。時間はかかるがルールとマナーを間違えなければ時間を忘れて楽しめる。(e)かしこまった座学とは異なり，サイコロを振って自分のコマを進めて，といった自己表現が教育手段となる。(f)推進主体はモノポリーに関心がある人すべて，である。特別な胴元や正式な管理者は必要ない。ただし，国内・世界大会などが任意団体によって定期的に催されている。

　モノポリーの接合面として専門科目とそのスタッフが充実しているのは社会科学系の大学である。親睦や遊びが目的なら家庭や高校以下でもよいが，図7-1に示された関連する専門知識を，個人であるいはグループで，さらに深めるには，折しもクラスでのアクティブラーニングが推奨されている社会科学系の大学がベストである。ますますモノポリーが普及すれば，本章の冒頭で指摘

した①から⑫の問題は，早晩，克服されるであろう。

＊　本章は，金融広報中央委員会主催「第10回金融教育に関する小論文・実践報
告コンクール（2013年）」における小論文の部奨励賞受賞作「MONOPOLY
（ゲーム）によるアクティブラーニング」を基礎として，これに加筆・修正を
施したものである。公表を許可いただいた金融広報中央委員会に対して謝意を
表します。

第**Ⅲ**部

実務へのゲートウェイ

第 8 章　費用・収益の非対応：不動産所得の経費をめぐって

第 9 章　サービスと経営成果

第10章　経営リテラシー：義務教育における複式簿記を中心に

第11章　コミュニティ条項論争：資本回収からの一考察

第**8**章

費用・収益の非対応：
不動産所得の経費をめぐって

1　問題の所在

　「単一性の原則」とは，いわゆる実質一元・形式多元を指している。
　「株主総会提出のため，信用目的のため，租税目的のため等種々の目的の
ために異なる形式の財務諸表を作成する必要がある場合，それらの内容は，
信頼しうる会計記録に基づいて作成されたものであって，政策の考慮のため
に事実の真実な表示をゆがめてはならない。」

（企業会計原則　七：ただし，傍点は引用者）

　これにより，正規の簿記の原則（企業会計原則　二）に則って作成された財
務諸表は，たとえば，損金・益金の算入・不算入を定めた租税に関する法令に
応じて，所轄の税務署長に対して適切な申告となるように，適切に修正される。
こうして，元の財務諸表における数値と，税務申告のために修正された財務諸
表における数値は，必ずしも同一にはならない。
　法人税や所得税の申告に際しては，損金・益金の基準が，複雑かつ流動的で
はあるものの，法令によって一応明瞭となっている。
　ただし，たとえば必要経費について，それが合理的に説明できるかどうか，
妥当であるかどうかについては，税吏による行政裁量が留保されている。たと
えば，不動産所得に関しては，維持・管理・投資のいずれかに属するものであ
ると合理的に説明がつくなら，その経費は妥当とされる。
　実際，日本公認会計士協会のホームページ（**図8−1**）には，公正なる会計
慣行が中心（または階層上位）に置かれ，個々の政策上の目的から制定された

図8-1　会計と法律の関係図

出典：公認会計士協会ホームページより一部修正

種々の法律が放射状（または階層下位）に置かれている。

　このように，法令によって明確な基準があるばあい，「異なる形式の財務諸表」は，それに応じて文字通り形式的にないし機械的に修正が施されるだけであるから，議論の余地はほとんどない。しかし，そういった明確な基準がどこにも開示されていないばあい，また，開示されていたとしても経費の算入・不算入の基準が個別の費目について曖昧（ケース・バイ・ケース）であるばあい，財務諸表の作成責任者は途方に暮れる。修正しようにも，手の施しようがないからである。

　そればかりではない。算入・不算入の基準が曖昧であれば，当然に損益の値は一意に定まらず，その結果，最大値と最小値の範囲でその値が複数存在することになる。その原因は「種々の目的」にある，ということは間違いないとしても，「正規の簿記」に慣れ親しんでいる学徒にとっては，こうした現状は，はなはだ疑問である。

　本章の執筆のきっかけは，私事にわたるが，筆者の実父（1930年10月15日－2011年5月18日）の他界に遡る。

　事実経過は次の通りであった。

　第1に，相続人たちの主張が折り合わず，筆者はやむなく遺産分割調停を名

古屋家庭裁判所岡崎支部へ申し立てた。

　第2に，およそ1年間にわたる担当官の尽力ならびにすべての相続人の歩み寄りによって，調書がまとまった。

　第3に，その調書にもとづいて不動産の所有権移転の登記等がなされた。

　なお，筆者自身は，調停がまとまった時点において，すでに解体されていた古い建物だけを相続したため，名目上は相続税が課されたものの，経済的には相続放棄とはば同等の結果であった。遺産分割調停期間中において，未分割の遺産から生じた法定果実については，法律にしたがい，すべての相続人に法定割合で所得を帰属させ，それに応じてめいめいが申告・納税した。申立人であった筆者が，その計算と事務を一括して担当した。

　ところが，である。

　その後，ある日突然，当時同居していた娘の経済的事情に関して，勤務先の人事課から照会があった。

　すなわち，「家族手当支給の資格，ならびに文部科学省共済の被扶養家族としての資格を，両方とも，失っているはずである。なぜ申し出なかったのか。」こうした疑いを一方的にかけられたのである。さらに，家族手当については，調停成立の日まで遡って全額返還してもらう必要があるし，共済についても被扶養者資格を遡って取り消すことになる，との事務処理上の説明を受けた。

　実際，そのように処理された。人事課による独自の計算によれば，「将来1年間の見込み所得基準額130万円」に対する超過額は，わずか34,320円にすぎなかった。その際，勘定科目ごとに説明を逐一受けたが，次の事情とも相俟って，到底，腑に落ちるような根拠に基づくものではなかった。

　すなわち，筆者が「正規の簿記」に慣れ親しんでいること。それが筆者（経営と会計コース主任）のいわば生業の一部でもあること。加えて，不肖筆者が，あの企業会計原則をつくった黒澤清先生の孫弟子でもあること。これらである。

　当の人事課の担当者もまた，筆者による強い問題意識に対して一定の理解を示したものの，議論はそこで終わった。

　なるほど，その娘は，故人の相続人のひとりであったし，長崎家庭裁判所によって認められた身内の特別代理人が選任されてもいた。なぜなら，彼女は故人の養子でもあったからである。したがって，未成年者である間，彼女の親権者（法定代理人）は，彼女とは別居の養親（相続後は養母単独）である。

　そのような立場にある彼女は，築15年の賃貸用アパートとその土地を相続し，それらの登記を経て，長崎税務署長に対する青色申告の届出を経てもいた。したがって，簡易（単式）簿記ではあるものの，アパートの管理に関する帳簿を作成・保管し，確定申告書を自ら作成し，所得税の申告をしている。経費（損金計算）の妥当性について，税務署から特段の疑いをかけられたこともない。普通徴収による地方税についても，納めるべき課税庁に対して遅滞なく全額を納めている（なお，被扶養資格喪失後は，当然ではあるが，国民健康保険税についても遡及的に算出された合計額全額を請求通りに納付している。）。

　それなのに，いったい，どこに問題があるのか。

　詳細については後述するが，それは，国家公務員（したがって，それに準拠している国立大学法人等）における扶養手当，または共済組合における被扶養者資格の認定基準，とりわけ不動産所得に関する経費の算入／不算入の基準が客観的でなく不明瞭であること，また，その根拠も不明確であること，これである。

　後述するように，インターネットで検索してみると，それを準用していると思われる地方公共団体の職員共済組合，著名な民間大企業の健康保険組合においても，ほぼ同様の取り扱いが見られる。そればかりではない。たとえば，共済組合なら共済組合で同一というわけでもない。もちろん，健康保険組合にあってもしかりである。

　われわれは，高等学校の商業科，大学，その他において，「正規の簿記の原則」（企業会計原則の一般原則）ないし「一般に公正妥当と認められる企業会計の慣行」（会社法431条）を学修ないし体得する。具体的な取引の記録に従って，仕訳から決算までの「簿記一巡の手続き」を体系的に会得していくのである。

　他方で，図8-1のように，正規の簿記の原則に従って作成された財務諸表が，実務上，たとえば税務申告時に法令に従って修正されなければならないことも理解している。

　しかし，たとえば扶養手当・被扶養者資格といった，縦割り行政によって不統一かつ不明瞭に定められた多様な実務上の諸慣行，それらのすべてに勤労者が精通することは，とうてい不可能である。もっとも，そのばあい，たとえ大雑把であっても，費用収益対応の例外（すなわち非対応）が何らかの一定の基準によって客観的に明記されているのであれば，了解の対象となる。それゆえ

に互いに歩み寄って協力することが期待される。ところが，実際はそうなっていないのである。

　以下では，第１に，所得税における不動産所得の経費の範囲を概観する。第２に，扶養（家族）手当をめぐる不動産所得における経費に関する規程とその運用基準を引用して，問題の所在を明らかにする。第３に，人事院による「扶養手当の在り方に関する勉強会」の資料・議事要旨を参照しながら，扶養手当の起源とその現代的な意義について考察する。

　こうして，本章の目的はこうである。前提として，数十年前のある時期に決定された，きわめて特殊な雇用・社会保障政策が，若干の改定はなされたものの，趣旨に遡って根本的に見直されることがないまま今日に至っている。そのことが原因となって，費用収益対応の原則（損益計算書作成原則　一Ｃ）が著しく歪められた損益計算書（以下，非対応計算書という）が存在する。その事実と背景を具体的に明らかにし，その非対応計算書の正当性が存在しないこと，これを論証する。

2　不動産所得における「経費」の範囲

(1)　所得税法

　タックスアンサー「No.2210　やさしい必要経費の知識」によれば，第１に，不動産所得にかかる必要経費に算入できる金額は，次の通りである（ただし，震災復興関連の特例を除く）。すなわち，①総収入金額に対応する売上原価その他その総収入金額を得るために直接要した費用の額，および，②その年に生じた販売費，一般管理費その他業務上の費用の額，である。

　以上より，費用収益対応の原則を採用していることが分かる。これを支持する理論的な説明として，たとえば忠（1952）がある。

　第２に，必要経費の算入時期は，その年において債務の確定した金額（債務の確定によらない減価償却費などの費用もある。）である。すなわち，その年に支払った場合でも，その年に債務の確定していないものはその年の必要経費にならない。逆に支払っていない場合でも，その年に債務が確定しているものはその年の必要経費になる。この場合の「その年において債務が確定してい

る」とは，次の３つの要件をすべて満たす場合をいう。①その年の12月31日までに債務が成立していること，②その年の12月31日までにその債務に基づいて具体的な給付をすべき原因となる事実が発生していること，③その年の12月31日までに金額が合理的に算定できること，これらである。

以上より，経費については統一的に発生主義を採用していることが分かる。このことは，「保守主義の原則」（企業会計原則　六）と符合するし，損益計算書作成原則（一B）とも合致する。ただし，不動産所得における収益については，確実な収益のみを認識すべきとする保守主義の原則に反して，経費と同様に発生主義（権利確定主義ともいう）を採用している（タックスアンサー「No.1376　不動産所得の収入計上時期」）。

たとえば，ある借り主が賃料を数ヶ月間，連続して滞納した結果，その期間が決算日を超えたとしても，定められた支払日をもって，その借り主からの月々の賃料すなわち収益が確定的に認識されるのである。その理由は，賃料滞納や夜逃げ等による貸倒れの危険が，敷金等の預かり金によって担保されているからであると考えられる。もっとも，最近，アパート賃貸業界では，貸し主が敷金を求めなくなりつつある，という面もある。

このような発生主義による収益の認識と取り扱いに関しては，法人税法と所得税法とでは柔軟性に差がある。理論的な説明として，たとえば小池（2007）がある。

第３に，必要経費に算入する場合の注意事項として，個人の業務においては１つの支出が家事上と業務上の両方にかかわりがある費用（家事関連費という。）となるものがある（e.g., 交際費，接待費，地代，家賃，水道光熱費）。家事関連費のうち必要経費になるのは，取引の記録などに基づいて，業務遂行上直接必要であったことが明らかに区分できる場合のその区分できる金額に限られる。

必要経費になるものとならないものの例として以下の(イ)〜(チ)がある。

(イ)　生計を一にする配偶者その他の親族に支払う地代家賃などは必要経費にならない。逆に，受取った人も所得としては考えない。これは，土地や家屋に限らずその他の資産を借りた場合も同様である。ただし，例えば子が生計を一にする父から業務のために借りた土地・建物に課される固定資産税等の費用は，子が営む業務の必要経費になる。

㋺ 生計を一にする配偶者その他の親族に支払う給与賃金（青色事業専従者給与は除く。）は必要経費にならない。ただし，<u>青色申告者でない人についての事業専従者控除の金額</u>は必要経費とみなされる。

㋩ 業務用資産の購入のための借入金など，<u>業務のための借入金の利息</u>は必要経費になる。ただし，不動産所得を生ずべき業務の用に供する土地等を取得するために要した負債の利子の額は，不動産所得の計算上必要経費になるが，不動産所得の金額が損失（赤字）となった場合には，その負債の利子の額に相当する部分の損失の額は生じなかったものとみなされ，他の所得金額との損益通算はできない。

㋥ <u>業務用資産の取壊し，除却，滅失の損失及び業務用資産の修繕に要した費用は，一定の場合を除き必要経費になる。</u>

㋭ <u>事業税は全額必要経費になる</u>が，<u>固定資産税は業務用の部分</u>に限って必要経費になる。

㋬ 所得税や住民税は必要経費にならない。

㋣ 罰金，科料及び過料などは必要経費にならない。

㋠ 公務員に対する賄賂などについては必要経費にならない。

　以上より，会計主体の公準をふまえて，費用収益対応の原則を採用していることが分かる。ただし，会計的事実の認定をめぐって課税庁と納税義務者の間に絶えず見解の相違をきたす事項もある。たとえば，資本的支出と修繕費の区分，貸倒れの認定，時価の認定等がそれである（増井，2011，p. 446；清，2010，p. 269）。

　また，タックスアンサー「No.2100　減価償却のあらまし」によれば，事業などの業務のために用いられる建物，建物附属設備，機械装置，器具備品，車両運搬具などの資産は，一般的には時の経過等によってその価値が減っていく。このような資産を減価償却資産という。他方，土地や骨とう品などのように時の経過により価値が減少しない資産は，減価償却資産ではない。

　減価償却資産の取得に要した金額は，取得した時に全額必要経費になるのではなく，その資産の使用可能期間の全期間にわたり分割して必要経費としていくべきものである。この使用可能期間に当たるものとして法定耐用年数が財務省令（減価償却資産の耐用年数等に関する省令，昭和40年3月31日大蔵省令第15号，最終改正，平成28年3月31日財務省令第27号）の別表に定められている。減価償

却とは，減価償却資産の取得に要した金額を一定の方法によって各年分の必要経費として配分していく手続である。

以上より，不動産所得に関して税法上認められている経費すなわち損金は，固定資産税，業務に必要な直接経費（修繕費，消耗備品費），間接経費，それに取得固定資産の法定耐用年数に応じた減価償却費，これらである。

不動産所得を得るための業務とは，具体的には，既存の不動産の維持，管理，補修，撤去，売却，交換等に加えて，新たに不動産を取得するための，現地調査，登記簿閲覧，相手方との交渉等も含まれる。

なぜなら，不動産投資にかかる経費を損金として認めなければ，経済活動を計画的・積極的に継続することが難しくなり，不動産経営が萎縮してしまう。したがって，新たな雇用の創出機会も奪われ，ひいては税収減を招くからに他ならない。

こうして，投資活動を後押しし，同時に日常取引業務を支えるという大義の下に，元の財務諸表に対して一定の修正を施すこと。このことを申告者・納税者に対して税法が要求しているように思われる。

しかし，以下にみるように，扶養手当・被扶養資格者の認定基準における所得額の計算においては，こうした趣旨はほとんど全面的に否定されている。それゆえに，公正なる会計慣行はほぼ完全に没却される。言い換えると，図8－1におけるつながりが断たれる，あるいは公正なる会計慣行とはまったく関係がなくなる。

⑵　人事院

本章の出発点は，筆者の勤務先における「扶養親族の資格認定」をめぐる「所得額の算定基準」であった。まず，学内限定ではあるが，勤務先のホームページにおける人事課による説明をみることにしよう。それによれば，

「事務手続上，『扶養親族』という用語がしばしば使われています。しかし，一口に『扶養親族』といっても，それぞれ全く別の制度に基づいており，そのためしばしば混同しがちです。そこで，それぞれの『扶養親族』がどのようなものか，大雑把ではありますが一覧表にまとめてみました。従ってここで紹介する事項は各制度の一部にすぎませんが，皆様の理解の一助となれば

と思います。」　　　　　　（長崎大学人事課人事企画班ホームページ，傍点は引用者）

　同ホームページにおいて，扶養手当（大学職員規程），共済組合（国家公務員共済組合法），所得控除（所得税法），これらの異同を整理したものが紹介されている（**表8-1**）。

　問題は，表8-1における「所得限度額」の定義についてである。

　まず，扶養手当と共済組合においては，ともに，事実発生日から将来1年間の「見込額」となっている。これに対して，所得控除は「過去1年間の確定額」を基礎としている。

　次に，その見込額を「扶養親族届」の様式（付録8-1参照）に，教職員自らが記入して，人事課へ提出することとなっている。その様式（付録8-1）の注3には次のように記されている。

　　「『所得の年額』欄には，給与所得，事業所得，不動産所得，年金所得等恒常的な所得がある場合に，これらの種類ごとにその年額（見込額）を記入する。」
　　　　　　　　　　　　　　　　　　　　（扶養親族届，注(3)，傍点は引用者）

　表8-1には「給与所得」のばあいだけが説明されている。そのため，「不動産所得」における「恒常的な所得」の計算方法を明らかにする必要がある。しかし，「不動産収入に関する添付書類」として「確定申告書（控)」が求められるにとどまっている（付録8-2および8-3参照）。

　ここで，所得税法における不動産所得の収益認識が想起される。すなわち，将来1年間の収入見込み額とは，「費用収益ともに発生主義を適用するもの」と解釈される。その理由は，以下の通りである。すでにみてきたように，所得税法上，第1に，一般に収益は，保守主義の原則により確定主義に基づくべきところ，不動産所得に関しては例外的に発生主義が適用されていること。第2に，直接・間接の必要経費なしに不動産所得を得ることは不可能であること。第3に，アパートやマンションの賃料，すなわち法定果実は，減価償却資産たるその建物なしには絶対に生じないこと。もっとも，法定耐用年数を超過していれば，減価償却費を損金計上することは当然にできないこと，これらである。

　ところが，である。結論を先に述べると，実務上，その「見込額」の算出に

表8-1　扶養親族と手当・共済・所得控除の対照表（ママ）

	扶養手当	共済組合	所得控除
根拠法令	大学職員規程	国家公務員共済組合法	所得税法
制度の概要	給与規程上の扶養親族。 扶養親族がある職員に対しては，扶養手当が支給され，またボーナス計算上の基礎額に含める。	療養の給付や年金その他，共済組合に関する場合の扶養親族。	所得税に関する場合の扶養親族。 所得税の源泉徴収時及び年末調整時に，扶養親族の人数等に応じて，所得から一定額の控除を受けることができる。
親族の範囲	①配偶者者 ②満22歳の年度末までの子，孫，弟妹 ③満60歳以上の父母及び祖父母 ④重度心身障害者	①配偶者，子，父母，祖父母及び弟妹 ②組合員と同一世帯に属する三親等以内の親族で，①以外の人 ③組合員と内縁関係にある人の父母及び子で，組合員と同居している人（その配偶者の死亡後も同じ） ※18歳以上60歳未満の場合 学生，身体障害者，病気・けがなどにより就労能力を失っている人等のみが該当します。	①配偶者 ②6親等内の血族 ③3親等内の姻族
所得限度額	事実発生日から将来1年間の恒常的収入の見込みが130万円未満 ※「収入」とは，給与所得の場合，税金などを控除される前の総支給額（各種手当・ボーナス等を含む）のことを言います。	事実発生日から将来1年間の恒常的収入の見込みが130万円未満 ※「収入」とは，給与所得の場合，税金などを控除される前の総支給額（各種手当・ボーナス等を含む）のことを言います。 （例外） 次のいずれかに該当する場合は，180万円未満 ・障害者年金受給者である場合 ・60歳以上の者で，年金収入を含む場合	1月1日から12月31日までの合計所得が38万円以下（所得の種類によって計算は異なりますが，給与所得の場合，給与収入が103万円以下であれば所得は38万円以下になります。） ※収入＝所得ではありません。また，所得には給与所得，退職所得，雑所得等の全ての所得を合計する必要があります。
その他の必要な条件	・主として職員が扶養している者 ・職員以外の者の扶養手当等の支給基礎となっていない者	・主として職員の収入により生活している者 ・共済組合員又は健康保険・船員保険の被保険者でない者 ・職員以外の者の扶養手当等の支給基礎となっていない者	・職員と生計を一にしている者 ・職員以外の者の控除の対象となっていない者 ※その年の12月31日の現況により年末調整
担当係	人事課給与第一	人事課共済	人事課給与第二
ホームページ	人事課ホームページ	人事課ホームページ	国税庁ホームページ

出典：長崎大学人事課人事企画班ホームページ

おいては，驚くべきことに，費用収益対応の原則がほとんど適用されないのである。

すなわち，同ホームページ「扶養手当の支給要件」によれば，以下のように，「経費の実額を控除した」額となっている。

　　「『所得』の金額の算定は，課税上の所得の金額の計算に関係なく，扶養親族として認定しようとする者の年間における総収入金額によります。ただし，事業所得，不動産所得等で当該所得を得るために人件費，修理費，管理費等の経費の支出を要するものについては，社会通念上明らかに当該所得を得るために必要と認められる経費の実額を控除した額によります（傍点は引用者）。」

　たしかに，所得税法上の計算とは関係ない，という文言は明記されている。それでは，その計算は，どのような理念と趣旨に基づいてなされるのか。図8-1の原則に戻って考えたいが，その思考は停止されざるをえない。なぜなら，その但し書きにおける「社会通念上明らかに当該所得を得るために必要と認められる経費の実額」とはいったい何か，それらの経費を控除する前の額（以下，「控除前の額」という）には，どのような意味があるのか，それらが不明であるからに他ならない。これが問題の核心である。

　事実，筆者は，勤務先の人事課の担当者からの呼び出しと説明を受けてはじめて，この問題意識を持つに至った。一般に，多くの正規被雇用者において，税や社会保険料などの源泉徴収（特別徴収）という制度のために，所得や税金の計算・額に対する感覚が鈍いと言われる所以である。国民一般の経済感覚を磨くには，マイナンバー（個人番号）が全面的に導入されたいま，すべての納税者に，毎年，所得の総合課税に基づく確定申告を行わせるのが王道である。IT時代にあって，源泉徴収制度は時代錯誤である。

　そこで，表8-1の制度趣旨を理解するために，扶養，共済，社会保障，といったキーワードで検索してみると，次の「文書」に辿り着くことができる。それは，「扶養手当の運用について」（昭和60年12月21日給実甲第580号）（人事院人事総長発）（最終改正：平成21年4月1日給実甲第1093号）である。ここに，上記「控除前の額」とまったく同じ文言が記されている。したがって，この文書

が問題の起源であることが分かる。

　そこで，筆者はまず，人事院九州事務局に対し，この文書において「控除前の額」としていることの趣旨または理由を求めた。しかし，明確な回答は得られなかった。そのため，次に，人事院給与第3課手当第2班に同様の質問をした。数ヶ月後に電話とメールによる回答があった。一口に言えば，それは「給与所得者との均衡のため」であった。きわめて抽象的かつ曖昧であるが，だれがみてもその趣旨を理解できる明文規定（内規や文言）は存在しないのである。

　勤務先の人事課の担当者はもとより，人事院給与第3課の担当者に対しても，「この文言の意味するところが，費用収益対応の原則から著しく乖離していること」を確認し，繰り返し，疑問を投げかけた。けれども，納得できる説明を受けることは，最後までできなかった。

　他方で，扶養手当，したがって共済組合における将来1年間の恒常的収入の見込み額として「130万円」が明記されている「文書」が存在する。それは，「収入がある者についての被扶養者の認定について」（昭和52年4月6日）（保発第9号・庁保発第9号）（各道府県知事あて厚生省保険局長・社会保険庁医療保険部長通知）である。それは，国会での審議を経た法律ではない。

　これらの文書には，当時は明確な根拠があって，相応の正当性を持っていたものと推察される。しかし，その後，その趣旨が見直されることがないまま，今日に至っている（付録8-4参照）。

　ただし，こうした旧態依然とした制度が，最近の民間企業における配偶者手当の廃止といった現実の動きに触発されて，見直され始めている。人事院において2015年11月9日より開催されている「扶養手当の在り方に関する勉強会」がそれである。これについては，次節でみることにする。他方で，近年の非正規雇用の拡大に伴い，厚生労働省において2011年9月1日より社会保障審議会医療保険部会「短期労働者への社会保険適用拡大について」が開催されている。

　以下では，「控除前の額」に関する経費の算入・不算入の一覧について，具体例を取り上げる。それらの比較を通じて基準の「不明瞭さ」を明らかにする。

①　文部科学省共済組合広島大学支部のケース

　広島大学共済組合のホームページでは「控除前の額」に関して，次のように説明されている。

　「共済組合では所得税法上の総収入額から，共済組合で必要経費と認める
費目を控除した後の額を収入と考えます。ただし，下表（表8-2：引用者
注）のとおり，所得税法上と共済組合で控除される必要経費は一致しません
ので，ご注意いただき下表（表8-2：引用者注）を参考に計算してください。
また，△の費目はケースにより必要経費として認められる場合，認められな
い場合がありますので，別途詳細をお伺いすることがあります（傍点は引用
者）。」

　このように，算入・不算入の基準が「だれがみても判然としない」ものがい
くつもある。しかも，このことが公然と明記されているのである（**表8-2**）。
なお，文部科学省共済組合のホームページには，表8-2に相当するものが存
在しない。ただ，「不明な点は各支部共済担当にご相談ください」と記されて
いるにすぎない。

　表8-2において備考で注記されているものは，タックスアンサーにおいて
も説明されている家事との区別にかかわるものであるから，とくに問題はない。
問題とされるべきは，まず，△とされている修繕費と消耗備品費。次に，×と
されている租税公課（固定資産税），損害保険料，減価償却費，これらである。

　なぜなら，少なくともこれらの経費は，アパートを維持・管理するため，賃
貸人の当然の義務である（民法606条1項，2項）。にもかかわらず，「控除前の
額」においては，これらは経費として認められない。こうした取り扱いは，費
用収益対応の原則に反するのはもちろんのこと，それ以前の，人道上の問題で
もあるように思われる。

　他方で，表8-2において，もっぱら投資活動にかかると考えられる，公告
宣伝費（引用者注：広告宣伝費），接待交際費，設備投資について，これらを×
としていることは，扶養手当や共済組合（医療保険）の制度趣旨に照らせば，
妥当な判断であるように思われる。

　これらに対して，旅費，交通費，利子割引料については，物件の地理的条件
など，個別の事情に照らして判断されるべき性質がきわめて大きい。したがっ
て，本来，△とするのが妥当であるように思われる。

表8-2 経費の算入・不算入の一覧例①（△はケースバイケース）（ママ）

費　目	所得税法	共済組合	備　考
売上原価	○	○	（期首商品（製品）棚卸高＋仕入金額－期末商品（製品）棚卸高
租税公課	○	×	
荷造運賃	○	△	
水道光熱費	○	△	事業所と生活の本拠地が全く別棟の場合で，費用が別計算の場合
旅　費	○	×	
交　通　費	○	×	
通　信　費	○	△	事業所と生活の本拠地が全く別棟の場合で，費用が別計算の場合
公告宣伝費（ママ）	○	×	
接待交際費	○	×	
損害保険料	○	×	
修　繕　費	○	△	
消耗備品費	○	△	
減価償却費	○	×	
福利厚生費	○	×	
給料賃金	○	△	
利子割引料	○	×	
地代家賃	○	○	
研　修　費	○	△	
会　議　費	○	△	
図　書　費	○	△	
設備投資	○	×	

出典：広島大学共済組合ホームページ

②　埼玉県市町村職員共済組合のケース

埼玉県市町村職員共済組合のホームページによれば，次のように説明されている。

　「一般事業収入，農業収入および不動産収入などがある場合の扶養認定基準の年間収入額（必要経費控除後）を算出するときは，必要経費として控除

される科目が所得税法上と異なります。扶養認定時において共済組合が必要
と判断した経費のみ控除し，当該控除後の金額を年間収入額として取り扱う
こととなります。なお，当該金額が130万円（180万円）以上となった場合は，
認定対象外となり，該当する年の1月1日に遡って認定取消となりますので，
ご注意ください。また，扶養認定時に必要経費として共済組合が認めている
主な経費は下表（表8-3：引用者注）のとおりとなります。ご参照ください
（傍点は引用者）。」

　表8-2と表8-3を比べてすぐにわかることは，△の有無である。×の項目
が両者の間でおおむね合致しているのに対して，表8-3では，表8-2におけ
る△の勘定の取り扱いが，まったくわからない。したがって，それらについて
は埼玉県市町村職員共済組合の担当者のさじ加減ですべてが決まる，と言って

表8-3　経費の算入・不算入の一覧例②：収支内訳表（不動産所得用）

認めている主な経費		
給料賃金		○
減価償却費		×
貸倒金		×
地代家賃		○
借入金利子		×
その他の経費	租税公課	×
	損害保険料	×
	修繕費	○
	雑費	×

※　○…必要経費として認められる
　　×…必要経費として認められない
（注意）
　1．給料賃金については，従業員に対して年間130万円以上の給料を支払っている場合
　　を除きます。（他の者を扶養する能力があることから，扶養認定対象者を被扶養者と
　　して認定することはできません。）
　2．水道光熱費については，家計消費分と事業消費分とが明確に確認できる場合のみ
　　必要経費として認めます。
　3．その他の経費の取り扱いについては，業種や経費の内容などを確認したうえで判
　　断いたします。
　出典：埼玉県市町村職員共済組合ホームページ

も言い過ぎではない（表8-3の注3を参照）。当該組合員にとって，少なくともホームページ上，その判断の根拠となる一覧または詳細が非開示であるから，組合員はきわめて不安定な立場に置かれる。

　さらに，勘定科目の多寡の違いである。表8-2は，その内容の妥当性は別として，非対応計算書作成者にとって，ていねいであり親切である。ところが，表8-3は，表8-2と比べるといささか粗雑であり不親切である。とはいえ，実質的に△がほとんどであることに変わりはない。算入・不算入の判定によって，複数の非対応計算書が作成されうることとなり，したがって最終損益の最大値／最小値の差も大きくなると予想される。

　筆者に関して言えば，①や②のケースのように，少なくとも○×の判断材料が開示されれば，相応の形式の非対応計算書を作成するための指針が与えられる。そうであるからといって，上述のように数々の疑問が消えるわけではない。せめて，非対応計算書の作成に協力する姿勢を示すことはできる。しかし，実際，②のレベルにも至らないほど，筆者にとって判断材料はなかった。**表8-4**は，その事実を証明するものである。

　表8-2と表8-4における「損害保険料」の扱いを比べてみると，ある重大な事実を発見することができる。すなわち，表8-2では×となっている。それに対して，表8-4では，事実上，○扱いである。この発見事実は，1つの

表8-4　必要経費のうち控除対象となるもの

科　目	控　除	科　目	控　除
租税公課	不可	水道光熱費	※1
損害保険料（加入義務要）	※1	管理委託料	確認中
修繕費（原状回復まで）	※1	固定資産除却損	不可
減価償却費	不可	消耗品費	※2
借入金利子	不可	仲介手数料	確認中
地代家賃	※1	その他の経費	※2
給料賃金	※1		

　※1の科目は「事業運営にかかる部分の費用の場合は控除可」
　※2の科目は「明らかに当該所得を得るために必要不可欠な費用の場合は控除可」
　注：「確認中」は後日，両方とも「不可」とされた。また，※2は表8-2における△に相当する。
出典：長崎大学総務部人事課から筆者宛の学内文書（平成27年9月30日）

経費勘定科目にすぎない。とはいえ，どちらとも国立大学法人の文部科学省共済組合支部でありながら，「控除前の額」に関する経費の算入・不算入の判断基準が異なっているのである。なお，表8−3において損害保険料の取扱いは×となっている。

　なお，静岡県市町村共済組合のホームページによれば，アパート貸間業（不動産所得とは記されていない）において，修繕費と消耗品費がともに○扱いとなっている。どちらとも△となっている表8−3と比べると，大違いである。

　このような事実はいったい何を意味しているのであろうか。その答えは，文部科学省共済組合のホームページにある「各支部共済担当にご相談ください」という一文にある。これまでみてきたように，統一的で明確な基準はどこにも存在しないか，または玉虫色で不明瞭なかたちの基準が「どこかに」存在する。

　要するに，「控除前の額」の判定は，担当者の自由裁量に大幅に委ねられている。これが，その意味するところである。

　医療保険における被扶養者が置かれる地位とその資格認定が厳格に実施される理由は，たとえば，慶應義塾健康保険組合のホームページにおいて，わかりやすく説明されている。すなわち，

　　「被保険者の収入によって生活している家族は『被扶養者』（したがって，生計維持関係のない家族は，被扶養者にはなれません。）として健康保険の給付を受けることができます。また，健康保険の被扶養者になるには，家族なら誰でも入れるというものではなく，法律などで決まっている一定条件を満たすことが必要です。健康保険の扶養家族は会社の扶養手当や税法上の扶養家族とは基準が全く異なります。（中略）厳密な審査が行われるのは，被扶養者の増加は保険給付費や高齢者医療への支援金などの増加に直結し，慶應義塾健康保険組合の財政負担に影響するからです。慶應義塾健康保険組合の財政は保険料で賄われていますから，大切な保険料を適切に支出するために公正な認定を行う必要があるのです（傍点は引用者）。」

　なるほど，公正な認定の意義と必要性は理解できる。ところが，その「厳格な審査」が，少なくとも保険者によって，あるいは担当者によって「不統一な基準」によってなされているという現状は，これまでに詳しくみたとおりであ

る。

　国レベルの人口減少，非正規雇用の拡大，少子化，晩婚・非婚化など，人々の働き方，家族構成，私生活は，いずれも多様化している。あらゆる社会保障制度は，それらが制定された当時と比べて，社会が大きく変化したいま，医療保険はもとより，扶養手当や被扶養者資格のあり方もまた，根本的に問われなければならない。

　しかし，そうであるからといって，いかなる時代にあっても「公正なる会計慣行」が無視・軽視されることがあってはならない。なぜなら，市井における，さまざまな商取引，事業経営，経済活動，これらの基礎のもとに社会保障制度が成り立つのであって，けっしてその逆ではないからである。

3　扶養手当のあり方の現在

　人事院では，社会の変化に対応して，「扶養手当の在り方に関する勉強会」（2015年11月9日，12月8日，2016年3月7日）が開かれている。それらの資料に基づいて，以下では，扶養手当の歴史と現在の問題を整理する。

　わが国における公務員の扶養手当の歴史は，「昭和15年に日中戦争の進展に伴う物価騰貴（中略）に対応するための措置として，（中略）臨時家族手当制度が設けられた」ことに遡ることができる。具体的には，判任官以下の実収入月額150円以下の者に扶養家族1人当たり2〜10円支給，であった。扶養手当の意義は，「扶養親族を有することにより生ずる生計費の増嵩を補助」することにある（引用部分は「公務員給与法精義」第四次全訂版，第2回資料より孫引き）。

　その後，最近，教育費に着目して，次のような改正を経た。平成4年に，子・孫・弟妹の上限を満18歳の年度末から，満22歳の年度末に改正。平成5年に，満16歳の年度初めから満22歳の年度末の子に加算措置を導入（第1回資料）。

　具体的な手当月額の推移は，**表8-5**の通りである。

　表8-5からわかるように，平成19年（2007）から現在に至るまで改定されていない。昭和41年から平成18年までは，ほとんど毎年，細かく改定が重ねられていた。また，昭和51年以降における所得限度額の改定は，**表8-6**（第1回資料）のように推移している。

　勉強会開催の契機になっていると思われる，国家公務員給与等実態調査にお

表 8 - 5　手当月額の推移

〈手当月額の改正経緯〉

(昭和25年～昭和59年)

区分／年	扶養親族である配偶者	扶養親族である子、父母等 1人目 配偶者が扶養親族である場合	1人目 配偶者がない場合	2人目	3人目以降	特定期間にある子に係る加算額
(単位)	円	円	円	円	円	円
昭25~40	600	600		400	400	
41~43	1,000			〃	〃	
44・45	1,700		1,200	〃	〃	
46	2,200		1,400	600	〃	
47	2,400	800	1,600	800	〃	
48	3,500	1,000	2,500	1,000	〃	
49	5,000	1,500	3,500	1,500	〃	
50	6,000	2,000	4,000	2,000	〃	
51	7,000	2,200	4,500	2,200	1,000	
52	8,000	2,300	5,000	2,300	〃	
53	9,000	2,700	5,500	2,700	〃	
54	10,000	3,000	6,500	3,000	〃	
55	11,000	3,500	7,500	3,500	〃	
56・57	12,000	〃	8,000	〃	〃	
58	12,300	3,800	8,300	3,800	〃	
59	13,200	4,200	8,900	4,200	〃	

(昭和60年～現在)

区分／年	扶養親族である配偶者	扶養親族である子、父母等 1人目 配偶者が扶養親族である場合	1人目 配偶者がない場合	2人目	3人目以降	特定期間にある子に係る加算額
(単位)	円	円	円	円	円	円
昭60	14,000	4,500	9,500	4,500	1,000	
61・62	15,000	〃	10,000	〃	〃	
63~平2	16,000	〃	10,500	〃	〃	
3・4	〃	5,500	11,000	5,500	〃	
5	〃	〃	〃	〃	2,000	
6	〃	〃	〃	〃	2,500	
7	〃	〃	〃	〃	3,000	
8	〃	〃	〃	〃	4,000	
9	〃	6,500	〃	〃	5,000	
10・11	〃	〃	〃	〃	〃	
12・13	〃	6,000	〃	6,000	〃	
14	14,000	〃	〃	〃	〃	
15・16	13,500	〃	〃	〃	5,000	
17	13,000	〃	〃	〃	〃	
18	〃	〃	〃	〃	(6,000)	
19~27	〃	6,500	〃	6,500	6,500	

注1：昭和49年3月以前の「扶養親族である子、父母等」欄の手当額は子についてのものであり、父母等については「3人目以降」の手当額と同額であった。

注2：平成14年、平成15年、平成17年及び平成18年の改正時期は、それぞれ平成14年12月1日、平成15年11月1日、平成17年12月1日及び平成19年4月1日であり、それぞれの年度の全ての期間がこの表に掲げている額となっているわけではない。

出典：人事院給与局「扶養手当の在り方に関する勉強会」第1回資料．p. 3

表8-6　所得限度額の改定経緯（昭和51年以降）

所得限度額については，東京都特別区内の官署に勤務する一般職試験（高卒）採用者（行政職俸給表（一）1級5号俸）の年間給与額の2分の1の額を基礎とし，併せて国家公務員共済組合法上の被扶養者及び所得税法上の控除対象配偶者等に係る所得限度額の状況を参考として，改正を行ってきている。

年月日	所得限度額	基準額	共済組合法の被扶養者に係る所得限度額	所得税法の控除対象配偶者に係る所得限度額
51.11.5	650,000円	645,354円	700,000円	700,000円
52.12.21	690,000円	687,582円		
53.10.21	700,000円	699,052円		
56.5.1	800,000円	748,332円	800,000円	790,000円
59.9.1	900,000円	860,261円	900,000円	880,000円
			1,000,000円	900,000円
				920,000円
元.9.1	1,000,000円	1,002,573円	1,100,000円	1,000,000円
2.9.1	1,100,000円	1,119,335円		
4.1.1	1,200,000円	1,198,728円	1,200,000円	
5.4.1	1,300,000円	1,277,419円	1,300,000円	1,030,000円

注1：「基準額」とは，東京都特別区内の官署に勤務する一般職試験（高卒）採用者の年間給与額の2分の1の額である。
注2：年月日は，扶養手当の所得限度額の改定日である。
出典：人事院給与局「扶養手当の在り方に関する勉強会」第1回資料，p.4

けるデータは，図8-2（第1回資料）の「全職員に占める扶養配偶者を有する職員の割合」ならびに「配偶者を有する職員に占める扶養配偶者を有する職員の割合」の推移である。すなわち，平成16年以降，両方とも，ゆるやかな下落傾向を示している。国家公務員に限られたデータではあるが，わが国における生涯未婚率の上昇傾向を裏付けるものである。

　他方で，平成27年10-11月に実施された，家族手当を見直した実績のある民間企業25社に対する聴取から，①配偶者手当の廃止（子にかかる手当の額を増額，業績評価に基づく給与に配分，家族手当を廃止して基本給に配分），②手当額の見直し（配偶者と子に係る手当額を同額に，家族手当の手当額を減額して基本給に配分），③支給要件の見直し（所得税法の配偶者控除の対象となる配偶者のみを対象とする，子の養育・介護等の事情がある配偶者のみを対象と

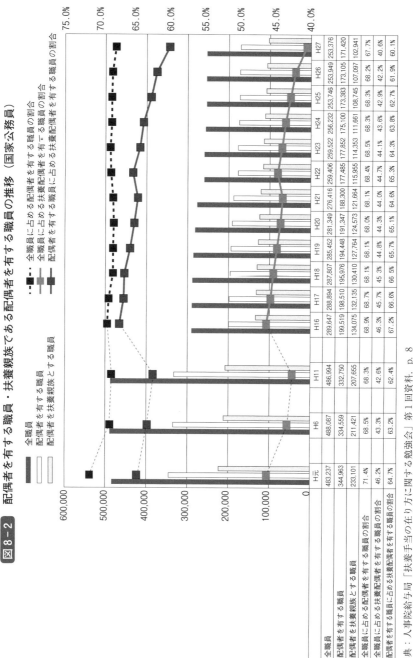

図8−2　配偶者を有する職員・扶養親族である配偶者を有する職員の推移（国家公務員）

出典：人事院給与局「扶養手当の在り方に関する勉強会」第1回資料．p. 8

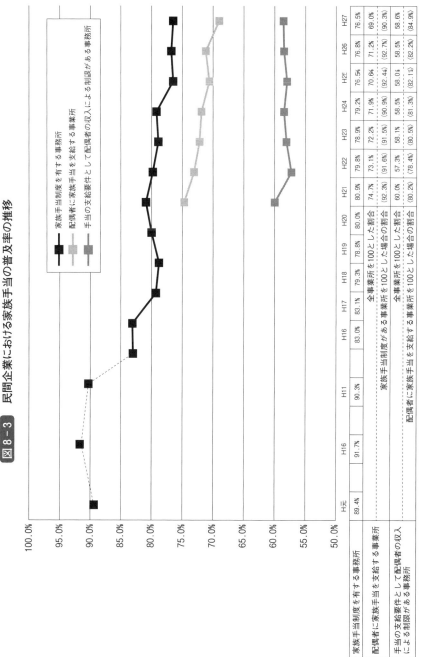

図8-3　民間企業における家族手当の普及率の推移

	H元	H16	H11	H16	H17	H18	H19	H20	H21	H22	H23	H24	H25	H26	H27
家族手当制度を有する事務所	89.4%	91.7%	90.3%	83.0%	83.1%	79.3%	78.8%	80.0%	80.9%	79.8%	78.9%	79.2%	76.5%	76.8%	76.5%
配偶者に家族手当を支給する事業所									74.7%	73.1%	72.2%	71.9%	70.6%	71.2%	69.0%
手当の支給要件として配偶者の収入による制限がある事務所									60.0%	57.3%	58.1%	58.5%	58.0%	58.5%	58.6%
家族手当制度がある事業所を100とした場合の割合									(92.3%)	(91.6%)	(91.5%)	(90.9%)	(92.4%)	(92.7%)	(90.3%)
配偶者に家族手当を支給する事業所を100とした場合の割合									(80.2%)	(78.4%)	(80.5%)	(81.3%)	(82.1%)	(82.2%)	(84.9%)

出典：人事院給与局「扶養手当の在り方に関する勉強会」第3回資料，p. 10

する），といった実例（第2回資料）も，勉強会開催の背景にある。図8−3（第3回資料）は，民間企業における家族手当普及率の推移を示すデータである。

　実際，すでに著名な民間企業の数社が先行して家族手当を見直し，改廃を実施している。これに対して，目下，激変緩和措置の必要性などから，国家公務員における扶養手当の変更については慎重であるべきという意見もある。

　しかし，扶養手当の起源に遡ってその制度ないし慣行の趣旨を考えてみれば，2016年に至るまでの数十年間，ずっとデフレーションが続いていると言われる現在，扶養手当の存在理由はほぼ完全に消失している。言い換えれば，急激なインフレーションに応じてこの制度が導入された当時の社会情勢から大きく乖離している。

　そうであるからこそ，民間企業では，ここ数十年間の少子化・人口減の傾向に呼応して，扶養手当を廃止しているか，または扶養手当を維持するとしても配偶者に薄くかつ子に厚く，機動的に傾斜させているのである。

　同様に，扶養手当・共済組合の所得制限における130万円という値の根拠も，そのための算定方法も，必ずしも社会情勢に適合しておらず，どちらとも論理的に整合的であるとは言えない。たとえば，生活保護制度における級地や，都道府県単位で決まる地域別最低賃金といった，地域ごとできめ細かに施行されている社会保障の制度的枠組みをみればわかるように，そもそも地域ごとにその経済事情が異なるにもかかわらず，「控除前の額」が「全国一律で130万円」とされる根拠は，いったいどこにあるのか。

　事実，家父長制度に代表される戦前から存在する広い意味での家制度が，戦後になって必ずしも全面否定されないまま，きわめて曖昧なかたちで，遍く，かつ色濃く残っている。それを詳らかにしない限り，扶養に関係する諸問題は，社会のあらゆる場面でトラブルの原因であり続けるように思われる。

　本章で取り上げた問題は，「公正なる会計慣行」に対する「法的政策的規範」の位置や関係をどうみればよいのか，というものであった。どちらが優先されるべきか，ということではない。なぜなら，屋上屋を架すことになり無限後退を招くからである。そうではなくて，実務上の慣行や制度において，その趣旨が消失しているのに，形だけが残り続けているものがあるという事実。これを具体的に明らかにしたのである。

4 結 語

　本章では，第1に，タックスアンサーに拠りながら不動産所得の経費の範囲を概観した。第2に，扶養手当・共済組合（医療保険）の被扶養者の資格認定に注目し，不動産所得における経費に関する規程とその運用基準を引用して，問題の所在を明らかにした。第3に，人事院による「扶養手当の在り方に関する勉強会」の資料に基づいて扶養手当慣行の起源に遡り，それに照らして家族構成等の社会的変化と連動しない被扶養者の地位と資格認定の意義を検討することで，それらの制度趣旨が現代社会の実態と適合的でない事実を明らかにした。

　同様の主張をフリーライターの早川（2012）が次のように述べている。

　　「現行の被扶養者の年収基準は，一家の大黒柱の収入で生活できて，妻のパート収入は補完的な役割でよかった時代にできあがったものだ。社会の労働構造が大きく変わっているのに，いつまでも昔と同じでいいはずはない。
　　社会保障・税の一体改革では，社会保険の適用を拡大するために従業員501人以上の大企業で働く非正規労働者やパート主婦などの年収基準，労働時間，勤続年数などを見直すことを打ち出している。しかし，働き方やライフスタイルが多様化した今，これまでのような世帯単位での負担や給付のあり方では限界がある。
　　国民が信頼できる持続可能な健康保険にしていくためには，職業や家族内での立場に関係なく，誰もが収入や資産に応じて保険料を負担し，社会の一員としての自覚を持てるような個人単位の制度への脱皮が必要ではないだろうか（傍点は引用者）。」

　この文章にITとマイナンバー（個人番号）の普及という事実を付け加えれば，源泉徴収制度の存在意義も厳しく問われるであろう。

　ある社会的な制度や慣行が，そもそも経済的に非合理的であるのに採用されている。それ本来の意義を失ってすでに経済的に非合理的な状態にあってもなお，存続している。あるいは，それが外界の変化に応じて見直される必要があ

るのに旧態依然のままである。こういった経済的に非合理的な現実を整合的に
説明しようとする試みは，社会学（e.g., Selznick, 1949；Crozier, 1964；Meyer
and Rowan, 1977；DiMaggio and Powell, 1983）や心理学（e.g., Weick, 1979；長谷,
1991）の分野でなされている。

　にもかかわらず，たとえ米国会計基準やIFRSといった政治的圧力下による
修正が加えられたとしても，資本主義経済が存続する限り「公正なる会計慣
行」それ自体が消滅することは考えられない。また，社会革命でも起こらない
限り「正規の簿記」が消滅することもない。というのは，すべての経済活動に
おける取引の記録を子孫に受け継ぐことこそが，帳簿すなわち簿記の存在理由
であるからに他ならない。

　実務上，中小企業・非公開会社における，税法を基準とした財務諸表の作成,
いわゆる「逆基準性」の実態はよく知られている（井上, 2009）。いま，償却す
べき無形固定資産における耐用年数とその「評価」を法令の基準に全面的に依
存するものとしよう。そのような態度は，経営者がなすべき非定型的意思決定
（Simon, 1977）の放棄と言わざるをえない。加えて，M&Aにおける相手企業の
評価に際して，妥当な尺度や基準を法令に求めるような経営者はどこにもいな
い。なぜなら，M&Aにおける評価の対象には，特定の尺度で貨幣評価できな
いがゆえに財務諸表上に計上されない，にもかかわらず決定的に重要な無形資
産が含まれているからである。それは，人と組織である。

　本章でみたように，必要経費の勘定科目に関して，担当者の自由裁量で非対
応計算書を作成できてしまうような「似非基準」の存在は，論外である。「単
一性の原則」により，多元的な形式の存在を認めるにせよ，その作成目的が明
確な趣旨を欠いているか，または時間の経過によってその目的の正当性が失わ
れているばあいには，公正なる会計慣行（したがって企業会計原則）から著し
く乖離した非対応計算書を担当者に作成させることは，断じて否定されるべき
である。

付録 8-1　「扶養親族届」の書式（長崎大学の例）

扶養親族が減った例

部局受付

年　　月　　日

扶 養 親 族 届

(平成 21 年　4 月　3 日提出)

	所属部局名	病院 第二内科		連絡先内線番号 5678
長 崎 大 学 長　殿	職名	教 育 職 員	氏名	坂 本 和 洋 ㊞

給与規程第13条第5項の規定に基づき次のとおり届け出ます。(証明書類　通添付)

届 出 の 理 由 〈該当する□に✓印を付すとともに、事実の発生年月日を記入すること〉

□ 1 新たに職員となった(□ 配偶者がない)

□ 2 新たに扶養親族たる要件を具備するに至った者がある(□ 配偶者がない)

☑ 3 扶養親族たる要件を欠くに至った者がある(子、孫及び弟妹で満22歳の年度末を超えた者を除く)

□ 4 配偶者のない職員となった(3に該当する場合を除く)　　平成　　年　　月　　日

□ 5 配偶者を有するに至った(2に該当する場合を除く)　　平成　　年　　月　　日

届出の理由1〜3に該当する場合の記入欄

扶養親族の氏名	続柄	生年月日	同居・別居の別 (別居の場合は住所)	所得の年額 所得の種類	金額	届出事実の発生年月日	届出の事由
坂 本 華 子	子	H 1.7.7	同 居	給 与	180万円	H21.4.1	就 職

(注) 1.「続柄」欄には、職員との続柄を(重度心身障害者として届け出る場合は、その旨を併せて)記入する。
　　2.「同居・別居の別」欄で、別居の場合の住所地は市区町村名まで記入する。
　　3.「所得の年額」欄には、給与所得、事業所得、不動産所得、年金所得等恒常的な所得がある場合に、これらの種類ごとにその年額(見込額)を記入する。
　　4.「届出の事由」欄には、届出の理由の2又は3に該当する場合にその事由(例えば婚姻、離婚、出生、死亡、満60歳以上等)をそれぞれ記入する。

参 考

配偶者は長崎大学の職員で　ある ⟶ 配偶者の氏名　坂本 恵子
　　　　　　　　　　　　　　ない

配偶者が扶養親族ではない場合には必ずこの欄を記入してください。

付録8-2　「扶養の申立書」の書式（長崎大学の例）

扶 養 の 申 立 書

1 被扶養者の氏名等	氏　　　　名	性別	生 年 月 日	続柄	配偶者の有無	住居区分
		男 女	S・H 　　年　　月　　日 （　　　　歳）		有 無	同居 別居

2 被扶養者の収入状況等		
	□	無職無収入です。
	□	公的年金収入(遺族・障害年金含む)が、　年間　　　　　　　　円です。
		その他の収入が　（　　ある・　なし　　）
	□	雇用保険にかかる申立書(裏面)のとおりです。
	□	雇用保険による収入が、　日額　　　　　　　　円です。
	□	事業・農業・資産等の収入が、　年間　　　　　　　円です。
	□	パート・アルバイト等(個人年金を含む。)による収入が、
		月額　　　　　円 × 12月 ≒ 年間推計収入額　　　　　　円 です。
		※ 年間の収入額は、所得税法の所得(暦年でいう1～12月)等ではなく、どの月から 1年をとっても、年間で限度額を超えないことが要件です。
	□	別居のため、月　　　　円 の送金をしています。(年間推計送金額　　　　円)
		※ 組合員の年送金額等は、被扶養者の年間収入額と年送金額の合計の3分の1以上必要です。
	□	その他　（　　　　　　　　　　　　　　　　　　　）

※ 3 扶養義務者の状況	氏　　　　名	続柄	年齢	同居・別居の区別	職業	年間収入額
□ 有(右記のとおり)						円
□ 無						円
組合員の年間収入額						円
（　　　　円）						円

4 組合員が扶養(生計を維持)しなければならない具体的な理由 ※就労能力のある学生以外の22歳以上の子は特に詳細に。	

5 被扶養者の前加入健康保険名	健康保険名　　　　　　　　　　　（ □ 本人 ・ □ 家族の扶養 ）

※扶養義務者とは、配偶者、父母、兄弟姉妹等をいう。ただし、被扶養者申告書に記入している者及び既に認定している者は除く。

（注）　□欄には、該当事項に必ずチェック印してください。

　上記のとおり、認定を受けようとするものは、**主として私の収入により生計を維持**していることを申し立てます。

　なお、被扶養者に認定限度額〔月額108,333円(年額130万円)ただし、60歳以上の年金受給者又は障害年金受給者は年額180万円〕以上の所得が生じた場合、又は扶養の事実がなくなった場合には、延滞なく届け出ることを併せて申し立てます。

　　　　　　　　　　　　　　　　　　　　　　　　平成　　年　　月　　日

　　文部科学省共済組合長崎大学支部長　　殿

　　　　　　組合員氏名(自筆)　　　　　　　　　　　　　　　㊞

付録8-3　扶養親族届の添付書類の説明（長崎大学の例）

別紙2

<　添付書類について　>

収入に関する添付書類を下図で確認してください。（パート・アルバイト給与も収入に含まれます。）

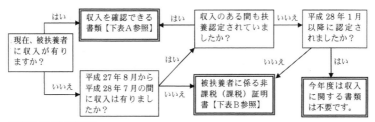

●収入に関する添付書類

A	給与収入	平成27年8月から平成28年7月までの給与収入を証明できる書類（別紙様式［給与支払証明書］を原則）および 平成28年度　所得・課税証明書（原本・市区町村の窓口で発行（有料））
	事業収入・不動産収入等	確定申告書（控）及び 収支内訳書（控）の写し
	年金等受給者	年金振込通知書または年金額改定通知書の写し（複数の年金を受給している場合は、すべての通知書）および平成28年度非課税（課税）証明書　※年金以外の収入の確認のため
	「被爆者援護法」に基づく諸手当、特別障がい者手当、恩給等	受給額がわかるもの
B	被扶養者にかかる平成28年度　非課税（課税）証明書（原本・市区町村の窓口で発行（有料）） ※証明書の呼称および手数料は自治体によって若干異なります。 ただし、平成28年1月以降採用により扶養認定された被扶養者、今年度末18歳以下の被扶養者の場合のみ不要。※前年度に高校生であった者を除き、大学生であっても提出すること	

●収入に関する書類以外で必要な添付書類

今年度末23歳以上の子（学生の場合を除く）や、年俸制職員・シニアスタッフ等の被扶養者など、扶養手当の対象となっていない被扶養者	［扶養の申立書］（様式有）
18歳以上（高校生を除く）の被扶養者で学生（予備校生を含む）の場合	在学証明書（原本のみ）※学生証の写しは不可
父母等と別居している場合	通帳の写しや振込時のご利用明細票の写し等、過去1年分の送金が確認できる書類（配偶者と子の場合は不要）

※　複数該当する場合は、該当するすべての書類が必要です。

　　　例：アルバイトをしている学生・・在学証明書、給与支払証明書、所得・課税証明書

※　証明書類については、3ヶ月以内に発行されたものを提出してください。

※　関係書類が不備の者については、認定を取り消す場合があります。

付録 8 - 4　被扶養者配偶者認定基準の経緯

平成23年9月21日
特別部会　提出資料

○　昭和61年4月までは，所得税の控除対象配偶者収入限度額に連動して改定されてきた。

	認定基準額	一般（高齢者以外）	
		基準の考え方	
52年4月	70万円	①所得税控除対象配偶者収入限度額　給与所得控除＋配偶者控除対象限度 　　　　　　　　　　　　　　　　　（50万円）　　　　（20万円） ②国共の基準　70万円	
56年4月	80万円	①所得税控除対象配偶者収入限度額　給与所得控除＋配偶者控除対象限度 　　　　　　　　　　　　　　　　　（50万円）　　　　（29万円）	
58年4月	80万円 （据置き）	―	
59年4月	90万円	①所得税控除対象配偶者収入限度額　給与所得控除＋配偶者控除対象限度 　　　　　　　　　　　　　　　　　（57万円）　　　　（33万円） ②実収入伸率×80＝92万円　　③可処分所得伸率×80＝91万円 ④消費者物価伸率×80＝87万円　⑤きまって支給する給与伸率×80＝91万円	
61年4月	90万円 （据置き）	―	

○　昭和62年5月以降は，所得税との連動をやめ，被扶養者の適用を維持するという考え方から，所得水準の伸びに応じた改定を行った。

62年5月	100万円	①所得税との連動をやめる　　　②実収入伸率×90＝103万円 ③可処分所得伸率×90＝101万円　④きまって支給する給与伸率×90＝102万円
元年5月	110万円	①実収入伸率×100＝106万円　　②可処分所得伸率×100＝107万円 ③きまって支給する給与伸率×100＝107万円
4年1月	120万円	①実収入伸率×110＝124万円　　②可処分所得伸率×110＝124万円 ③きまって支給する給与伸率×110＝119万円 ④国家公務員扶養手当所得基準　110万円→120万円（4年1月）
4年4月	120万円 （据置き）	―
5年4月	130万円	①実収入伸率×120＝127万円　　②可処分所得伸率×120＝126万円 ③きまって支給する給与伸率×120＝124万円

※1　医療保険では，被保険者によって生計を維持されている被扶養者の疾病等は，被保険者にとって経済上の負担となることから，被保険者の生活の安定のために，被扶養者についても保険給付を行ってきた。
※2　医療保険における家族の給付割合について
　　国民健康保険では，世帯員（家族）の給付割合が，昭和34年から昭和42年まで5割，昭和43年以降，7割であるが，健康保険では，被扶養者の給付割合が，昭和18年から昭和47年までは5割，昭和48年から昭和55年までは7割，昭和56年から平成14年まで，被扶養者の入院の給付割合が8割（外来は7割）であり，国民健康保険と健康保険で家族の給付割合に差があった。

出典：厚生労働省第51回社会保障審議会医療保険部会資料1「短期労働者への社会保険適用拡大について」，p. 8

第 **9** 章

サービスと経営成果

1 問題の所在

　さて，「おもてなし」と同様にわが国のお家芸の1つとして「ものづくり」が人口に膾炙されて久しい。しかし，理論的に，あたかも後者が前者をも包含しうるという議論（e.g., 藤本，2007；具ほか，2008；藤川，2010）にはどこか違和感を覚える。その違和感の原因を探求してこれを理論的に明らかにすること。それが本章の目的である。

　結論を先に述べると，それは，サービスの特徴の1つである（生産と消費の）「同時性」に引きずられて，ものづくりという有形財の製造ないし研究開発のプロセスに関する論理がすべてのサービス（の提供）にも貫徹する（はずである）という「誤解」にある。

　その誤解には2つの要因が絡んでいる。第1は，モノ（づくり）の論理を援用することが困難なサービス（医療・福祉・教育など）までもが含まれていることである。それらは，モノ（づくり）の論理に直接還元することが不可能なのである。

　第2は，あるサービスに対する評価が，消費者側からも生産者側からも，後刻において再評価されたり，追加的なサービスの提供によって当初の評価内容が更新されたりすることが，実際にはすくなくないことである。これに伴い，当初のサービスの質も更新される。したがって，当初と再評価の時期が離れれば離れるほど，また，更新の前後でその内容が異なれば異なるほど，経営成果に対するその影響を測定することも容易ではなくなる。

　こうした要因は，しかしながら，誤解のたんなる原因ではない。そのような

誤解を招くメカニズムは，経営学における古典的なテーマと深く関係しており，また実践的にもきわめて重要な内容を含んでいる[1]。

そのような誤解のメカニズムの解明は，一方で，経済の発展に応じてますますサービス（業）が中心となる現代社会において，否応なしに何らかのサービスに従事する職場の人々にとって，決定的な意味を持っている。

他方で，そのメカニズムの解明は，先行する諸理論にまたがる後続研究と位置づけられるとともに，それらを相互に関連づける導きの糸となりうると思われるからである[2]。

こういった問題意識の下，以下の順で議論する。第1に，サービスの評価，質，および経営成果に関する先行研究として鈴木・松岡（2014）を批判的にレビューする。第2に，リカバリー・パラドクスを取り上げて，それが持つ理論的な意味を検討する。第3に，HRM（人的資源管理）とインターナル・マーケティングを比較し，従業員教育とキャリア開発の見地から，それらの共通点と相違点を浮き彫りにする。第4に，「ものづくり」経営学の限界を明確にしたうえで，「おもてなし」経営における扇の要を示す。

2　先行研究レビュー

この研究の問題意識に近いと思われる，鈴木・松岡（2014）による労作「従業員満足度，顧客満足度，財務業績の関係：ホスピタリティ産業における検証」に注目する。それによれば，論文タイトルにある3要素相互の関係を，体系的に，かつ一定期間のデータを用いて実証を試みた先行研究はほとんど存在しない[3]。その意味では，参照する価値のある文献である。その問題意識は本研究のそれと共通しているものの，疑問点もいくつかある。それらを指摘しておきたい。

鈴木・松岡（2014）では，その仮説のなかに，従業員満足度，サービスの質，顧客満足度，財務業績，これらの変数が含まれ，かつ，財務データについては一定のタイムラグ（遅効性）にも配慮がなされている。また，分析モデルはシンプルであり，従業員満足度を出発点として，順次，その影響がリニアーに及んでいくとみるものである（鈴木・松岡，2014, p. 10）。よって問題は，それらの「変数の定義」，ならびにリニアーとされている「変数間の関係」にある。

以下では前者を取り上げることにする。

(1)　従業員満足度

　仕事に熱中することがあるかどうか，やりがいや充実感を覚えるかどうか，目標達成に向けた努力をしているかどうか，自らの仕事の質を向上させているかどうか，これらに基づいて従業員満足度が判定されている（鈴木・松岡，2014, p. 10）。したがって，二要因理論については明記され，未来傾斜原理（高橋，1996）や時間的展望（都筑・白井，2007）の意義についても暗黙的に意識されている。

　しかし，職場外における生活面からの影響（Hoppock, 1935），あるいはワーク・ライフ・バランスからの影響（e.g., Greenhaus and Powell, 2006）については，軽視または捨象されている[4]。職務満足度と従業員満足度の関係については，インターナル・マーケティングとHRM（人的資源管理）の共通点と相違点の面から，第4節で詳しく議論することにする。

(2)　サービスの質と顧客満足度

　サービスの質は，接客が顧客の期待に沿っていたかどうかの1点で測られている。また，顧客満足度は，その滞在に満足したかどうかの1点で測られている（鈴木・松岡，2014, p. 11）。

　あるサービスの質とそれに対する評価（顧客満足度を含む）はきわめて微妙な関係にある。というのは，これらのテーマについては先行研究が多い。しかし，第3節でみるサービス・リカバリー・パラドクスを考慮すると，その操作化は容易ではないように思われるからである。以下，整理しながら紹介する。

　まず，顧客満足とサービスの質の関係，その通説はこうである。すなわち，

　（顧客満足）＝（実現された品質）−（期待された品質）……（山本，2007, p. 87）

　ただし，南・西岡（2014）は，サービスを「最終的な完成形がない生産途中の製品」（pp. 67-68）として，サービスを提供する側と提供される顧客側の両方からのアプローチが必要であるという（p. 70）。そのうえで，顧客満足に対しては「顧客側の知覚品質」が問題となる（p. 84），としている。

　ここで，「顧客側の知覚品質」とはどういうことか。「猫に小判」または「豚に真珠」という意味であるとすれば，たとえば，先進医療の前提として血液検査の必要性を医師が患者に説明しても，その意味するところを患者は理解できないまま検査を拒否し続け，その結果，死を迎えてしまう，ということになる。このような場合，「サービスの質」をわれわれはどう理解すればよいのか。

　こうした事例は，医療・福祉・教育などの政府規制が強い公共サービスの世界では少なくないように思われる。そういうわけで，それらを分析対象から捨象すれば，分析の操作性をうまく確保できるのかもしれない（e.g., 内藤，2009, p. iv；森川，2014, p. 277）。したがって，ものづくりの論理と親和的となる。

　よく知られているように，経済学ではこうした市場における欠陥商品の問題を「情報の非対称性」からアプローチしようとする。しかし，かりに情報が対称に修正され知覚問題が解消されたとしても，こんどはどのようにその情報を解釈・価値判断するかが問題となる。むしろ，皮肉ではあるが，以下のいくつかの例のように，情報が非対称のままのほうが経済的には非効率かもしれないが，全体として効果的であることもありうる。

　たとえば，基礎知識が不十分な学生に向けて，専門的に高度な内容の講義が提供されるとしよう。これに南・西岡（2014）をあてはめると，「顧客側の知覚品質」すなわち「学生側の学習効率」はほぼゼロとなる。よって，質や評価を云々する以前に，サービスという商品の市場取引がそもそも成立していない。

　ところが，こういう場合はどう考えればよいか。その学生が内容を理解できないまま，ノートを丁寧にとっていたとする。卒業後，たまたまその内容に関連する業務に携わることになり，その講義ノートを参照する機会が訪れた。学生当時は理解できていなかった断片的な内容が，具体的な経験をふまえたことにより，相互に結び付き合って体系化され，そこではじめて全体的な内容を吸収するに至った。その結果，うまく商談をまとめることができた。あるいは，業務を遂行できた。

　このような場合，業務経験それ自体は追加的なサービスではない。にもかかわらず，教育の質は，事前と事後では異なっている。「顧客側の知覚品質」が同じではないからである。よって，サービス提供と同時に実施されるサービスの質に関する調査は意味をなさない。顧客満足度の観点からは，むしろ負の効果を招くことになる。

　吉本（2007）によれば，「大学教育というものが応用可能性，拡張可能性をもつものであり，特に日本の教育と社会との結びつきの中で，大学教育の成果は企業内でのOJTとジョブ・ローテーションを経て，一定の初期キャリア形成段階を踏まえて，『教育効果の遅効性』をもって発現するものであるということである。」（p. 104）。

　「顧客側の知覚品質」の加齢による向上または変化を考慮に入れれば，通説における「事前の期待と直後の認知の差」に対して，サービスの質に関して「直後の無理解と事後における充実の差」という考え方が求められるように思われる。

　医療なるサービスもこれと同様の面がある。島津（2005）は次のように述べている。

　「プロフェッショナル・ヒューマンサービスは利用者の状態が継続的に変容するため，一般的なサービスが顧客満足向上のために用いる，期待とパフォーマンス，原因帰属などの概念を用いた方法をとることは困難になる。そもそも利用者自身が期待を明確に把握することができず，したがって提供者も提供すべきもの，あるいはその方針などを明確にすることができない。患者も医療者も医療提供の過程において，相互にかかわるなかでそれが次第に明らかになってくるような性質を持つからである。」（pp. 101-102）。

　これに加えて，患者の死や不治等に対する不安によって，自らの人生における時間に対する認識が変化する（島津，2005，p. 103）という特殊な側面が，医療には伴う。

　喫茶店（Liang, 2010）やレストランでの飲食ではさらに厄介な側面がある。

　たとえば，そもそも，日本フードシステム学会の木島（2004）によれば，「何を食べるか」から「誰と食べるか」が重視され始めている。低次欲求から高次欲求への注目である。科学的な実験・観察研究に基づく知見には，たとえば以下がある。ベルとプライナー（Bell and Pliner, 2003）によれば，独りで食べるのと大人数で食べるのとでは食事に費やす時間が異なる。ヘサリントンら（Hetherington, et al., 2006）によれば，独りよりも他人（TV，見知らぬ人，友人など）が一緒にいるほうが食事の摂取量・頻度ともに上昇する。ヤングら（Young, et al., 2009）によれば，女性は女性同士と比べると男性と一緒のほうが食事・カロリーの摂取が少ない。

　もっとも，これらの知見は限られた実験・観察によるものであり，サービスを受ける側，すなわち被験者の年齢，健康状態，仕事や家族の状況などによって，大きく影響を受けるものと考えられる。

　これらに対して，具（＝Ku）ほか（2008）による「ものづくり概念のサービス業への適用」では，医療は次のように単純化されている。すなわち，「健康でない人，健康に不安がある人をインプットとして，受け入れ，診察し，医療行為という設計情報を描き，その情報を患者らに直接転写して，健康な人，健康に不安のない人をアウトプットとして送り出すことを目的として成立するサービス機関である。」(pp. 28-29)，と。

　こうした即物的な単純化が情報の非対称性の問題をどうみているかは，定かでない。そればかりではない。そのような単純化は，たとえば上記の島津（2005）の医療に対する本質を踏み外している。市場原理に基づく即物的な考え方は，医療に不可欠な道徳的価値を損ねてしまうリスクを伴うのである（Sandel, 2012）。ものづくり概念はせいぜいのところ，サービス業の業務「改善」に資するに過ぎない。したがって，それがサービスの本質を変化させるわけではない。

　以上を要するに，ラブロックとウィルツ（Lovelock and Wirtz, 2007）によるサービスの分類に従えば，図9-1のようになる。即物的な考え方，ものづくりの論理をそのまま適用できないと考えられるのは，図9-1の右下のセル（人の心に作用するサービス）である。なるほど他の3つのセルであれば，ものづくりの論理を援用して，サービスの効率性（質ではない）を改善することが可能であるように思われる。

　こうして，サービスに関する顧客満足の伝統的な定義は，再考ないし修正の必要がある。すなわち，伝統的な定義とは，実現された品質と期待された品質の差，これである（山本，2007, p. 87）。なぜなら，教育や医療に関するサービスの質それ自体が，学ぶ側や患者側の知覚品質に依存しているからに他ならない[5]。

　以上みたように，教育や医療の場面においては，知覚品質は時間とともに変化する。実際，そのような変化を前提に，教育や医療は実践されている。即物的な考え方をそのままあてはめることの限界をここに見出すことができる。これが誤解の1つ目の要因である。

図9-1　サービスの4つのカテゴリー

		サービスの直接の受け手	
		物	人
サービスの性質	有形	対物（有形物を対象とする）： 貨物輸送 修理・メンテナンス 倉庫・保管　清掃　小売 クリーニング　給油 園芸 廃棄物処理・リサイクル	対人（人々の身体・肉体を対象とする）： 旅客輸送　医療 宿泊　美容 理学療法 フィットネス レストラン・バー 理髪　葬儀
	無形	対情報（無形物を対象とする）： 会計　銀行 データ処理・伝送 保険　法務 プログラミング 証券取引 ソフトウェア	対心（人々の精神・心理を対象とする）： 広告・広報 芸術・芸能 公共放送 経営コンサルティング 教育　各種情報 音楽コンサート 心理療法　宗教 人の声・自然音・音声

出典：Lovelock and Wirtz, 2007, p. 34, figure 2.1，邦訳，p. 42.
　　　ただし，原典を参照のうえ引用者が一部に加筆修正を施している。

(3)　財務業績の評価

　鈴木・松岡（2014）では，その研究対象がホテル業であるため，教育や医療に顕著にみられる「顧客側の知覚品質」あるいは「遅効性」は大きな問題とはならない。せいぜいのところ，リピーターや口コミ効果におけるタイム・ラグを考慮すればそれで足りる。事実，鈴木・松岡（2014）では，会計公準のワン・イヤー・ルールに従って財務データを修正・加工したうえで，従業員満足度と顧客満足度の変数と対応させている。そのうえで，タイム・ラグを想定したモデルと想定しないモデルの双方で分析を試みている。

　これに対して，政府規制が強い公共サービスの領域では，その性質上，市場の失敗が避けられない。それゆえに公的資金の投入が正当化されている。たとえば，教育，社会保障（医療・福祉・介護・保育など），安全保障（防衛・消

防・警察・外交を含む），公共事業（電力・水道・ガス・道路・交通機関など）
に関する公的サービスがそれである。

　そのような公共サービスは，費用と収益を対応させることの妥当性が問題と
なる。まず，これらのうち，電気・水道・ガスなどの公共事業は，ものづくり
の論理と市場競争の両方による効率追求が可能である。なぜなら，それらは技
術的な原理に左右される代わりに，対人関係・人間関係といった接客の論理に
支配されることがないからである[6]。

　次に，教育，社会保障，安全保障の領域では，費用と便益を対応させること
が難しい。なぜなら，たとえば，飢えや渇きを癒すといった生理的な充足によ
って，生き甲斐や達成感などの主観的な満足を得ることはできないからである
（近藤，2010，p. 281）。

　いま，都市部に住む十代の若者Aが，保護者の潤沢な教育資金により，学習
塾または国立や私立の進学校の教育費を支援してもらい，難関大学を突破し，
著名な大企業に首尾よく就職したとする。これに対して，地方に住む貧しい若
者Bは，進学せず，独学により，ある芸術分野で頭角を現し，ひとかどの財を
成したとしよう。Aが享受した教育の効果とみられる経済的成果A′（生涯所
得）と，Bがそれを受けずに成し遂げた経済的成果B′（生涯所得）を比べるこ
とに，いったいどんな意味があるのか。

　教育には，そもそも経済的価値に置き換えることができる面とそうでない面
（たとえば道徳的な公共意識や人生観の獲得）があるために，財務的な評価を
与えることがそもそも妥当ではない。上の例の続きで，Aは終生子宝に恵まれ
ず，Bは結婚と離婚を繰り返して異母兄弟姉妹を持ったとする。このような対
照的な側面を，Aが受けてBが受けなかった教育から財務的効果として抽出・
分析する試みははなはだ不毛であろう。

3　リカバリー・パラドクス

　以下では，冒頭で紹介した「誤解」に関する2つ目の要因を取り上げる。そ
れは，理論的にも経験的にも，サービスの本質にかかわる重要な問題である。
そればかりではない。この要因は，次節でみる従業員満足度ともかかわってお
り，組織生活やビジネス社会の隅々にまで関係する重大な問題である。リカバ

リー・パラドクスがそれである。ラブロックとウィルツによれば，

　「『サービス・リカバリー・パラドックス』とは，サービスのミスに遭遇し，その対応に満足した顧客は，ミスを経験していない顧客に比べてその後サービスを利用することが多いという現象である。」

（Lovelock and Wirtz, 2007, pp. 395-396, 邦訳，p. 394）。

　この定義によれば，リカバリー・パラドクスには，次のような特徴がある。

　第1に，「当初のサービス」とその後の「追加的なサービス」（さらに上乗せされるその後の追加的サービスを含む）の異時性または継続性が存在すること。

　第2に，顧客満足度が遡及的に更新されること。

　第3に，当初のサービスが十分な顧客満足度を提供できていないこと。

　第4に，追加的なサービスを享受した顧客はそうでない顧客よりもリピーターになる可能性が高いこと。

　以下，これらを順に吟味する。

　第1の「異時性」は，サービスの特徴の1つと言われてきた生産と消費の「同時性」をその根底から覆すものである。にもかかわらず，それは相変わらずサービスであり，けっして有形財などのモノではない。この定義によれば，追加的サービスが前提となっているが，「当初のサービス」から数年後にふりかえって，都合よくその再評価をすることもありうる。

　たとえば，わが国における総排気量が400ccを超える自動二輪車の運転免許（限定なし）は，1975年から1996年まで原則として運転免許試験場における技

表9-1　製造業とサービス業の相違点と共通点

	製造業	サービス業
相違点	①財の有形性 ②財の同質性 ③生産と消費の非同時性	①財の無形性 ②財の異質性 ③生産と消費の同時性 ④リカバリー・パラドクス（cf. アフター・サービス）の可能性
共通点	①プロセス：設計情報の流れ ②目的：顧客を満足させること	

出典：Wang（2015）を一部修正。

能試験（または限定解除審査）で合格しない限り，交付されることはなかった（e.g., 吹越，1997）。きわめて高いハードルを設定された当時のライダーは，めいめいが創意工夫をして試験対策に腐心したものであった（以下，試験場ブランド）。

　したがって1996年の規制緩和によって，それ以前に厖大な時間と努力を注ぐことで試験場ブランドを手にしたライダーたちはいわば無駄骨を折らされた。そういう構図となったわけである。ところが，規制緩和後の教習所ブランド（指定教習所を卒業することで試験場での技能試験が免除される）の免許人口増加とともに死亡事故も目立つようになった（日本経済新聞，2014）。

　悲しいデータを持ち出す必要はないであろう。なぜなら，そもそも当局による1975年の規制の大義名分は，それまでのライダーたちによる死亡事故増加の実態が前提となっており，その抑制にあったのであるから（吹越，1997, pp. 17-18）。こうして，一部のライダーたちはかつての高嶺の花を，いまや教習所ブランドによっていとも簡単に手にできるようになった。しかし，試験のハードルを下げればそれだけ質も低下する。自明の理である。

　規制強化とその後の規制緩和を全体としてみれば，ハードルの低い教習所ブランドの普及による犠牲者たちが，ハードルの高い希少な試験場ブランドの真価を，自らの死をもって証明している。そのように評価できる。ただし，こうした当時の政府主導による規制緩和の影響を不断に検証する必要があることを警察庁当局は承知している（吉田，1998）。

　以上が追加的なサービスを伴わない「異時性」の一例である。リカバリー・パラドクスの観点からみると，円滑な交通と安全のバランスをはかる本来の運転免許行政（公共サービス）と，市場開放を求める外国資本からの圧力とのせめぎ合いのなかで，当局によるその舵取りに伴う社会的なパラドクスが浮き彫りになる（cf. Selznick, 1949）。

　第2の顧客満足度の「更新」とはどういうことか。古典的な定義では，顧客満足度とは，①「実現された品質」と②「期待された品質」の「差」として特定される③「値」である。①は事後，②は事前，にそれぞれ評価された値である。リカバリーによって，①も②も変化することはない。他方で，③だけが遡及的に修正されて④「修正値」となる。この④こそが「更新」の意味である。

その後，④は，さらなる追加的サービスの積み重ねにより，再び修正される（⑤……⑥……⑦……）こともありうる。ただし，それらは，常に，③＜④＜⑤という関係にあるとは限らない。たとえば，第4節で取り上げる「労働」という特殊な商品がそれである。したがって，モノづくりの論理をそのまま援用できないサービス（医療，教育など）もそれに通じる。

リカバリー・パラドクスに関する先行研究のうち，⑤以降にまで踏み込んでいるものは見当たらない。③から④への修正過程とその効果（リピーターや口コミによる購買行動の変化など）を分析しているものが多い（e.g., Goodwin and Ross, 1992；Tax, Brown, and Chandrashekaran, 1998；Smith, Bolton, and Wanger, 1999；Patterson, Cowley, and Prasongsukarn, 2006）。

第3はいわゆる「サービスの失敗」である。そもそも，あるサービスが十分な顧客満足度に届いているかどうかを，いつ，どのようにして判定すればよいか。失敗の識別が問題となる。たとえば，目安箱や苦情窓口へのフィードバックがあれば明瞭であるが，現実には，静かに客足が遠のいていくだけである（Tax and Brown, 1998）。しかも，たいていの顧客は懲りているため，追加的なサービスが提供される機会も限られる。リカバリーの機会を得ること自体がそもそも難しいのである。

この点，大学において学期末に実施される「授業評価」は皮肉である。なぜなら，担当教員に対して失敗を突きつけたとしても，その科目を無事通過し（てしまっ）た学生は二度とその科目を履修登録することはないからである。本来の意味でリカバリーすることは永遠にできない。後輩のための授業改善と言えば聞こえはいいが，かりに改善の努力が払われたとしても，改善前の受講者がその改善後の姿を見届けることはないのである。

これに対して，たとえば，民間の英会話学校（e.g., 名古屋YWCA）では開講後3-4回の後に「授業評価」が実施される。その結果に基づいて，未消化である「大半の」レッスンの軌道修正を早期に担当講師に促すのである。もっとも，競争の効果により，もともと軌道修正の必要のない講師が大多数ではあるけれども。このようにリカバリーの効果を，顧客たる学生の目の前で，かつリアル・タイムで生かすことが，本来あるべき授業評価であろう。

ただし，商品としての専門的な内容面に関する評価を非専門家である学生が

下すことは期待できない。せいぜいのところ，進め方や話し方など，コミュニケーションや形式の面に限られる。また，第2節でみたように，教育や医療などのサービスは，その提供時とその効果が認識される時期が異なることがある。この点も無視することはできない。

　第4はこういうことである。すなわち，当初サービスで③が基準値を満たした顧客Cと，当初サービスで③の基準値を満たさず，かつ④による更新を経た顧客Fを比べると，Fのリピート率が高い傾向がある。これを前提とすると，①が絶対的に小さくなるように当初サービスで「手を抜く」ことが勧められることになる。これがリカバリー・パラドクスのパラドクスたる所以である。

　なるほど，経営戦略論の世界では「天の邪鬼」の存在意義が認められている（e.g., Schwenk, 1988）。ただし，「策士，策に溺れる」という面もある。すなわち，天の邪鬼を意図的・計画的に組み込むと，かえってその意義を消失させてしまう危険を招く。なぜなら，意図せざる結果を事前に取り込むことには認知上の限界による本質的な限界があるからである（Simon, 1997；林, 2000）。

　大学における講義のように，一定期間継続するサービスであれば，天の邪鬼の組み込みを活かすことは十分に可能である。けれども，もともとリピートが見込まれにくい一過性のサービスにおいては危険である。そうするのではなくて，うっかり失敗したことに気づいた後に，真摯にかつ即座にリカバリーを実施する。これが本来の追加的なサービスのあり方である。

4　HRMとインターナル・マーケティング

　第2節で簡単にみたように，鈴木・松岡（2014）では，従業員満足度を測定する際，職場外における生活面やワーク・ライフ・バランスからの影響が軽視または無視されている。これは，組織論の先行研究レビューにおいて職務満足と従業員満足を同一視するものが多かったことに基づいている。たしかに鈴木・松岡（2014）は，管理会計プロパーである。定量化のためとはいえ，その測定と意味が日常感覚とずれていると感じられるなら，その変数の定義は問い直されるべきである。

　たとえば，どんなに職場で仕事がよくできても，家庭生活が著しい不和に陥

っていれば，たとえ「職務満足度が高い」と言えても「従業員満足度が高い」とは言いにくいはずである。逆に，職場での仕事で成果がしばらく振るわないとしても，家庭生活がすこぶる円満であれば，たしかに「職務満足度が高い」とは言えないにせよ「従業員満足度が低い」とも言いにくい。

　このように職場と家庭で心理的に微妙なアンバランスがあるときに，仕事への熱中，やりがいや充実感，目標達成への努力，仕事の質の向上，といったことを尋ねられても，回答に躊躇するのが現実である。たとえ時間の面でワーク・ライフ・バランスが確保されたとしても，そういった心理的な問題も解消されるとは限らない。物理的なバランスと心理的なバランスの間にいわば付従性があるわけではないのである。加齢とともに，人生の四季のなかで，人は生活のどこかで多かれ少なかれトラブルを抱えるものである（e.g., Levinson, 1978）。

　実際，こうした職場と家庭の相互における心理的な影響を実証している文献はある。古典では，テイラーもファヨールも，上司が部下を管理・指導する際に，部下ひとりひとりの健康面や家庭環境面に配慮するように，厳しく注意を促している（Taylor, 1911；Fayol, 1916）。そのような気遣いをしないまま，一元的で杓子定規に管理の原則を適用すれば，どのようなことになるか。常識的な日常感覚さえあれば誰にでも予想がつくことである。

　労働力という特殊な商品に関して，HRM（人的資源管理）とインターナル・マーケティング，2つのアプローチがある。これらは何が同じで何が異なるのか。前者は後者を概ねカバーしていると評価している研究（e.g., Rafiq and Ahmed, 1993）もある。しかし，木村（2007），野村（2013），高橋（2014）によれば，以下のようにまとめられる。

　すなわち，いずれも従業員と企業とのインターフェイスを扱っている点では共通している。けれども，HRMが企業の経済的成果（財務業績）すなわち収益に対応する人件費（コスト）の側面を強調しているのに対して，インターナル・マーケティングは従業員の満足感（ES）を強調しているように思われる。言い換えると，HRMは従業員の低次欲求を重視，インターナル・マーケティングは従業員の高次欲求への配慮を重視することとなる。

　山本（2007）は次のように述べている。

　「従業員満足は，顧客満足と同様，サービス企業の経営にとって重要な指標です。従業員満足は，給与や昇進，待遇，他の従業員との関係，顧客との関係，職務への満足，達成感などのさまざまな要因によって左右されますが，とりわけサービス提供者の場合は，顧客との関係や達成感など，給与以外の要因の影響が大きいことがわかっています。単純に，給与が上がれば満足が高まる，というわけではないのです。」　（山本，2007，p. 170，傍点は引用者）

　引用における傍点部分はこれを，低次欲求（充足感）が高次欲求（満足感）を担保するわけではない（Johnston, 1995），と言い換えることができる。こうした両者の関係について近藤（2010）が次のように説明している。

　「満足感とは主観的な評価の結果であり，その意味で，飢えや渇きをいやすといった生理的充足感とは区別される。充足感が満足感の原因となることも多いが，それは充足過程へ意識的または無意識的に主観的な評価が加わったときである（今日の夕食は美味しかった）。」　　　（近藤，2010，p. 281）

　要するに，テイラーやファヨールといった古典的な実務家は，共通してインターナル・マーケティングの立場に立っていると言うことができる。これに対してHRMの考え方は，現場を知らない，知らなくてもよい，または意図的に無視しているような，エコノミスト，金融論者，財務担当者，アナリスト，無機能資本家らに固有の発想であると言える。

　当然のことながら，両者に学術上の優劣があるわけではない。社会科学に固有な，視点と哲学・思想において違いがあるにすぎない。しかし，実務ではそうはいかない。それぞれの立場によって，いずれかを重視しなければならない。白黒をつけなければならないのである。

　管理者の仕事の本質とは，そのような，垂直的または水平的に互いに対立する価値を統合または止揚することにほかならない（Barnard, 1968）。その際の1つの導きの糸となるのが，未来傾斜原理（高橋，1996）や時間的展望（都筑・白井，2007）であろう。

　たとえば，人件費を削減しなければならない事態に直面したとき，トップによるその理由の説明如何によって従業員の態度は大きく左右される。その人件

費カットが，一時的なのか恒常的なのか。組織化の理論（Weick, 1987）は「戦略の代替物（substitute for corporate strategy）」という形でこれに具体的な答えを与えている。未来傾斜原理も時間的展望も本質的にはそれと同じである。実際，机上で理屈がわかっていても，それを現場で実践できなければ知らないのと同じである。そういうわけで，管理能力の育成には現場での訓練を要する（宮下，2013）のである。

「戦略の代替物」の論理は，第4節でみたリカバリー・パラドクスの論理と共通している。それはこういうことである。実際の起業者や経営者は，全体像（経営環境・外界）がよく見えないまま，わからないまま，何かを信じて突き進む。その結果，小さな失敗に傷つくことはあっても不思議と致命傷には至ることはない。なぜか幸運が支えてくれるかのごとくである。そのような魅力的な協働に対して従業員は積極的に関与し，それを通じてプライスレスな満足を得る。

しかし，理詰めの意思決定を前提とすれば，リスクが壁となって手が打てず先に進めなくなる。経験から学ぶ機会を失う。成長も発展も生まれない。そんな夢も未来もない職場からは従業員が去っていく。そのような職場があるとすれば，そこにあるのは，仕事の出来不出来とは関係なく一定の報酬を約束された，きわめて薄情な関係だけである。

顧客は期待通りのサービスが受けられなかったとき，当初は失望する。しかし，その後の提供側の真摯な対応次第で，その失望の絶対値を凌ぐ満足度（X）を得ることがある。

これに対して，当初，期待通りのあるいはそれ以上のサービスを受ければ，十分に充足されかつ満足する（Y）。リカバリー・パラドクスの定義によれば，YはXを超えることはない。一見，欲求には際限がないことから，Yは次のY′（＝Y＋dY）に転化しそれを繰り返すため，Xを追い越すかのように思われる。しかし，そうはならない。それがパラドクスのパラドクスたる所以である。このような経験則を理論的に説明することは，管理幅がそうであるように，容易ではない。

その理由について，1つの回答を試みておこう。Yは低次欲求と高次欲求の合成物である。これに対してXは明らかに高次欲求に基づいている。「満足から生じる病理」（gratification-produced pathology: Maslow, 1970, pp. 71-72, 邦訳，

pp. 109-111）によれば，Yの値が上昇するとき，低次欲求の「充足」が優先し，高次欲求の「満足」は劣後する。そればかりではない。前者が十分に満たされることにより，後者はそれが忘れ去られるほど浸食されていく。いわば，物質的な豊かさが精神的な堕落を招く，という現象である。

　これに対して，Xは高次欲求を出発点としているため，低次欲求がたとえ一時的に充足されないとしても，Xの値が大きく下がることはない。むしろ，それをバネとして奮起する場合がそうであるように，Xの値は上がることさえある。たとえ充足の見込みがなくなったとしても，崇高なる人間的関係は浸食されることなく維持され続ける。たとえば，あの「半兵衛麩」の事例（渡辺，2013）はその典型である。

　低次欲求が充たされず欠乏状態に陥ったとき，それでもなおXの値が維持・上昇したと評価できる例を4つ紹介しておこう。武（2001, pp. 56-63）によれば，

①　52歳のA氏は，勤務先の倒産によって家計が逼迫した結果，家族会議を開く機会をもたざるをえなくなった。そこで夫婦や父娘の間で，互いが本音で語り合う「家族の時間」ができた。

②　47歳のC氏は，勤務先の業績が芳しくないときに，内緒で消費者金融から借金1,000万円を抱えていた妻と離婚した。にもかかわらず，腐らずに物欲を断ち，前向きに働き続けていたところ，やがて再婚相手となるべき幼馴染みと偶然に出会うことができた。

③　48歳のD氏は，働き蜂のように勤勉であったところ，くも膜下出血に見舞われ，リハビリの日々に将来を展望できなくなっていた。険悪な家族の空気を切り裂くように，長男が怒りの言葉を吐いたことで，父子の信頼関係が再構築された。

④　44歳のE氏は，勤務先の倒産で落ち込んでいたところ，趣味を仕事にしている社長と出会い，家族からの思いがけない賛同を得てその人と同じ生き方をすることを決断した。年収や福利厚生面は大幅に落ちたが，休みなしで働いて生きることに充実感を覚えている。

　いずれの事例も，リカバリー・パラドクスをあてはめてみると，整合的に説明できる。HRMは人件費を構成する要素たる「労働」として従業員を見る。これに対して，インターナル・マーケティングではそれを人生の一部分として捉える[7]。

5　結　　語

　本章では，第1に，サービスの評価，質，および経営成果に関する先行研究
として鈴木・松岡（2014）を批判的にレビューした。第2に，リカバリー・パ
ラドクスを取り上げて，それが持つ理論的な意味を検討した。第3に，HRM
（人的資源管理）とインターナル・マーケティングを比較し，従業員教育とキ
ャリア開発の見地から，それらの共通点と相違点を明らかにした。

　最後に，「ものづくり」経営学の限界を明確にしたうえで，「おもてなし」経
営における扇の要，すなわち戦略的要因を示す。

　ものづくりの論理をサービス全般に例外なく適用しようとするいき方は，い
わば暴論である。そのように断じる理由は，端的に言えばこうである。すなわ
ち，ラブロックとウィルツが整理した図9-1「サービスの4つのカテゴリー」
のなかで，右下のセルに分類されるサービス群には，知覚品質，事後における
当初サービスに対する再評価（異時性），リカバリー・パラドクス，といった
特性があること，ここにある。これに対して，他の3つのセルに分類されるサ
ービス群なら，効率性の改善に関して，ものづくりの論理を適用することは可
能である。

　したがって，「おもてなし」経営の要は，図9-1の右下のセルに分類される
サービス群における，知覚品質，事後における当初サービスに対する再評価
（異時性），リカバリー・パラドクス，これらのメカニズム（以下，これらをま
とめて「おもてなし」経営の論理）を十分に汲んで配慮すること，これである。

　われわれは，広義の組織均衡論を二要因理論の面から脱構築する可能性につ
いてすでに議論している（林，2015）。ただし，「おもてなし」経営の論理との
接合は未着手である。

　新結合のための政策についても「おもてなし」経営の論理が通じるように思
われる。なぜなら，「愚かさ」（March, 1976）と「意図せざる結果」（黒石，
1991）の両方ともその特質にパラドクスがあるからに他ならない。したがって，
定常状態を担うにせよ新結合による経営革新を推進するにせよ，経営者チーム
は，安定性・柔軟性の同時表出とパラドクスの受容，それらの両方が求められ
る。それゆえに，実際，「おもてなし」経営の実践は，理論的には組織化

（organizing）と統制（organized）の同時履行，すなわち具体的には，即興（improvisation）の不断の繰り返しとして展開される。これらの理論的・体系的な整理・統合は今後の課題である。

〔注〕━━━━━━━━━━━━━━━━━━━━━━●

1　ただし，ものづくりの論理の拡人解釈に対する批判には，本章とは異なる歴史・社会的な見地からのアプローチもある（e.g., 十名, 2012）。

2　たとえば，バーナード（Barnard, 1968）およびマーチ＝サイモン（March and Simon, 1993）による組織均衡論，ハーツバーグ（Hertzberg, 1966）による動機づけ＝衛生（二要因）理論，シュンペーター（Schumpeter, 1912）による経済発展の理論（新結合），ペンローズ（Penrose, 2009）による企業成長の理論（経営者チームによるサービス），ワイク（Weick, 1979）による組織化の理論，その他である。

3　たとえば，若林（2014）がサービス研究の新展開について紹介している。

4　たとえば，田中（2009）は「生活の満足感」と職務満足の関係を調査している。生活の満足感を，賃金，福利厚生，休日・休暇，仕事と生活のバランス，これらの変数から捉えている。ホポック（Hoppock, 1935）が家庭の満足やコミュニティの満足にまで職務満足の射程を拡げているのに対して，田中のそれは狭く定義されている。その結果，生活の満足感が職務満足に与える影響は正，との分析結果が導かれている。ただし，生活の満足感を捉える変数の整理・検討は今後の課題である，としている。

5　山内（2015）によれば，サービスの根本的な特徴は「価値共創」である。その根拠は当事者間の間主観性に求められる。したがって，サービスの理論においては，価値を最初から間主観的な概念として捉えられるか，または，間主観性として定立される過程を明らかにすることが求められる（p. 81）。

6　近藤（2010）によれば，「サービス活動の過程における担当者の役割は，大きく2つに区分できる。1つは接客態度といわれる側面であり，もう1つはサービスの内容にかかわる部分である。（中略）接客態度をサービス活動の内容とは別の独立した変数としてとらえる理由は，態度変数はサービス活動の技術的な原理とは別個の，もっと一般的な人間関係における論理に支配されているからだ。」（p. 88）

7　理論的には，この差はマグレガー（McGregor, 1960）によるX理論とY理論の差と同じではない。なぜなら，インターナル・マーケティングの視点には，労働を資本が囲い込んで搾取するという思想を認めることができず，したがって，労資対立もそこにはない。それに対して，Y理論は結局のところ，人間操縦的な面を払拭することができないからである。

第10章

経営リテラシー：
義務教育における複式簿記を中心に

1　問題の所在

　「個人の白色申告の方で事業や不動産貸付等を行う全ての方は，平成26年
1月から記帳と帳簿書類の保存が必要です。」

（国税庁ホームページ，所得税法148条，232条，所得税法施行規則102条）

　2017年5月現在，この規定の違反に対する具体的な罰則はまだないものの，
注目すべき規定である。というのは，わが国の義務教育（小学校と中学校）に
おいて単式簿記も複式簿記も，現行の学習指導要領には存在しない。にもかか
わらず，法はすべての事業主に対して記帳・帳簿保管を義務づけているからで
ある。ただし，希望者に対して無料の記帳指導を税務署が行うことで一応その
バランスはとられている（国税庁「確定申告に関する手引き等」）。

　複式簿記は，歴史を遡ってみると，かつて義務教育レベルの学習指導要領の
なかに存在していた。ところが，1958（昭和33）年以降，職業科は，それまで
の必修科目から選択科目（職業・家庭科へ名称変更）とされ，当時の高等学校
への進学率の上昇とともに，選択科目の相手である外国語（ほとんどが英語）
に押されるかたちでやがてその姿を消した。

　企業経営に限らず家計ないし日常生活においても複式簿記が有用であること
は，あらためて指摘するまでもない。そのような性質の知識・技能は一般にリ
テラシーと称される。近年，それぞれの専門家によって，金融・経済リテラシ
ー（以下，金融リテラシーという），会計リテラシー，経営リテラシーの普及
が叫ばれている。こうした一連の動きは，義務教育段階においてそれらの訓練

が不十分かまたはゼロであることの裏返しでもある。一向にゼロにならない特殊詐欺や自己破産の統計によってもそれは裏付けられる。なぜそうなのか。

　おそらくこういうことであろう。『文部科学白書』によれば，自立（心）の育成は家庭ないし地域での教育に委ねられ，学校教育の埒外とされている。ちょうど，地価，都道府県別最低賃金，あるいは生活保護給付における級地指定がそうであるように，家庭や地域は一様ではなく個性的である。他方で，仔細にみると，それらは相互に連携されておらず，リテラシーごとにその意義が主張されるにとどまっている。よって，全体として体系的なものとなっていない。

　こうした問題意識から，この章では，第1に，3つのリテラシーの提言を概観し，だれにとってのリテラシーかという視点から，それらを相互に比較する。第2に，複式簿記の重要性に鑑みて，なぜ職業科（商業）が義務教育課程から消滅したのかという問いに対して，文献・資料に基づいて1つの回答を与える。第3に，先行研究に拠りながら，3つのリテラシーに関する諸外国の状況を展望し，今後の研究課題を明らかにする。

2　3つのリテラシー：金融・会計・経営

(1)　金融リテラシー

　OECDの定義によれば，「金融リテラシーは，金融にかかわる概念やリスク，スキル，動機付け，信用についての知識・理解であって，それらの知識・理解を金融という文脈の中で効果的に意思決定するために活用し，個人や社会の金融的な福利を改善させ，経済生活への参加を可能にすることである。」（栗原，2014，p. 66）。

　水野・鵜飼（2013, p. 127）によれば，これに関して，アメリカ，イギリス，ドイツ，韓国，フィンランドでは，個々にその必要性が見出され，それぞれに発展している。とくに，アメリカ，イギリス，フィンランドの共通点として以下の5つがある。

①　政府がしっかりと主導して民間の協力もあること。
②　学校教育において積極的に取り組まれていること。
③　体系的なカリキュラムが整備されていること。

④　実際の体験を重視していること。

⑤　教えられる人材がいて，その育成が行われていること。

　これに対してわが国にあっては，金融経済教育を推進する研究会（2015, p. 3）が現場におけるその実態と課題を指摘している。また，2013年に全国の中学校と高等学校の社会科・公民科及び家庭等の科目の担当教員を対象として実施されたアンケート調査から，以下の事実が明らかとなっている。

①　授業時間の大幅な不足

　ほとんどの教員が金融経済教育の必要性を認識しているにもかかわらず，現実には授業時間の不足のために十分な金融経済教育が行われていない。

②　担当する教職員の多くが感じている知識不足

　金融経済教育の実施にあたっては，それを指導する教員の知識・資質が必要となるが，担当する約半数の教員が専門知識の不足を感じている。

③　実生活との繋がりを感じにくい学習内容

　半数以上の教員が，金融経済教育は用語・制度の解説といった基礎的な知識・技能の習得にとどまっており実社会や実生活での活用という視点が不足していると感じている。

　同様の指摘は，日本学術会議（2008, p. iii）や水野・鵜飼（2014）にもみられる。なぜそうなのか。その事情と具体的な対策について淺野（2016）が次のように説明している。

　「社会科・公民科の教員の中で，高等教育レベルで経済学を専攻した者はきわめて少ないことが一般に知られている。（中略）社会科・公民科の教員には大学（大学院）で歴史や地理を専攻した者が多いということも，よく言われている事実である。（中略）『経済についての基本的な見方や考え方』を中心にした経済教育を充実させるための現実的な方策の1つは，現在いる社会科・公民科教員に対して研修を実施し，経済学の基本的な概念と理論に関する理解を促す学習機会を提供することであろう。もう1つの方策は，学校の外部から，経済学の基本的なエッセンスを取り上げて教えることのできる専門家を招いて，生徒に対する指導への協力をしてもらうことである。」

（淺野, 2006, pp. 8-9）

　これら2つの方策については，日本学術会議（2008, pp. 3, 6-7）でも同様の指摘がなされている。以下では専門家によるわが国における金融リテラシー普及のための具体的な提言を取り上げて，吟味することにしよう。

　山根（2006, p. 123）によれば，アメリカとイギリスの学校における金融教育の内容は幅広く，人生におけるお金との関わりのすべてにわたっている。たとえば，職業とその所得，その職業に就くための教育，寄付，などである。これに対してわが国における金融教育は，主として個人の金融資産をどのように選択するかである。こうした事実をふまえ，山根（2006, pp. 128-156）第5章第2節「金融教育において必要な基本的経済概念」および第3節「公的年金，保険と蓄財のための金融商品」では，たとえば，費用と便益，税，リスク，株式，投資信託など，家計・消費者向けの金融リテラシーに関する用語・概念が取り上げられ，逐一説明されている。同じようにして，金融リテラシーを義務教育段階において身につけることの意義がさまざまな専門家によって説かれている（e.g., 長谷川，1999；西村，2016；大江・杉山，1999；柳澤・森田・平山，2008）。

　しかしながら，それらには経営（会計）リテラシーの中心概念である「複式簿記」が含まれていない。また，そこに生産者や企業経営者の観点はなく，消費者ないし経済政策立案者の立場が貫かれている。したがって，家計・消費者から起業者への転換はそもそも期待されていないように思われる。例外的に西村（2016）では，ストックとフロー，減価償却，それにバランスシートという用語と具体例が紹介されている。とはいえ，複式簿記の前提知識なしにそれらを理解することは不可能と思われる。

　そればかりではない。金融経済教育推進会議（2016）による「金融リテラシー・マップ」をみると，たとえば，住宅・教育ローンの計画的返済の推奨やリバースモーゲージなど，消費・勤労・年金生活の防衛的な内容が厚い。これに対して，相続や贈与，事故や疾病といった個人資産を取り巻く環境の変化への対応，あるいは負債を含む個人資産の不動産による運用や独立開業に関する記述は薄い。たとえば，対人損害賠償のための保険が中心であり，自損への備えや根本的な対策についてはほとんど記述がない。また，金融商品や租税の内容がとても厚く，個人資産のバランスシート作成や模擬企業体験の推奨はあるものの，その基礎となる複式簿記の原理，財務諸表の作り方，読み方の記述はまったくない。単式簿記（小遣い帳）の説明にとどまっている。

　他方で，米国において，こうした金融リテラシー・マップに対応すると思われるものの1つがThe Jump$tart Coalition for Personal Financial Literacy (2015) による*National Standards in K-12 Personal Finance Education*（4th edition）である。両者を比べて，わが国のマップに見あたらないかまたは記述が薄い点を例示列挙すれば，以下の通りである。

　すなわち，第12学年（高校3年）までに知っておくべき知識として，相続と投資の概念が明記されている。

　たとえば，信用と負債（*credit and debt*）の項目において，貸し手から担保を要求されうる（p. 14, column h），手元の資産と信用によって企業は日常取引と事業拡張ができる（p. 14, column j），事業主は負債をどのように活用しているかを説明できること（p. 15, column j），など。

　また，財務上の意思決定（*financial decision making*）の項目において，個人金融資産の包括的な運用計画，すなわち，目標，予算，キャッシュ・フロー，投資，保険，財産目録，遺書，不動産，といった要素の理解（p. 34, column h），失業，疾病，まとまった高価な受贈，遺産相続，といった環境変化に応じて，特定の財務目標に対するバックアップ計画の立案（p. 38, column c），クルマやバイクといった大きな買い物をするときの値段交渉の実践（p. 39, column c），就労条件や賃金に関する交渉の実践（p. 39, column d），一般的な賃貸アパートの賃貸借契約条件をめぐる賃借人と賃貸人の権利と義務の説明（p. 40, column e），遺言の書式（p. 42, column f），遺言がない相続に関する遺産の行方（p. 40, column f），などである。

　要するに，米国における金融リテラシー教育では，山根（2006）が言うように，中学から高校の段階において消費者から投資家へ思考の円滑な転換が促されているのである。

(2)　経営リテラシーの位置と意義

　経営リテラシーとは何か。ここでは「経営に関する基本的な知識（技能を除く）」としておこう（e.g., 日本学術会議「経営リテラシーの定着に向けて」）。

　ただし，金融リテラシーのように，座学や読書（off-JT）によって学べる標準的なテキストが必ずしもあるわけではない。実務の現場から，抽出され，純化されたものが，管理原則などから成る経営リテラシーである。そこには，た

とえば失敗を恐れぬ野心はそもそも存在しておらず，協働相手たる人々との絆から生まれる感情もなく，再起に向けて奮闘する情熱を感じとることもできない。いわば抜け殻である。他方で，経営に関する技能は，自らの豊富な経験の蓄積によってのみ体得できる。

　　「経営に関する基本的知識は単に企業を経営するために必要であるのみならず，日常生活のあらゆる側面に利用可能であり，その活用により快適な生活が可能になる。」　　　　　　　　　　　　　（日本学術会議，2008, p. ii）

　日本学術会議（2008）では，経営リテラシー，金融リテラシー，会計リテラシーの相互関係が，以下のように「三つ巴」として説明されている。

　　「企業経営の基礎知識の理解なくして，経済の理解ができないと言える。また，同様に経済の基礎知識の理解なくして経営の理解ができないと言える。さらに，経済活動を数量的に写像する会計の基礎知識の理解なくしては，経営，経済の理解が出来ないとも言える。」　　　　（日本学術会議，2008, p. 6）

　これによれば，３つのリテラシーの学習の出発点がどこかがわからない。これに対して，経営に関する技能は例外である。というのは，経営リテラシーを事前に備えることなく事業を始めたとしても，実践のなかでそれを体得できるからに他ならない。今日の巨大企業の創業者の多くのキャリアはこのタイプに属する。ビジネス・スクールのカリキュラム，経営リテラシーは，独立・開業のための十分条件ではないのである。

　逆に，３つのリテラシーを机上で十分に身につけたからといって，事業主として企業を円滑に運営できる保証はない。ある程度の規模までは，事業の運営には基礎的な専門知識が不十分なままでも問題ないのである。

　なぜなら，周囲の経験豊富な利害関係者や専門家がそれを補ってくれるからに他ならない。冒頭に紹介したように，たとえ帳簿のつけ方ひとつ知らなくても，少なくとも制度上，税務署が無料で指導してくれる。それに，有望で魅力的な事業であれば，取引を熱望する銀行が歩み寄ってきて積極的に教えてくれる。

　事実，山本（2003, pp. 47, 69, 76, 114）によれば，失敗を恐れることなく，挑戦し，周囲の人たちから教わりながら，失敗を重ね，そこから多くを学び，過ちを繰り返さないようにして成長していく。そういった一連の過程を楽しむことこそが起業者の起業者たる所以である。ここで，起業者を経営者と読み替えても差し支えない。

　ただし，経営リテラシーについて，山本（2003, pp. 187, 198-199）は，他者への過度な依存を戒めている。なかでも，（Ⅰ）数字を読んでその数字が描き出すものを見通せること，（Ⅱ）法律（契約）文書を読むことができそこに書かれていないことをも読むことができること，これらを経営者の絶対条件としている。

　こうしてみると，経営リテラシーとそれに関する技能は，自立（心）ときわめて親和的である。これについては最後に議論することとする。

3　会計リテラシーをめぐって

(1)　会計研究者による提言

　会計リテラシーは，経営の技能と同様に，実務を通じてこれを体得することも可能である。実務から離れたままで，独学や学校で学習・研究することも不可能ではない。しかし，それは，雪を見たことがない者がスキーやスノーボードを学ぼうとするのと似ている。実務を知らない者にそれを身につけさせようとすると，深刻な弊害が生じる。

　たとえば，柴（2007）による会計教育に関するアンケート調査「学習方法に対する悩みや学生・教員自身に対する不満の対比」によれば，学習における学生の実感の乏しさが際立っている。「普段の生活と関係がない」「実際にどのように使われているかイメージできない」「全くなじみのない分野である」「なるほどと思える実感がない」「感覚的にわかりにくい点が多い」，といった回答がそれである（柴, 2007, p. 89）。

　こうした現実を認めながらも，大学の学部教育において「利害調整や法学的センスを身につける訓練が必要」になる，と柴（2007, p. 83）は述べている。この提言は，山本（2003）の内容と重なり説得的である。ただし，そのために

具体的に何をどうすればよいかは明らかにされていない。

　これと同様の提言をしているのが島本（2015）である。1947年『中学校学習指導要領職業科商業編（試案）』における簿記の教育目標を参考に，中学生の教養として４つの簿記教育目標を提案している。

「①　個人の家計，会社・自治体・各種団体の会計，国の財政等において，簿記が必要であることを理解する。

②　簿記の仕組みを理解し，その技能を体得して，記帳・計算・整理の処理にあたって，それを合理的・能率的に処理する能力を養う。

③　あらゆるビジネスの経営や家計にあたって，過去の成績を批判・検討してそれを改善し，将来の方針をたてる能力を養う。

④　ものごとを処理するにあたって，責任感・誠実性・自己管理できる資質や態度等を養う。」　　　　　　　　　（島本, 2015, p. 153, 傍点は引用者）

　これらのうち③「将来の方針をたてる能力」と④「資質や態度」が重要である。これらは自立（心）とほぼ同義である。ただし，柴と同様にこれらの具体的な方法については明記されていない。

　いずれにせよ，中学生が身につけるべき「教養」として，家庭や地域ではなく，これら①から④までを義務教育段階の学校で教えようとするものである。文部科学省では自立（心）についてはこれを家庭ないし地域の課題としているにもかかわらず，である。

　義務教育段階後に関しては，会計リテラシー教育を推進するために平松（2007, p. 70）が次の４点を提言している。

①　普通高校において，会計リテラシー教育を実施するための活動を推進する。

②　大学において，会計教育のさらなる充実，および検定試験の活用を推進する。

③　学会において，理論研究と並ぶ柱として会計教育に関する研究を推進する。

④　日本学術会議において，会計リテラシー教育を実現するための政策提言に向けて活動を推進する。

　これらすべてが実施されたとしても，中高生や学部学生が実務の現場を知らない以上，教育現場における深刻な問題が解消するわけではない。同趣旨の提言をしているのが上野（2012）であり，簿記・会計の学習（ないし教育）を全国民的な運動とするべきであるとしている。

　以下では，わが国の義務教育でかつて簿記が必修科目とされた背景，その後，選択科目となり，やがて義務教育から消滅していった歴史的経緯をみることにする。なぜなら，かりに将来，会計リテラシーが初等ないし中等の教育カリキュラムに導入されたとしても，かつてと同じ理由でやがて淘汰されてしまう懸念が残るからである。過去において，簿記が義務教育から淘汰された理由を明らかにする意義はそこにある。

(2)　職業科（商業）の歴史

　義務教育における簿記について，まず，学制期（明治から戦前期），次に戦後の職業科の歴史的経緯をみる。

　森川（1999, p. 13）によれば，学制期において「記簿法」は当初は独立した教科としてではなく「数学」・「算数」，または「作文」の中で扱われた。「記簿法」の教科内容は江戸期の帳合法とは性格の異なる近代西洋簿記の体系に即したものであった。上等小学では「単記」（＝単式簿記）を中心とする簡易・明瞭な作表や計算の学力が庶民子弟にとって必要な内容とされた。他方，「複記」（＝複式簿記）は上等小学より高いレベル（下等・上等中学）の科目とされた。

　上野（2012, pp. 122, 148）によれば，明治期には簿記に関する書物が多く出版され，簿記教育の必要性が教育法令などにおいて初等教育をはじめとして認められ，現代とは異なり国をあげて簿記教育が盛んに行われていた。第二次大戦後，1947（昭和22）年施行の学校教育法に基づく中等学校（新制中学）では，学校教育法施行規則によってその必修科目および選択科目に「職業科」が設けられた。そのなかに「商業」の科目が設置され，この商業科目の科目領域の1つとして簿記が講じられた。

　職業科設置の理念は文部省（1947）に明記されている。抜粋してみることにしよう。

　「中学校の職業科は，まず生徒の勤労の態度を堅実にすることを第一のた

てまえとし，さらに職業生活の意義と貴さとを理解させ，将来の職業を定め
ることについて，じぶんで考えることのできるような能力を養うことを主眼
とし，そうして，ある特殊な仕事に特に興味をもったものや，将来の職業の
ある程度定まっている者に対しては，この上に，やや専門的な知識や技術を
学ばせるようにすべきであうう（ママ）。必修教科としての職業科は，この
前の趣旨により，選択教科としての職業科は，おおむねこの後の趣旨によっ
て設けられたのである。」　　　　　（文部省，1947,「まえがき」，傍点は引用者）

　以上から，職業科は，必修科目としては教養ないし勤労態度を目的として，
選択科目としては専門知識・技術として，それぞれ峻別されたうえで設置され
た。次に，商業総論の設置主旨をみてみよう。

　「かれらが将来，商業や事務的職業以外の他の職業，たとえば，農業・水
産業または工業，その他いろいろの職業を選択して，かれらの生計をたてて
いく場合にも，かれらの収入や支出の場面において，どうすれば収入を増し，
また，どうすれば支出を合理的にすることができるかということについて，
大きな関心をいだくようになるものであって，収入と支出との合理的な調和
は，かれらの生活を安定させ，文化の恵沢によくせしめる根源である。この
ことは，ひいては，わが日本が将来，平和的文化国家としてたちなおるため
の基礎条件として，重要な意味をもつものである。」
　　　　　（文部省，1947, 1. 商業総論第一章「はじめのことば」，傍点は引用者）

　「商業教育の目標の達成に努力するに当たって，注意しなければならない
ことは，学習の主体は生徒自身であって，その出発点となるものは生徒の現
実の生活であるということである。このような意味から，われわれは生徒の
現実の生活を知りまたその動き方や伸び方を知って，そこから学習指導の出
発点の発見や，その内容その方法をくふうしなくてはならない。」
　　　　　（文部省，1947, 1. 商業総論第三章「商業の学習と生徒の発達」，傍点は引用者）

　これらの引用からわかるように，職業科（商業）の設置は，職業・職種を問
わず国民の経済的自立（心）を涵養することをその主たる目的としていた。し

かも，商業教育においては，演繹的な手法ではなく，現実の生活を出発点として教授方法を工夫するようにと命じている。そればかりではない。国民生活全般に対して，中学校における簿記が演じる重要な役割についても明記されている。

　　「一般に，日本人は事務処理の能率が低く，いうこと，行うことにあいまいなところがあり，その活動に計画性・科学性を欠いているといわれている。これらのことは日常の行動，家計，会社や役所の事務処理などにおいても，しばしば経験するところである。簿記の学習によって，幾分でもこれらのよくない習慣や態度を改めて，科学的な計画にもとづいて合理的・能率的に活動するならば，われわれは日常の家庭生活・社交・企業経営や，官庁における事務処理の実際に当たって，益するところが少なくないであろう。中学校における簿記はこの意味において，ただに事業の経営や事務処理に当たろうとする者にだけでなく，他の職業につく者にも必要であって，必ずや将来かれらの生活活動や事業活動に役立つときがあるであろう。」

　　　　　　　　　　　　（文部省，1947，2．簿記総論第一章「はじめのことば」）

　ところが，職業科（商業）は，その後，次のような経過を辿り，現在に至るまで義務教育からその姿を消したままである。すなわち，商業（および簿記）は，新制中学校の必修科目としては1947年から1957年まで，選択科目としては1977年まで，存在していた。なかんずく「経営」は1947年から1969年まで存在していた。他方で「簿記」は，1947年から1957年までは税務会計に立ち入っていなかったものの，1957年からは「記帳・財務諸表・税務」が網羅された。1969年以降は，全体的に縮小され，それらの基本的なものに重点が置かれ，複雑なものは避けられるようになった。

　それにしてもなぜ，1977年以降，義務教育のカリキュラムから職業科ないし職業・家庭科は消えたのであろうか。その答えを関連する文献に求めることにしよう。

　第1に，やや長い引用であるが，産業教育研究連盟編・清原道壽（1956，まえがき，pp. 21-22）においてその事情が赤裸々に記述されている。

　「わが国の普通教育において職業科は，職業準備教育あるいは作業科的教育と理解され，他の教科と同列にはみられず，片すみの日かげにおかれていた。すなわち，職業科担当教師は，戦前の高等小学校や青年学校の実業科，家事科・裁縫科の教師から横すべりした者が多かったため，職業科は，実業科，職業指導，あるいは家事科・裁縫科と同じものと理解されがちであった。しかも趣旨徹底の講習会では文部省の専門事務官がそれぞれセクト的に自己の立場を強調したため，この傾向にますます拍車かかった。こうして，職業科が中学校で必修とされた主旨は理解されなかった。職業科は職業準備教育または職業指導のための教科であり，家庭科は女子のための主婦準備教育の科目である，といった考え方が一般的であった。

　他方で，進学希望者の多い中学校では，職業科の実践をほとんど無視され，就職希望者の比較的多い学校でも他教科に比べて職業科は片すみにおかれて重視されなかった。また，施設・設備も全くととのわないため，教科書による『実習』指導に終始する学校が多かった。さらに教育学者も，社会科やその他の教科について研究を発表する者は多かったが，職業科教育の理論と実践に真剣に取り組む学者は，ほとんど存在せず，職業科の混乱と不振は救うべくもなかった。」

第 2 に，佐野（2012, pp. 49-51）もまた具体的な事情を指摘している。短く要約すれば次の通りである。

　「都市部の学校の多くは新教科である『社会科』と『職業科』を同じ教師が兼任していたため，社会科と職業科を融合して家庭科の内容まで加味して扱う学校も現れ，社会科との関係の未整理も加わり，現場は混乱した。新教育制度の下では職業教育軽視の風潮すら生じており，中学校職業科の教育は後退した。職業科が後退した原因は，勤労を通して人格を陶冶する新制中学校職業科の理念ではなく，普通教育そのものにあったのである。」

第 3 に，こうした具体的な事情の記述・説明に対して，文部省（1986）や上野（2012）による説明は，高校進学率の上昇を背景として同じ選択科目である外国語（英語）との競合にその原因を求めている。

　すなわち，文部省職業教育課の調査（文部省，1986, p. 692，第10-15表）によれば，職業に関する教科の履修校数は，昭和39年から昭和48年にかけて，89.4％，59.7 %，41.1 %，27.0 %，18.9 %，11.5 %，6.7 %，3.6 %，1.5 %，0.5 %（10,836校中わずか50校），と急減した。昭和30年代までは職業に関する教科は相当の数の学校で履修されていたが，職業科が外国語との選択となっていたので，進学率の向上につれて開設校が減少の一途をたどることとなった。また，上野（2012, p. 164）によれば，1977（昭和52）年学習指導要領以降，中学生に簿記が教育されなくなったのは，高校進学率との関係が推測される。当初中学生に対する基礎教養として講じられていたが，その後徐々に技能重視へと変化し，やがて中学教科から簿記は姿を消した。

　控えめに言っても，新制中学における職業科の廃止それ自体，その設置主旨に反している。それゆえに，選択科目としての外国語との競合がその主な理由であるというのは，不自然な印象を与えるものである。また，科目担当教師陣のキャリアと教育現場の実態とも整合的でない。

　したがって，会計研究者による精力的な提言・言論活動とは裏腹に，義務教育あるいは高等学校普通科の段階における会計リテラシーは，かりにそれが首尾よく導入されることになったとしても，かつての職業科の歴史を繰り返す可能性が残るのである。

　さらに大きな問題は，そのようなカリキュラム改革の実現可能性である。1947年の試案に明記された職業科設置の理念に鑑みれば，会計または経営リテラシーの重要性はあらためて言うまでもない。にもかかわらず，半世紀以上を経たいま，わが国で国民全体の会計リテラシー不足が叫ばれている。その理由はけっして高校進学率の上昇や選択科目としての外国語との競合にあるのではない。そうではなくて，トフラー（Toffler, 1970）が喝破しているように，はっきりとしている。

　「なぜ，教育は，英語，経済学，数学，生物学のような相も変わらぬ課目で組まなければならないのか。なぜ，誕生，子ども時代，成人期，結婚，職業，引退，死亡といった人生のサイクルの段階によって分けられないのだろうか。（中略）今のカリキュラムは過去の惰性なのだ。そしてそれらは自らの予算，給料，地位を拡大しようとして，起こした学問の世界のギルド間の

血なまぐさい闘いの結果なのである。」

（Toffler, 1970, pp. 370-371, 邦訳, pp. 481-482, 傍点は引用者）

　トフラーは，このように人生の節目という別の観点に加えて，教育上のカリキュラムの目標に関して重要な代案を提示している。それは要するに，臨機応変を可能とする「技能」を身につけることに他ならない。言い換えれば，経営の技能そのものである。

　「明日（今後：引用者注）のカリキュラムは，単に，非常に広範囲なデータ志向型の課目を含むだけでなく，将来必要となる行動上の技能に重点を置いたものでなければならない。またさまざまな種類の事実と，いわゆる“生活の技能”を修得するための多角的訓練との双方を兼ね備えたものでなければならない。つまり，与えられた状況または環境のなかで双方を関連づけながら，両者を同時に行える教育方法を見つけなければならないのである。」

（Toffler, 1970, p. 378, 邦訳, p. 490, 傍点は引用者）

　若干ニュアンスは異なるものの，石原（2015, pp. 249-250）もまた現代社会における「生身」の能力を伝統的な筆記試験で測られる記憶や計算に求めることに疑問を呈している。そのうえで，機械やコンピュータによって支えられた環境下で，それらに媒介されながら発揮される人間の「本来の能力」とはどういうものかを問うている。この「本来の能力」が技能を伴わない机上のリテラシーでないことは明らかである。言い換えれば，野生の思考，ブリコラージュ（bricolage: Lévi-Strauss, 1962）である。

(3)　諸外国の状況と課題

　金融リテラシーと会計リテラシー教育の諸外国における状況に関しては，それぞれ調査が行われている（e.g., 栗原, 2014；柴, 2016）。ただし，義務教育段階における複式簿記の教育に限ってみた場合，これらの報告書からその具体的な状況を詳細に窺い知ることは難しい。それゆえ，これが今後の第1の課題である。また，上記2つのリテラシーに対して，大学院レベル（いわゆるMBA養成目的のビジネス・スクール）ではなく，諸外国の義務教育段階における経

営リテラシー教育の状況調査については蓄積がない。これが第2の課題である。

　上記の調査のうち，義務教育段階ではないものの，韓国の中央大学校において全学共通教育に設置されている必修科目のなかの1つ「会計と社会」は注目に値する。この科目が設置されたのは，浦崎（2016）によれば，専攻を問わずすべての学生が将来社会に出て生活していく上で会計の知識が必要とされるからであり，また仕事上において財務数値を読解し分析する能力が必要とされるからである。この科目「会計と社会」のテキスト（ゾン・ドジンを代表者とする中央大学校会計学教授陣による執筆）『生活の中の会計』（2012）の「はしがき」には次のような内容が書かれている。

　　「本書『生活の中の会計』は一般的な会計原理の教材とは異なり，会計情報の作成者よりは利用者の面から，会計情報をどのように理解し，経済的な意思決定に活用できるかを説明している。そのために，さまざまな事例や新聞記事などの資料を引用している。
　　本書の構成は，第1部「財務諸表の理解」，第2部「企業の投資活動」，第3部「企業の財務活動」，第4部「会計情報の活用」，である。」

（浦崎, 2016, pp. 85-86より孫引き）

　一般に，簿記・会計の学習には，取引仕訳，記帳練習，財務諸表作成という簿記一巡の手続きの順に，いわばボトム・アップ的に進める方法と，ひな型としての財務諸表の分析・読解から入り，主要簿，貸借平均の原理，資本等式，費用収益対応の原則，補助簿，仕訳の原理，取引仕訳，記帳練習，財務諸表の作成，という順に，いわばトップ・ダウン的に全体を把握してから手を動かす方法，これら2つがある。

　上記『生活の中の会計』は後者を意図している。『生活の中の会計』の構成は時宜を得ているように思われる。そればかりではない。こうした構成は，経済的な意味で自立（心）を刺激するのにも役立つように思われる。

　これに対してわが国の義務教育において簿記が教授されていた当時，主として前者の方法であったと推測される。また，現代のいわゆる検定試験対策も同様である。しかし，そのような学習方法は，ちょうど近現代史に辿り着く以前の，たとえば江戸中期の段階で日本史を学び終えるのと似ている。ひとたび検

表10-1　知識の参照基準の比較

知識の参照基準	主な提唱者	主な目的	家計から事業主への思考／視点の転換
National Standards in K-12（米国）	民間の連合体	市民（消費者・従業員・管理者）の育成	十分認められる
金融リテラシー・マップ	金融庁・消費者庁・文部科学省など	一般消費者（預金者・投資家）の啓発	ほとんど認められない
会計リテラシー	研究者・日本商工会議所など	経理担当を含む従業員・管理者の啓発	必ずしもあるとは認められない
経営リテラシー	研究者・日本学術会議・経済産業省など	従業員・管理者の啓発	十分認められる
学習指導要領（旧）職業科	（旧）文部省	国民（消費者・従業員・経営者）の教養	十分認められる

出典：筆者作成

定が終わると，その後実務で直面することがなければ，せっかく学習した多くは忘れ去られてしまう。

　なるほど，金融リテラシー教育は健全な消費者の育成を主な目的としており，会計リテラシー教育は人々の経済的な自立（心）を促すことを主な目的としている。しかし，チームワークないし団体活動，すなわち競争と協調を目的とする他者との協力や交渉の技能は，それらに経営リテラシーを加えたとしても，必ずしも十分ではない（**表10-1**）。結局のところ，経験による学習なしに，真の意味での自立（心）を身につけることは不可能であるように思われる。

4　結　　語

　この章では，第1に，3つのリテラシーの提言を概観し，それらを相互に比較した。第2に，職業科（商業）したがって複式簿記の教程が義務教育課程から消滅した真の理由を文献・資料から，当時の文部省担当官僚と現場教師の無理解ないし利害に見出した。第3に，先行研究に拠りながら3つのリテラシーに関する諸外国の状況をふまえて今後の研究課題を明らかにした。

　最後に，自立（心）をめぐる専門家の議論を整理しておく。なぜなら，自立の根幹は経済的自立にあると考えられるからである。

　第1に，岩永（2009, p. 47）によれば，自立とはひとまず経済的自立が中心であるが，日常生活自立と社会生活自立も含む。これによれば，どんなに言葉を飾ったところで，資本主義社会にあっては，戸主や世帯ではなく，個人の経済的自立（心）が社会存立の基礎であることは紛れもない事実である。にもかかわらず，文部科学省は，その責任を家庭ないし地域による教育に押しつけ，他方で，国民に対するその規律・訓練の責任を慎重に回避しているようにみえる。

　第2に，宮坂（2004, p. 24）「金銭教育論序説」がそれを裏付けている。要するに，幼児も児童もその発達段階において無理なく将来の経済的自立を目指して前進していくことが望まれ，経済的自立への教育は，金銭教育に加えて算数や国語もその準備になっている。宮坂はそのように主張する。しかし，金銭教育に関する規律・訓練の責任の所在については明言していない。

　第3に，実際，大学生の金銭観を左右する要因を調査した高田・神川（2002）によれば，大学生の金銭観に対して親の金銭観がもっとも強い影響を与えていることが明らかとなっている。したがって，金銭教育は，家庭においても適切になされなければならないはずである。

　第4に，ところが，夫への小遣い制を調査した山田（2010）によれば，家計を管理している者は，妻が47％，夫婦共同が32％，夫が21％である。このうち，「妻が管理派」の主な理由として「妻に任せたほうが楽」という回答は注目に値する。端的に言えば，経済的自立を放棄している夫が大半を占めているのが現状なのである。

　第5に，多様な家計のうち借金やギャンブルなどの理由で消費者金融に手を出している主に低所得者層を「ブラック家計」と村舘・須藤（2013）は定義し，オンライン家計簿ココマネの分析と結果を通じてブラック家計に対する政策の必要性を説いている。しかし，なぜそのような家計行動に陥ったかについては言及していない。かりに行動経済学における標準理論から逸脱しない家計行動をホワイト家計とすれば，ちょうど予防医学と同様にホワイト家計が形成・維持される物的・社会的な条件を明らかにする必要がある。また，そもそも政策介入によるブラック家計の矯正は可能であろうか。財産権・幸福追求権を損ねない範囲での介入は困難と思われる。

　第6に，高田・神川（2002）が主張する，家庭または地域における適切な金

銭教育とは具体的にどういう方法であろうか。正高（2004）による月額制・放任説と多湖（2006）による要求払・教育説を比較して検討してみよう。いま，子からみて親が浪費的であるとしよう。子がそれを反面教師として学ぶことを期待できなくはないが，そういう親が「まっとうな金銭感覚」を説いたとしても子に対して説得力はないであろう。逆に，倹約的な親が「まっとうな金銭感覚」を説いたとして，たとえば適時適切な資産運用という概念を子に具体的にイメージさせることは難しい。以上から人の自立（心）には要求払・教育説よりも月額制・放任説の方が理にかなっている。

　第7に，人の自立（心）に関して，交通事故を起こしたり巻き込まれたりしないことと，自己破産をしなくてよいようにすること，これらを目標として文部科学省が教育制度を改めるべきであると大前（2005, pp. 192-193）は主張している。要するに，こうした規律・訓練を家庭や地域に任せて，否，押しつけてきたことに現代社会が抱える問題の根本的な原因があるのであって，文部科学省が担うべき役割はそこにある，としている。

第11章

コミュニティ条項論争：
資本回収からの一考察

1 問題の所在

　国土交通省「マンション標準管理規約」（以下，標準管理規約という）（単棟型）（団地型）および（複合用途型）の2016年改正において，それ以前まで明記されていた「コミュニティ条項」が削除された（以下，条項削除という）。

改正前標準規約第二十七条（単棟型・団地型共通）・第二十八条（複合用途型）
管理費は，次の各号に掲げる通常の管理に要する経費に充当する。
十　地域コミュニティにも配慮した居住者間のコミュニティ形成に要する費用

改正前標準規約第三十二条（単棟型）・第三十四条（団地型）・第三十六条（複合用途型）
管理組合は，次の各号に掲げる業務を行う。
十五　地域コミュニティにも配慮した居住者間のコミュニティ形成

　他方で，同時に，国土交通省告示「マンションの管理の適正化に関する指針」（以下，適正化指針という）の改正において，コミュニティの重要性が明記された（以下，重要性明記という）。

改正後適正化指針「前文」より一部抜粋
マンションにおけるコミュニティ形成は，日常的なトラブルの防止や防災減災，防犯などの観点から重要なものであり，管理組合においても，建物の区分所有

等に関する法律（昭和三十七年法律第六十九号）に則り，良好なコミュニティの形成に積極的に取り組むことが望ましい。

改正後適正化指針「管理組合が留意すべき基本的事項」

7　良好な居住環境の維持及び向上

　マンションにおけるコミュニティ形成については，自治会及び町内会等（以下「自治会」という。）は，管理組合と異なり，各居住者が各自の判断で加入するものであることに留意するとともに，特に管理費の使途については，マンションの管理と自治会活動の範囲・相互関係を整理し，管理費と自治会費の徴収，支出を分けて適切に運用することが必要である。なお，このように適切な峻別や，代行徴収に係る負担の整理が行われるのであれば，自治会費の徴収を代行することや，防災や美化などのマンションの管理業務を自治会が行う活動と連携して行うことも差し支えない。

　標準管理規約も適正化指針も，それ自体は罰則も法的強制力も持たない。しかし，現実のマンション管理の実務において影響力を持っている[1]。現場の管理組合とその運営においては，管理業者にその管理業務を委託するにせよ，自己管理をするにせよ，参照基準としての標準管理規約と適正化指針から大なり小なり影響を受ける。

　そのような性質の標準管理規約において冒頭の条項削除が実施された。この条項削除をめぐっては，削除案が提示されてから実際に削除されるに至るまで，多くの利害関係者を巻き込んだ論争が展開された。その副産物の1つが，適正化指針における重要性明記である[2]。

　この論争において条項削除推進派の論拠の1つとして株式会社制度が参照されている。これに対して，条項削除慎重派は個々のマンション管理組合ならびにその運営において，コミュニティの具体的な実態とその機能に焦点を当てている。

　マンション管理支援協議会のウェブサイトから反対派意見を一部紹介する。

全国マンション管理組合連合会の意見（2015年11月16日発表）より一部抜粋

　「適正化指針」の改定において「コミュニティー条項」（ママ）への記載があ

る一方で，管理組合業務・管理費において「コミュニティー条項」（ママ）を削除することは，両者の整合性を損なっている。管理組合にとって「財産管理機能」は必要条件であり十分条件ではない。管理組合には「集合して住む共同体」としての役割があり，これは必ずしも自治会や町内会のみの役割ではない。

日本マンション学会理事会の意見（2015年5月29日発表）より一部抜粋
コミュニティ条項の削除，価値割合による議決権の提案など，マンション管理の現場（管理組合，管理会社，管理士等）は求めていない，あるいは，むしろ否定した内容を示していることは，標準という名がつく管理規約の基本を逸脱している。

　本研究はこの論争を出発点とする。具体的には，先行研究に多くみられる会社制度とマンション（マンションの管理の適正化の推進に関する法律第2条第1号イ，ロ）運営をめぐる条文に基づいた制度や法の解釈ではなく，マンション投資・購入の目的・回収・期間の観点から整理し，コミュニティの位置と意味を組織論の見地から検討する。なぜなら，論争において，投下資本の回収という視点が欠けているように思われるからである。

　投資家からすれば，日本のマンションは，敷地，棟，室（分譲），不動産投資信託（REIT）など，いろいろな単位で投資が可能な対象である。その物件の権利関係と実際の現場における居住実態の多様性から，利害関係はきわめて複雑になる。わけても，その投資家自身がそこに在住か不在かによって，他の利害関係者との関係は大きく異なる。以下では，証券レベルではなく，実物のマンション投資・購入を前提とする。

　実際，個人による室単位のマンション投資・購入における資本回収の具体的な方法は，火災等による保険適用による補填等を除けば，

(I)　収益賃貸物件としての長期所有と減価償却（インカムゲイン。ただし，賃貸借契約に至らない，あるいは家賃を未納または滞納される，といったリスクを含む。）

(II)　転売・交換を含む譲渡（キャピタルゲインまたはキャピタルロス。ただし，環境変化による物件の市場価値変動を含む。）

(III)　相続または贈与（次世代への承継(I)，終の棲家。）

　これらのいずれかである。これに対して，株式会社における投資家（株主）の資本回収の具体的な方法は，

（ⅰ）　長期の株式配当（インカムゲイン。ただし，無配のリスクを含む。）

（ⅱ）　譲渡（キャピタルゲインまたはキャピタルロス。ただし，譲渡制限の有無，市場性の有無，評価額の不特定，等を含む。）

（ⅲ）　清算（残余財産分配，吸収合併等による存続(ⅰ)を含む。）

・　これらのいずれかである。

　既往の論争では，資本回収という視点から，区分所有者の在住と不在，投資の期間と目的，これらをバランスよくふまえているものは見当たらない（e.g., 日本住宅管理組合協議会, 2015; 日本マンション学会理事会, 2015; 藤井, 2016; 岡田, 2017; 黒木, 2017; 浅見ほか, 2017）。

　にもかかわらず，それらの点をふまえたうえで，条項削除と重要性明記という結末をみると，巧みに妥協がはかられていることが窺い知れる。そのような意味で「コミュニティ条項の再整理」と称されることもある。ただし，マンションをめぐる法律用語（専門用語）と日常語が合致していない（e.g., マンション，団地，など）ことなどから，その妥協を理解するには，資本回収の視点が欠かせない。

　というのは，榊（2019）によれば，1997年の建築基準法改正による規制緩和を契機として，2000年ごろから竣工が始まったいわゆるタワー・マンションの開発許可，敷地確保，設計，施工，販売，所有，占有（居住）にかかわる多数の関係者の，利害の内容が多岐にわたっているからである[3]。しかも，特殊な工法で建設されたタワー・マンションの解体・大規模修繕に関しては，その実例もデータもともに乏しい。言い換えると，投資家・購入者たる区分所有者が，自ら負うべき長期的な経済的負担を見通せないのである。

　これに対して，戸建ての権利関係は相対的に簡素であり，戸建ての再建にかかる経済的負担の見積もりも立てやすい。たとえば，外壁工事の品質と工期をどうするか。戸建てなら，所有者のライフプランと予算だけを考慮すれば済む。しかし，いわゆるタワー・マンションにおける共用部分の維持・管理・計画修繕にかかる予算額は桁違いである。

　事実，国土交通省「マンションの新たな管理ルールに関する検討会」の座長，福井（2016, p. 95）はこう述べている。

筆者（引用者：福井座長）は，今のところ，現在の制度を前提とする限り，今後居住の場として，または資産としてマンション購入という危険な選択を人々がすることは必ずしも賢明とはいえないと考えているが，選択済みの人々の資産をできるだけ守ること，今後マンションをうっかり購入してしまった人々についてもできるだけその資産価値の下落を防ぐことは社会にとっても重要であるという観点から，マンションに関して研究し，今般の改正にも関わってきた（傍点は引用者）。

　個々の区分建物（または区分所有建物），個々の区分所有権に関して，その特殊個別的な事情から，個々の区分所有者にとって将来の見通しは必ずしもよいとは限らない。そのような現実が，けだし，福井座長が言う「必ずしも賢明とはいえない」「うっかり購入」という表現の背景にあるものと思われる。その背景を資本回収の視点から整理する。これが本研究の目的である。
　以下では，第1に，資本回収の視点から，合名会社と株式会社，さらに，非公開会社と公開会社をそれぞれ比較して整理する。第2に，投資・購入の期間と目的に分けて，長期と短期，在住と不在（賃貸または投機），の観点からマンション投資・購入の資本回収を具体的に検討する。第3に，それらの作業をふまえたうえで，条項削除と重要性明記の意味，すなわちマンション条項の削除をめぐる論争を，公式組織と非公式組織の見地から，理論的に再考する。

2　投下資本の回収

⑴　合名会社と株式会社

　合名会社における無限責任社員は，法人社員が許容されている（会社法576条1項4号）ものの，原則として一世一代の自然人である。というのは，定款次第では，死亡したときにその地位が必ずしも相続されるわけではないからである。金銭出資や現物出資よりもむしろ，信用出資や労務出資を基礎として合名会社を構成している無限責任社員にとって，資本の回収とはどういう意味であろうか。
　債権者の観点からは，その合名会社を構成するすべての無限責任社員ひとり

ひとりの全財産が担保であるから，債権の引当として会社帳簿上の純資産が問題になることはない。その意味で，合名会社においてはそもそも資本の概念が存在しない。よって，資本の回収という概念も存在しない。

これに対して，課税庁側の見解はどうか。無限責任社員による労務出資や信用出資に関する法人税法上の取り扱いに関して，高橋（2009）はこう述べている。すなわち，

> 労務出資又は信用出資（以下「労務出資等」という。）は人的会社といわれる合名会社の社員及び合資会社の無限責任社員に認められている出資の形態である。これらの会社は所有と経営が一致しており，会社の内部関係が定款により自由に設計できる小規模で前近代的な会社であるといえる。

基本的な制度面をこのように確認したうえで，高橋はその論考を次のように結んでいる。

> 労務出資等に関する法人税法上の取扱いについては，社員の地位は出資の種類によって差異はなく労務出資等は財産出資と同じく取り扱われることから，原則として，労務出資等の価額は資本金等の額に含める。ただし，会社財産としての資本金等の額を計算する場面にあっては，労務出資等の価額は資本金等の額に含めないものとして取り扱うのが相当である（傍点は引用者）。

傍点部分を読むと，主張の論理が首尾一貫していないことがわかる。というのは，信用出資にせよ労務出資にせよ，これを資本金に「含めない」ものとして取り扱うかどうかが問題ではないからである。そうではなくて，それが貨幣的評価に馴染まないからこそ，信用出資にせよ労務出資にせよ，これを適正に計上することが「できない」のである。この論点は，人的資源会計ないし人間資産会計と本質的に通じている（Flamholtz, 1974; 島永，2021; 若杉，1973, 1979）。

これに対して，株式会社においては，資本の回収は，

(i) 長期の株式配当（インカムゲイン。ただし，無配のリスクを含む。）

(ii) 譲渡（キャピタルゲインまたはキャピタルロス。ただし，譲渡制限の有無，市場性の有無，評価額の不特定，等を含む。）

(iii)　清算（残余財産分配，吸収合併等による存続(i)を含む。）

これらのいずれかによって達成することが，制度上，保障されている。

(2)　非公開会社と公開会社

株式には譲渡自由の原則が保障されている。であるからこそ，巨額資本の調達が可能なのである（村田, 2016）。事実，会社法が被保護対象として想定している株主とは，「不特定多数の者で，特に法的知識，交渉能力，資金力等を有しない」場合である（相澤・郡谷, 2006, p. 154）。無機能資本家の典型である。

しかし，資金調達と会社目的の達成のために，種々の例外も，法律上，認められている。わけても，株式会社の原理的な特質を骨抜きにしているのが，株式の譲渡制限（会社法2条5号対比）である。定款による株式譲渡制限は，当該株式会社が，間接有限責任の原則を維持しつつも，実質的には，物的会社から人的会社へと限りなく歩み寄ることを意味している[4]。株式の非公開もこれと同じ意味である。たとえば，中條（2005, p. 36）は，上場廃止による証券市場からの撤退を「株式会社としての死刑宣告」と形容している。

その結果，資本の回収は，上記の(ii)が事実上閉ざされ，以下の2つの道に絞られる。

(i)　長期の株式配当（インカムゲイン。ただし，無配のリスクを含む。）

(iii)　清算（残余財産分配，吸収合併等による存続(i)を含む。）

もっとも，非公開会社であっても，他の既存株主が引き取ってくれれば，その限りにおいて資本の回収の目途は立つ。ただし，市場取引でなく相対取引に限られることから，必ずしも当初の出資額を全額回収できる保証はない。加えて，たとえば無配が長期に及べば，持株はすべて塩漬けとならざるを得ず，資本の回収はさらに遠のいてゆく。

これに対して，定款変更による，譲渡制限の撤廃ないし株式の公開は，株主にとって投下資本の回収を担保するものであり，株式会社の原理に適合する[5]。

以上を整理すると，公開会社の株式は，一方で機動的な資金調達を可能とし，他方で資本の回収を担保している。それゆえに投資家は，流通市場を通じて，投資することも，撤退（退出）して資本を回収することも，いつでも可能である。しかし，利益相反など，経営者による裁量的行動が適切に制御されず，その結果，経営が安定しない余地もある（プリンシパルとエージェントの問題）。

表11-1 公開株式とその他の出資形態

		撤退（退出）障壁	
		小	大
参入障壁	小	公開株式	買取請求など
	大	第三者割当増資など	非公開株・譲渡制限株 無限責任社員

出典：Porter（1980）をもとに筆者作成

　これに対して譲渡制限つきあるいは非公開の会社では，会社側の資金調達に制約がかかるうえに，株主側の資本回収は必ずしも担保されない。反面，資本と経営が未分離であることから出資者同士は運命共同体となり，それゆえに放漫経営に一定の歯止めがかかり，相対的に経営が長期的に安定するものと期待される。しかし，そのような特質が原理的に純化されていくと，所有と経営が一致して，合名会社へ近づいてゆく。

　要するに，投資家にとって参入障壁も撤退障壁もともに小さいのは公開会社であり，公開会社こそが株式会社の原理と適合する（**表11-1**左上太枠）。

3　投資・購入の期間と目的

(1)　長期と短期

　ここでは，マンション投資・購入に関して，資本回収の視点から，長期と短期に分けて検討する。長期と短期の境目については必ずしも1年（ワン・イヤー・ルール）ではなく，相対的とする。

　長期の投資・購入は，オーナーチェンジによる資本回収を含む賃貸用物件（不在所有）として，または終の棲家（在住所有）としてのいずれかである。前者は，キャピタルゲイン（ロスもありうる）またはインカムゲインを主な目

的とするものである。後者のばあい，投資の面を見出すことはほとんどできない。

短期の投資は，転売による資本回収（キャピタルゲイン）を目的とするものである。このばあい，投資家がそこに在住することはまずない。というのは，新築物件（分譲販売）にせよ中古物件にせよ，マンションは経年劣化による資産価値の減少という宿命から逃れることはできないからである。そればかりではない。たとえ未入居・未使用のままであっても，固定資産税の負担に加えて，区分所有法3条に規定される「団体」（以下，3条団体という）としての管理組合（または管理組合法人）に対する管理費や修繕積立金の負担義務を免れることもできない。

経年劣化とそういった固定費を上回って，市場での高い評価を維持している物件は，実際にはそう多くはないであろう。ただし，後述するように例外はある。区分建物（または棟単位の区分所有建物）に限らず，一般に不動産の資産価値は必ずしも物的・貨幣的尺度のみで決まるわけではないからである。

⑵　在住と不在（賃貸または投機）

在住であるからといって，それが長期とは限らない。たとえば，リゾートや別荘として富裕層が投資・購入するばあい，長期になることもあれば，短期で転売することもありうる。しかし，区分所有者が長期住宅ローンを抱え，かつ他に在住できる場所を持たない非富裕層であるとき，事実上，そこが終の棲家となる。たとえば，モーゲージ・ローンはそこに着目して設計された金融商品である。このばあい，何らかの事情でその物件の市場価値がいちじるしく高騰し，かつ他に代替の居住場所があるといった条件が揃わない限り，転売して転居することはきわめて困難である。

これに対して不在のばあい，賃貸用（インカムゲイン目的）か，または転売を目的とする投機（キャピタルゲイン目的）のいずれかである。もっとも，先々，住居の本拠を入れ替える可能性もないわけではないものの，通常，それが主な目的ではない。

以上から，マンション投資・購入が容易ではなく（参入障壁が大きく）かつ転売も容易ではない（撤退障壁が大きい）のは，高額な長期住宅ローンの残高を抱え，そこを終の棲家とせざるをえないような，在住の区分所有者である。

表11-2　在住所有者と不在所有者

		撤退（退出）障壁	
		小	大
参入障壁	小	巨大資本・不在所有者（分譲用） 短期投資／投機	巨大資本・不在所有者（賃貸用） 長期投資（オーナーチェンジを含む）
	大	富裕所有者（リゾート・別荘を含む） 在住も不在も／短期も長期も	非富裕・在住所有者（終の棲家）

出典：Porter（1980）をもとに筆者作成

こうした在住の区分所有者は，そこから撤退（転居）することが事実上できない（表11-2右下太枠）。その他の区分所有者は，何らかの手段により撤退することが可能である。

4　3条団体の性質

以下では，3条団体の性質について先行研究をレビューする。まず，条文を確認しよう。

区分所有法第三条

区分所有者は，全員で，建物並びにその敷地及び附属施設の管理を行うための団体を構成し，この法律の定めるところにより，集会を開き，規約を定め，及び管理者を置くことができる。一部の区分所有者のみの共用に供されるべきことが明らかな共用部分（以下「一部共用部分」という。）をそれらの区分所有者が管理するときも，同様とする。

この条文における強行規定は，自然人であれ法人であれ，区分所有者であれば必ずこの3条団体の構成員にならなければならないこと，これだけである。それに対して，集会を開催すること，規約を定めること，管理者を置くことは，

いずれも任意規定である。

　この条文だけを読めば，区分所有者に対する拘束はほとんどないかのように感じられる。しかし逆に，任意規定である集会，規約，管理者に関する定めをひとたび置けば，すべての区分所有者は例外なくそれらに拘束される。定めを複雑にするのもシンプルなものとしておくのも，維持するのも変更するのも，管理者を置くのも置かないのも，すべて区分所有者次第というわけである。

　したがって，3条団体は，後述するように，組合と社団の両面を持つ。同じ団体という名称ではあるものの，組織論における団体（中條, 1998, 2005, 2020)[6]とはその意味合いが異なる[7]。

　かりに，いっさいの定めを置かないまま，3条団体の運営を円滑にすることは可能であろうか。

　たとえば，構成員がすべて同じ親族同士であり，かつその親族同士で頻繁に話し合う機会があれば，運営に差し障りはないかもしれない。しかし，ひとたび親族以外の者が構成員に加われば，お互いの生活の秩序を保つために，ルールが必要になるであろう。利害調整にかかわる問題について逐一話し合うよりもルールを決めたほうが，その調整コストが小さいからである[8]。

　3条団体の性質については，小沼（1984, p. 223）によれば，区分所有者の団体という集団的・人的要素に注目するとき，民法上の組合とみる説と，一種の社団とする主張が説かれてきた。組合と社団の区別については，「理念的には，比較的団体性の稀弱な小規模の団体を組合的な団体とし，逆に，団体性の強い大規模かつ永続的な団体を社団とするのが一般である。」（原文ママ）

　区分所有法に関する旧法（1962年）以来の改正（1983年）にあたって，丸山（1984）が改正新法の課題として2つを指摘している。すなわち，1つは敷地の登記であり，もう1つは居住用集合分譲住宅（マンション）の管理である。曰く，

　マンションとは「他人とかかわり合いなく生活できる場所」である，という生活態度は旧法に適合的といえないわけではない。しかし，マンションでは他の区分所有者と必然的に接触をもたざるをえず，したがって，管理制度を，任意から必須へ，自由から強制へ，全員一致から多数決へと変えなければならない（丸山, 1984, p. 9 ），と。

　以上が，条項削除をめぐる論争の根本の1つである。要するに，3条団体を

表11-3　合名会社と株式会社の比較

	合名会社	株式会社
社員構成	無限責任社員（1名以上，法人にも社員資格有り）	株主（1名以上）
社員の出資	金銭その他の財産，労務出資・信用出資も可	原則として金銭出資（一定の要件で現物出資も可）・全額払込主義
持分譲渡	他の社員全員の承認（定款で別段の定めも可）	原則自由（定款で譲渡制限の定めも可）
退　社	やむを得ない事由があるときにはいつでも可	不可（例外：株式買取請求など）
定款変更の方法	総社員の同意（定款による要件軽減も可）	株主総会の特別決議
計算書類の開示	不要	必要（株主への提供と株主総会での承認）
利益分配	出資割合と異なる分配が可能	原則として出資割合（非公開会社の場合は，定款で別段の定めも可）
会計監査	不要	原則として必要

出典：木下（2015, p. 189, 表Ⅶ-1）を加筆・修正

　組合とみるべきか，社団とみるべきか，である。

　条項削除の推進派が依拠する規範はこうである。管理組合（法人を含む）による管理活動は，マンションという建物，敷地，附属施設，これらの物的な意味においての「資産価値の維持・向上」に限られるべきである。3条団体とは必ずしも合致しない，その他の自治会，運動会，同好会といった活動は，対象外とされるべきである。

　そもそも，マンションの資産価値は何によって決まるのであろうか。建物の物理的な状態によることは間違いないし，地理的な意味での立地条件も重要であるということは疑うべくもない。後者はいかんともしがたいことが少なくない。これに対して前者は，日常的な清掃に加えて，定期的な修繕・改修により，資産価値を維持・向上することができる。

　しかし，論争の対象はマンションである。たとえば，区分所有法の射程にある商業用テナントビルではない。たとえそれが一部分であれ，人が居住する専有部分を含むマンション，これである。マンションは法律で次のように定義さ

れている。

マンションの管理の適正化の推進に関する法律第二条第一号

イ　二以上の区分所有者（建物の区分所有等に関する法律（昭和二十七年法律第六十九号。以下「区分所有法」という。）第二条第二項に規定する区分所有者をいう。以下同じ。）が存する建物で人の居住の用に供する専有部分（区分所有法第二条第三項に規定する専有部分をいう。以下同じ。）のあるもの並びにその敷地及び附属施設

ロ　一団地内の土地又は附属施設（これらに関する権利を含む。）が当該団地内にあるイに掲げる建物を含む数棟の建物の所有者（専有部分のある建物にあっては，区分所有者）の共有に属する場合における当該土地及び附属施設

　人が「居住する」ということは，マンションでは特殊具体的な日常生活が営まれていることを意味している。不動産価格（家賃・地代を含む）の相場は基本的には地理的要因に左右される。具体的な要因としては，気候，公共交通機関へのアクセス，用途地域，学区，職業，年齢，所得階層等の，分布や偏りがある。

　しかし，不動産は不特定物ではない。それゆえに不動産相場にバラツキはつきものである。たとえば，高級住宅街であっても，たまたま近隣関係がギスギスしている物件もあれば，貧困層が多いマンションであっても，近隣関係が円満な物件もあるであろう。居住者間の相性の良し悪しもまた相場を左右しうる要因である。要するに，不動産価格が高ければ居住環境に恵まれるという保証はないのである。

　したがって，マンションの「資産価値の維持・向上」を左右するものは，物的な意味における管理だけではない（不動産鑑定評価基準）。逆に，たとえ老朽化した物件であっても，また高齢者の割合が高くても，居住者（賃借人などもありうるので3条団体構成員に限られない）自身による不断の努力によって，適切に治安が保たれ，そこに良好なコミュニティが形成・維持されていれば，そのような物件の資産価値は下落しないかもしれない（総務省，2014; 甲斐，2016; 岡田，2017, p. 73）。

　ここで，条項削除反対派の見解を参照することにしよう。

　現場の自発的な取り組みによるコミュニティ形成を政策論に封じ込めて管理組合による自治から管理への移行を促せば，マンションにおける社会の分断につながると警鐘を鳴らし，加えて，居住者や投機目的としての外国人がさらに混乱要因となる懸念がある，と岡田（2017, pp. 75-76）は指摘している。藤井（2016）もこれと同趣旨の懸念を表明している。

　黒木（2017）は，標準管理規約における理事会制度と会社法法制を比較検討しつつ，居住目的の投資と利殖目的の投資という相違点から，マンション・ガバナンスとコーポレート・ガバナンスの間の親和性を認めつつもその限界を指摘している。

　すなわち，マンション管理における所有と管理の分離は，株式会社における所有と経営の分離と，所有者が特定の他人に委託するという点で共通している。しかし，前者が投資物件を除いて長期保有が前提にあるのに対して，後者は譲渡制限会社を除いて株式の大量かつ頻繁な流通が前提にある（黒木, 2017, p. 71），と。

　ここで，黒木の指摘における，前者（マンションにおける長期保有）が前掲の表11-2右下太枠に，後者（公開会社における大量かつ頻繁に流通する株式）が表11-1左上太枠に，それぞれ該当する。

　以上から，条項削除反対派の視点は，不在所有者ではなく，在住所有者（ないし3条団体を構成しない，賃借人などの居住者）のそれであると言える[9]。

　3条団体は組合と社団の両面を持つ。具体的には，前者の色あいが濃いのが，主に在住所有者から成るマンションであり，後者の色あいが濃いのが，在住と不在の所有者が混在する大規模な分譲マンション，不在所有者のみによる収益賃貸用マンション，一部に居住専有部分があるものを含む商業用テナントビル，などである。ただし，管理組合法人として登記の有無にかかわらず，収益事業を営めば3条団体は法人税の課税対象となる[10]。

　個々の利害状況に応じて，その3条団体（すなわち管理組合）に関して，関係者のだれもが自由に参加・離脱できれば何も問題はない。区分所有者と実際の居住者（所有者または賃借人などの占有者）は法的に分離されている。であるがゆえに，両者が同一であることもあれば異なることもある。そのような複雑な現実と，それに伴う当事者間の利害調整という問題が，条項削除をめぐる論争の根本にある。

5　結　　語

　本研究の出発点は，条項削除の推進派と反対派，両陣営による論争であった。第1に，資本回収の視点から，合名会社と株式会社，さらに，非公開会社と公開会社をそれぞれ比較して整理した。第2に，投資・購入の期間と目的に分けて，長期と短期，在住と不在（賃貸または投機），の観点からマンション投資・購入の資本回収を具体的に検討した。

　最後に，国土交通省による2004年1月23日発表資料から，標準管理規約（旧中高層共同住宅標準管理規約の改正）においてコミュニティ条項が「管理組合の業務」の1つとして新たに加えられた当時における，パブリックコメントとそれに対する検討会の対応の資料を紹介して，2016年改正における条項削除と重要性明記をめぐる論争を，公式組織と非公式組織の見地から理論的に再考する。

　表11-4における下線からわかるように，2004年当時において，「意見」（条項削除推進派）と「考え方（案）」（条項削除反対派）は噛み合っていない。それどころか，表11-4の左下の意見は，事実上，無視されたかたちとなっている。2004年改正において登場したコミュニティ条項は，その後，都市住宅学会マンション管理規約特別研究委員会（以下，都市住宅学会委員会という）によって次のように批判されている。

法の世界には「コミュニティ」という「団体」は存在しない。実在する「団体」は区市町村や自治会・町内会マンション管理組合等である。これらの法的実在であれば，その集団にかかわる事柄について法的に決めることができるのに対し，コミュニティがコミュニティのことを決めることは法的にはできない。要するに，裁判規範にもなりうるマンションの自治規範たる管理規約に「コミュニティ」というような用語を用いたこと自体が問題なのである（戎・大木，2016, p. 154, 傍点は引用者）。

　こうした批判に立てば，2016年改正における条項削除と重要性明記による「コミュニティ条項の再整理」は，2004年改正当時における条項新設と比べると，条項削除推進派へ歩み寄ったものと解釈することができる。

表11-4　**マンション標準管理規約改正概要案に関する意見概要
及び当該意見に関する考え方**

Ⅲ．マンション管理に係る情勢変化に伴う事項
4．管理組合のコミュニティ形成

意見概要	考え方（案）
良好な住環境と円滑な管理組合運営の確保のためにコミュニティ形成が重要であることから，管理組合業務として規定し，そのための活動経費を管理費として支出できる旨規定すべきである。また，管理組合が積極的にコミュニティ形成を図ることができるよう具体的な活動事例を記載すべきである。	ご指摘を踏まえ，地域コミュニティにも配慮した居住者間コミュニティの形成を管理組合の業務として，そのために必要となる経費を管理費から支出できる旨を規定する。
管理組合は建物の適正な維持管理を目的とする団体であること，また，リゾートマンション等のように区分所有者が常時居住していない場合はコミュニティ形成が極めて困難であることから，管理組合の業務として規定すべきではない。	コミュニティは，建物の維持管理の観点から必要であること，リゾートマンションのようなところでもコミュニティの存在が維持管理を妨害することにはならないことから，コミュニティ形成に関する所要の規定を設ける。

出典：国土交通省（2004）「中高層共同住宅標準管理規約の改正概要案に関するパブリックコメントの
　　　実施状況等について　資料2」
注：下線は引用者による。

　ただし，都市住宅学会委員会は，団体，集団，実在，といった用語を用いながら，規範的な面からコミュニティ条項を批判している[11]。「コミュニティがコミュニティのことを決めることは法的にはできない」という指摘は，後述するように，組織論的には問題の核心を捉えている。ただし，個々の区分所有者が直面している参入障壁・撤退障壁に関しては，区分所有者間のそのバラツキが無視または軽視されているように思われる。

　表11-4において，管理組合とは3条団体を指している。管理組合法人でない限り，3条団体は，組合と社団の両性質を持つ。マンションに関して言えば，3条団体の構成員たる区分所有権者には，在住所有者と不在所有者の双方が含まれており，それらは区別されず一律に扱われている。ところが，長期の在住所有者が原則としてコミュニティ形成・維持の当事者であるのに対して，短期の在住所有者または不在所有者は事実上その当事者ではない。

　表11-4の右側における「考え方（案）」は，一見，終の棲家としてそこに在住する区分所有者側に寄り添っていて，偏りがあるようにも読める。しかし，

かりに管理業者への委託もなく自己管理も行き届かず，その結果，コミュニティが形骸化・空洞化すれば，そのようなマンションは早晩荒み，日常生活の拠点というよりも，無機質な宿泊施設へと近づいていく。

　実際，総務省（2014）が指摘しているように，「管理組合にとって，マンション内部及び周辺の良好なコミュニティ及び住環境を維持・形成することは，マンションの資産価値を上げることにつながり，その目的にも適合する」ことは疑いない。

　他方で，条項削除推進派からは，管理組合の業務として「コミュニティの形成」の範囲が不明確であるという主張がある。けれども，標準管理規約として管理組合の業務の範囲を明確にできない（かった）のはむしろ当然である。というのは，マンション（区分建物または棟単位の区分所有建物）は，その流通を原則とする没個性的な株式ではなく，さまざまな職業や世代の人たちが個々の目的に応じて居住することを前提とする個別特殊的な不動産であるからである。

　そうであるからこそ，毎年1回以上の集会または総会（区分所有法34条2項，標準管理規約単棟型42条3項4項）が義務付けられているのであって，3条団体の構成員たる区分所有者自身による区分建物（または区分所有建物）の自治が求められているのである。

　株式会社においては，無機能資本家たる株主にとって，業務執行を担う現場における非公式組織の存在は理解し難いであろうし，また理解される必要もない。それに対して，合名会社や非公開会社においては，原則として所有と経営は一致しているから，業務執行を担う現場における非公式組織の何たるかを知らない社員（出資者）はまずいないとみてよい。こうして，参入障壁も撤退障壁も小さい不在所有者は前者に，両方とも大きい在住所有者は後者に，それぞれ擬えることができる。

　3条団体は，バーナード流に言えば公式組織である。必要十分条件の3要素をあてはめると，共通目的は区分所有建物の維持・管理であり，コミュニケーションは区分所有建物の管理のための集会であり，貢献意欲は専有部分の所有意思である。

　これに対して，コミュニティ形成・維持のための活動は，公式組織の機能を補完する関係にある。そのような活動の担い手が非公式組織である（Barnard，

1968)。したがって，都市住宅学会委員会による「コミュニティがコミュニティのことを決めることは法的にはできない」という指摘において，コミュニティを非公式組織と言い換えれば，理論的に首尾一貫する[12]。というのは，非公式組織はそもそも共通目的をその成立要件としておらず，コミュニケーションと貢献意欲があれば理論的に成立する。しかも，法律が権利と義務の関係を統一的に明らかにする手段であるのに対して，組織論の対象は，人々の権利と義務を必ずしも伴わない相互作用をもその射程に収めているからである。

　組合にせよ社団にせよ，法はその成立過程を問うことはない。そうではなくて，その成立を与件として，成立後における個々の主体の権利と義務の関係を明確にすることが，法の存在理由である。これに対して組織論は，組合や社団なるものが，どのように生成するかをもその射程に収めている。

〔注〕

1　両者とも，国家資格試験であるマンション管理士試験と業務管理主任者試験の出題範囲の一部である。建物の区分所有等に関する法律（以下，区分所有法という）と比較対照させながら，すべての受験者はこれらを一字一句すみずみまで学習しなければならない。なお，NPO法人全国マンション管理組合連合会理事会と共同で，一般社団法人日本マンション学会（2017）が「改良版マンション標準管理規約（一般・単棟型）」を作成・公表しており，そのなかでコミュニティ条項を復活させている。

2　2016年改正をめぐっては，議決権の割合や，外部専門家による管理組合法人のガバナンスなども論争の対象となったが，これらについては本研究では立ち入らない。

3　1995年の阪神・淡路大震災以降，構造計算書偽造問題（通称A事件）が2005年，免震ゴムの性能データ改ざん事件と，虚偽データによる基礎杭工事事件がともに2015年，というように，区分所有建物（区分所有法1条）にかかわる重要な事案が断続的に発覚している。

4　非公開会社に関する理論的な説明として準組合法理がある（大野，2007）。

5　なお，合名会社における無限責任社員の退社，退社の撤回，合名会社の解散については，とりわけ「やむを得ない事由」の解釈をめぐって法的に多くの論点が提起されている（伊藤，2015; 髙木，2018）。

6　中條による「組織における団体の位置と意義」をめぐっては，稲村と中條の間で論争が交わされている（稲村，2006, 2007, 2009, 2010; 中條，2007, 2008, 2009a, 2009b）。

7　しかも，下記の通り3条団体は，標準管理規約において正式に「○○マンション管理組合」と称されるために，組織論の立場からはとても理解しにくい。
　標準管理規約（単棟型）（団地型）（複合用途型）共通　第6条
　区分所有者は，区分所有法第3条に定める建物並びにその敷地及び附属施設の管理を行う

ための団体として，第1条に定める目的を達成するため，区分所有者全員をもって○○マンション管理組合（以下「管理組合」という。）を構成する。

　それぱかりではない。たとえば，「マンションの建替え等の円滑化に関する法律」においては，建替事業のためのマンション建替組合も，敷地売却事業のためのマンション敷地売却組合も，ともに法人である（5条1項2項，6条1項，116条，117条1項）。

8　梶浦（1984, p. 376）によれば，マンションの現場では，管理組合（3条団体）に対して「自治会」と称される地域住民によるコミュニティも少なからず存在するという。地域住民であるから，在住区分所有者のみならず，3条団体の構成員ではない賃借人（占有者）もまた，任意団体たる自治会の正式な構成員になれる。ただし，梶浦（1984）は『区分所有法』初版には所収されているが，改訂版（2007）では割愛されている。

9　居住・非居住の間で異なる扱いが認められた判例（最高裁判所判例集，協力金請求事件，2010）がある。すなわち，マンションに居住していない区分所有者（不在組合員）だけに金銭的な負担を課することは，その必要性があり，かつ，合理的な範囲内であれば可能である（最判平成22年1月26日）。

10　合名会社を法人とすることの意義に関して，中條（2005, pp. 44-46）は，それが法技術でしかなく「集団と団体の組織論的な峻別」の見地からみると適合的でない，という。この点，商業登記を通じた取引の安全確保よりもむしろ課税庁による課税対象の捕捉がその主目的であると考えれば，一応，首尾一貫する。合名会社を，これと瓜二つの，たとえば有限責任事業組合と比較すると，法人格の有無だけが際立っている（木下，2015, p. 193，表Ⅶ-2）。

11　大道（1996, pp. 192-195）によれば，マッキーヴァー（MacIver）によるコミュニティ概念は「原始家族社会，村落共同体，都市，部族社会，国民社会，地域社会等で，何らかの社会生活の全領域にわたるもの」を意味しようとしていた。コミュニティの基礎条件として，各人が各様にそのなかでさまざまな社会的欲求を充たしながらさまざまな社会関係を結んでいるが，何らかの心理的条件がなければ，その集団としてのまとまりが保証されない。具体的には，われわれ意識，役割感情，所属感情，相互依存感情，などであり，こうしたコミュニティ感情がコミュニティの基礎条件である。

12　標準管理規約と適正化指針の改正と同時期の2016年3月18日，閣議決定「住生活基本計画（全国計画）」には，次の文言が明記されている。ただし，役割分担をだれが主宰するかは不明である。
目標8　住宅地の魅力の維持・向上
（基本的な施策）
　（4）マンションのコミュニティ活動について，居住者，管理組合，周辺住民，民間事業者，地方公共団体等の多様な主体により，適切な役割分担の下に，積極的に行われるよう推進

お わ り に

　これはすごい。モノポリーはとても勉強になる。筆者がWindows版で初め
てプレイしたときに受けた強い衝撃である。

　ちょうど，マニュアルを読まずに，矯めつ眇めつ，あちこち触って，電源を
入れたり切ったりして，いろいろと試しながら，スマートフォン本体とアプリ
ケーションの操作を覚えるのと同様に，最初は，ルールを知らないまま，ダイ
アログボックスを頼りに，ひたすらクリックを続けて，プレイしてみた。

　繰り返すうちに，ゲームの全体像がしだいに見えてきた。そこではじめて，
体系的にルールをマスターしようと思い，検索エンジンによって関連サイトと
関連書籍を手当たり次第に渉猟した。しかし，紙媒体の文献は意外にヒット数
が少なく，絶版のものも少なくなかった。関連文献をいくつか読んでいくなか
で，諸外国では小さな子どもたちが家庭で数多くプレイしていることを知り，
愕然とした。

　2008年ごろから，多くの大学で行われているように，高校生や一般社会人に
対して出前講義や市民講座などで専門領域（筆者のばあいは経営と経営学）の
魅力を伝える機会がある。そこで，1987年（大学5年生）に経験した教育実習
を思い出すのはもちろんのこと，商業科教育法，教育原理，青年心理などの教
科書やノートを復習しながら，自分なりに努力を積み重ねてきた。しかし，あ
の苦労はいったい何であったのか。

　なるほど，家庭，職場，ご近所など，日常生活のなかでだれもが直面する人
間関係が，多くの人の悩みであることはまぎれもない真実である。他方で，カ
ネやモノを伴う交渉や取引の楽しさ，事業の楽しさ，充実感を伝えることも重
要である。わかってはいるものの，いったいどうやって伝えればよいのか。筆
者が長年抱え続けてきた悩みの種であった。

　悩んでいた筆者にとってモノポリーは一筋の希望の光であった。ただ，すご
いことはまぎれもない事実であるが，だれにとって，ゲームの何が，どのよう

にすごいのか。そう問われると一口には答えられない。そういうわけで，社会科学者として，経営学の専門家として，教育者として，どうすごいかを体系的に説明したいと思った。それが本書執筆のきっかけである。

　すごいということを証明するには証拠が必要である。

　そこで，目の前にいる専門課程の学生諸君にプレイしてもらい，実感してもらうことにした。予想は的中した。はたして，みな生き生きとして楽しんでいる。隣の教室からクレームが来るかと思うほどの大声を出して，一喜一憂している。

　けれども，それで終わってしまったのでは教育にならない。研究の触発にもならない。専門知識との結びつきをひとつひとつ説いて，学生の知的興奮を促すこと。これこそは，プロにしかできない仕事であるし，また生身の人間としての高次欲求でもある。

　わが国の高等教育におけるモノポリーの活用例として，九州大学の鷲崎俊太郎先生，西南学院大学の工藤栄一郎先生，同志社大学の吉川英一郎先生，四天王寺大学の原田保秀先生・松脇昌美先生，関東学院大学の水谷文宣先生，などがあげられる（2017年1月4日現在，検索エンジンによる）。

　1985年（20歳），両親の生業である電気工事業の必須資格である電気工事士試験を受けるようにと母から命じられ，求められるまま中部電力で技能講習を受けた。図面の読み方，ナイフとペンチの使い方を覚え，一発合格した。同様に，宅地建物取引主任者資格試験（当時）も受けるように命じられ素直に独学して，一発合格した。

　その後，恩師と出会い，経営学の研究を志し，そういった実務系資格とは徐々に縁遠くなっていった。教育現場に携わるようになり，自らの独学の経験は一部の学生指導には役立った。しかし，灯台下暗し。若い時に身につけた宅地建物取引に関連する知識がずっと宝の持ち腐れになっていた。

　子は親の鏡と言われる。電気工事職人の子として生まれ育った筆者は，けっして学者の血筋ではないが，経営者の血筋ではある。経営者にとってバランス

感覚は必須条件である。バランスを失った経営は倒れる。バランス感覚はバランスを失ってみてはじめて気づくことができやがて体得できる。バランスを失うことそれ自体は問題ではない。

　こうした普遍の真理がもととなり，公安委員会の運転免許試験場において筆者は技能試験に挑み，不惑を迎えるまでに首尾よく全免種を取得できた。他の車種と比べると，けん引には死角が多く，その確認項目数も群を抜いている。とりわけ，左折と方向転換では，美しく芸術的な技能が求められる。

　とはいえ，究極のバランス感覚が求められるのは二輪である。1983年から限定解除審査に挑戦し始め，1984年（19歳）に10度目の挑戦で合格したあの「フロー」体験に比べれば，その後の全免種制覇はたいしたことではなかった。

　経営は総合的な技能である。技能審査を伴う実務系資格に挑戦するばあい，試験委員という生身の人間に対峙しなければならない。ビジネスにおける交渉や取引で求められる感覚と通じる何かがそこにある。

　生涯学び続けることが人生の成功であるとすれば，挑戦と失敗を繰り返して人格を陶冶し続けることが経営者の本務である。モノポリーでビジネスの基礎を学びながら，その知識を社会で楽しく活用してほしい。楽しむという人生究極の目的を忘れないために。

〔謝辞〕
　多くの人々に感謝の言葉を申し述べたいと思います。
　まず，本書の企画を快く受け入れてくださり，ご尽力いただいた中央経済社の納見伸之氏。次に，楽しい思い出とともにモノポリーを用いたアクティブラーニングを筆者に経験させてくれた学生・生徒のみなさま。SNSを通じて活動を見守ってくれている林ゼミOBとOG。新鮮な知的刺激を与えてくれる研究会紫苑の諸先生。恩師岸田民樹先生。勤務先の同僚とスタッフのみなさま。最後に，母，妻，ふたりの子。

付録A　資料：the official rule, Hasbro® より一部を抜粋（和訳は引用者による）

BANKER… Select as Banker a player who will also make a good Auctioneer. A Banker who plays in the game must keep his/her personal funds separate from those of the Bank. When more than five persons play, the Banker may elect to act only as Banker and Auctioneer.

銀行係：公平な競売執行役を兼任する銀行係を，プレイヤーの間で選ぶ必要があります。プレイヤーが銀行係を兼任するばあい，ゲーム中，その銀行係は，プレイヤーとしての資金と，銀行係としての資金を分けて管理しなければなりません。5人以上で遊ぶときは，プレイヤーのだれかが兼任するのではなく，銀行係兼競売執行役をひとりが専任したほうがよいでしょう。

THE BANK… Besides the Bank's money, the Bank holds the Title Deed cards and houses and hotels prior to purchase and use by the players. The Bank pays salaries and bonuses. It sells and auctions properties and hands out their proper Title Deed cards; it sells houses and hotels to the players and loans money when required on mortgages. The Bank collects all taxes, fines, loans and interest, and the price of all properties which it sells and auctions. The Bank never "goes broke." If the Bank runs out of money, the Banker may issue as much more as may be needed by writing on any ordinary paper.

銀行：銀行自身のカネに加えて，プレイヤーが購入して使用する以前の段階にある家とホテルの権利証を，銀行は保有するものとします。銀行は，プレイヤーの給与と賞与を支払います。銀行は，資産の購買者または落札者に対して，その権利証を交付します。銀行は，プレイヤーが建てる家やホテルを売り，また，資産（土地または公共事業）に対する抵当権設定の要求に応じて現金を融資します。税，罰金，借金，利子，それに，プレイヤーが売却するかまたは競売にかけて落札されたすべての資産の対価，これらを銀行はプレイヤーから集金します。銀行は絶対に「破産」しないものとします。かりに銀行が資金不足に陥ったとしても，適当な紙に必要な金額を書き込んで銀行は紙幣を発行することができます。

BUILDING SHORTAGES… When the Bank has no houses to sell, players wishing to build must wait for some player to return or sell his/her houses to the Bank before building. If there are a limited number of houses and hotels available and two or more players wish to buy more than the Bank has, the houses or hotels must be sold at auction to the highest bidder.

家・ホテルの不足：銀行に売る家がないとき，家を建てたいプレイヤーは，他のプレイヤーの家が銀行に戻ってくるまで待たなければなりません。家やホテルの残数がわずかであって，かつ，2人以上のプレイヤーが求める家やホテルが，銀行が持っているそれらの数を超えるとき，競売により最高額の落札者がそれらを手に入れることができます。

MORTGAGES… Unimproved properties can be mortgaged through the Bank at any time. Before an improved property can be mortgaged, all the buildings on all the properties of its color-group must be sold back to the Bank at half price. The mortgage value is printed on each Title Deed card. No rent can be collected on mortgaged properties or utilities, but rent can be collected on unmortgaged properties in the same group. In order to lift the mortgage, the owner must pay the Bank the amount of the mortgage *plus* 10% interest. When all the properties of a color-group are no longer mortgaged, the owner may begin to buy back houses at full price. The player who mortgages property retains possession of it and no other player may secure it by lifting the mortgage from the Bank. However, the owner may sell this mortgaged property to another player at any agreed price. If you are the new owner, you may lift the mortgage at once if you wish by paying off the mortgage plus 10% interest to the Bank. If the mortgage is not lifted at once, you must pay the Bank 10% interest when you buy the property and if you lift the mortgage later you must pay the Bank an *additional* 10% interest as well as the amount of the mortgage.

抵当：未開発の土地であれば，いつでも，銀行（係）に対して抵当権を設定できます。開発中の土地に抵当権を設定する際は，事前に，同一のカラー・グループの土地にあるすべての建物を定額の半値で銀行へ売却しなければなりません。抵当の価値は個々の権利証カードに示されています。抵当権が設定されている間，その資産の賃料請求権は停止します。しかし，同一のカラー・グループのうち，抵当権が設定されていない資産の賃料請求権は停止しません。抵当権を解除するには，その資産の所有権者は，銀行に対して，抵当の価値とその10％の利息をあわせて弁済しなければなりません。同一のカラー・グループのすべての資産の抵当権が解除されていれば，その所有権者は，再び，定価で家やホテルを建設できます。ある資産に抵当権を設定しているプレイヤーは，その資産の所有権を失うことはありません。また，所有権者であるプレイヤーの意向を無視して，他のプレイヤーがその資産の抵当権を解除することによって（訳者注：民法378条による代価弁済，または，379条・383条・386条による抵当権消滅請求，のいずれかに相当する）その所有権を移転させることもできません。しかし，所有権者は，抵当権付きの資産を他のプレイヤーに対して合意した価格で売却するこ

とができます。こうして抵当権付きの資産を手に入れたプレイヤーは，手に入れた時点で，抵当の価値とその10%の利息を銀行に対して支払うことで，抵当権を解除することができます。さもなければ，後刻，任意にその抵当権を解除する際に，さらにその10%の利息を加えて，合計額（訳者注：したがって，抵当の価値およびその20%）を銀行に支払わなければなりません。

MISCELLANEOUS··· Money can be loaned to a player only by the Bank and then only by mortgaging property. No player may borrow from or lend money to another player.

その他：資産に抵当権を設定することによって，銀行だけがプレイヤーにカネを貸すことができます。プレイヤー同士でカネの貸し借りはできません。

付録B 問題集

1 資産にはチャンスカードもある。

2 資産には犬やクルマのトークンもある。

3 手もとの釈放カードは資産である。

4 鉄道を手に入れることは資産の運用である。

5 鉄道を手放すことは資産の運用ではない。

6 鉄道に抵当権を設定して現金を調達することは資産の運用である。

7 抵当権を設定している鉄道の抵当権を解除することは資産の運用である。

8 FREEPARKINGマスは一回休みである。

9 ちょうどJust VisitingマスにとまればJAIL入りである。

10 権利書カードは資産である。

11 権利書カードは定価でしか取引できない。

12 水道マスに家を建ててもよい。

13 水道と電気を両方もっても賃料は変わらない。

14 土地の色は関係ない。

15 つねにホテルを建てることが勝利の王道。

16 カードを引いたら戻してヤマを混ぜる。

17 JAILに入ったら負け。

18 銀行が預かっている家は32軒である。

19 銀行が預かっているホテルは12軒である。

20 チャンスカードと共同基金カードの枚数は同じである。

21 ゲームの勝敗はサイコロの運だけで決まる。

22 最初に配られる現金は1,500ドルである。

23 自分の番のときにしか取引できない。

24 公式ルールでは7人でも同時に対戦できる。

25 引いたカードが気に入らなければ無視できる。

26 定価で買わないならオークションに参加できない。

27 オークションにはしなくてもよい。

28 抵当権を設定したら権利書カードを裏返す。

29 独占すれば賃料はつねに倍になる。

30 権利書カードは無償で贈与できる。

31 所得税マスで総資産を計算するとき抵当物件は半額評価になる。

32 銀行係兼任のプレイヤーは無制限に現金を使える。

33 税金は銀行係が収納する。

34 銀行係兼任のプレイヤーが破産したらゲームは終了する。

35 40ドルしか現金がなくても保釈される。

36 独占グループの土地1つが抵当物件のとき，それだけを取引できる。

37 3人のプレイヤーで同時に三角取引できる。

38 家が建っている土地を取引できる。

39 破産したとき，好きなプレイヤーに財産を託せる。

40 納税できないとき，有り金を納めれば足りる。

41 資産－負債＝純資産（資本）を資本等式という。

42 譲渡とは売買のことである。

43 租税を納めきれないとき課税庁（国・県・市町村）は待ってくれる。

44 現金さえあればほしい土地を買える。

45 マンション1戸に敷地の所有権はない。

46 ほしい不動産を手に入れるには買うしかない。

47 賃料を滞納されたらそれだけ税金も安くなる。

48 収益アパートの外壁工事をすれば税金は安くなる。

49 入院していても収益物件さえあれば不動産所得を期待できる。

──────────〔参考文献〕──────────

阿部俊明・遠藤満雄（1994）『三ない運動は教育か：高校生とバイク問題の現在』ペ
　りかん社.

Ackoff, Russel L. (1986) *Management in Small Doses*, New York: John Wiley and
　Sons. （牧野昇監訳，村越稔弘・妹尾堅一郎訳『創造する経営：企業を甦らせる
　52の妙薬』有斐閣，1988.）

相澤哲・郡谷大輔（2006）「持分会社」相澤哲編『別冊商事法務・立案担当者による
　新・会社法の解説』第295号，pp. 153-168.

網倉久永・新宅純二郎（2011）『経営戦略入門』日本経済新聞出版社.

Ansoff, H. Igor (1965) *Corporate Strategy: An Analytic Approach to Business Policy
　for Growth and Expansion*, New York: McGraw-Hill. （広田寿亮訳『企業戦略論』
　産業能率短期大学出版部，1969.）

Ansoff, H. Igor (1988) assisted by Edward J. McDonnell, *The New Corporate
　Strategy*, New York: Wiley. （中村元一・黒田哲彦訳『最新・戦略経営：戦略作
　成・実行の展開とプロセス』産能大学出版部，1990.）

Ansoff, H. Igor (2007) *Strategic Management*, Classic ed., Basingstoke, UK: Palgrave
　Macmillan. （中村元一監訳，田中英之・青木孝一・崔大龍訳『アンゾフ戦略経営
　論：新訳』中央経済社，2007.）

Ansoff, H. Igor and Edward J. McDonnell (1990) *Implanting Strategic Management*,
　2nd ed., New York: Prentice Hall. （中村元一・黒田哲彦・崔大龍監訳『「戦略経
　営」の実践原理：21世紀企業の経営バイブル』ダイヤモンド社，1994.）

青島矢一・加藤俊彦（2012）『競争戦略論』第2版，東洋経済新報社.

浅見泰司・安藤至大・親泊哲・笠谷雅也・福井秀夫・村辻義信・吉田修平（2017）
　『2016年改正・新しいマンション標準管理規約』有斐閣.

淺野忠克（2006）「日本の中等教育段階における経済教育の課題：経済概念学習の改
　善に向けて」『山村学園短期大学紀要』第18号，pp. 1-25.

Axelrod, Alan (2002) *Everything I Know about Business I Learned from
　MONOPOLY: Successful Executives Reveal Strategic Lessons from the World's
　Greatest Board Game*, Philadelphia, PA: Running Press. （大地舜訳『モノポリー
　で学ぶお金持ちの法則』ダイヤモンド社，2004.）

Axelrod, Robert (1984) *The Evolution of Cooperation*, New York: Basic Books. （松
　田裕之訳『つきあい方の科学：バクテリアから国際関係まで』CBS出版，1987.）

Baker, Wayne (2000) *Achieving Success through Social Capital: Tapping the Hidden
　Resources in Your Personal and Business Networks*, San Francisco, CA: Jossey-
　Bass. （中島豊訳『ソーシャル・キャピタル：人と組織の間にある「見えざる資
　産」を活用する』ダイヤモンド社，2001.）

Barnard, Chester I. (1968) *The Functions of the Executive*, 30th anniversary ed.
　with an Introduction by Kenneth R. Andrews, Cambridge, MA: Harvard
　University Press (Originally in 1938). （山本安次郎・田杉競・飯野春樹訳『新

訳・経営者の役割』ダイヤモンド社，1968.）

Bell, Rock and Patricia L. Pliner（2003）"Time to eat: The relationship between the number of people eating and meal duration in three lunch settings," *Appetite*, Vol. 41, Issue 2, pp. 215-218.

Broughton, Philip D.（2012）*The Art of the Sale: Learning from the Masters about the Business of Life*, New York, Penguin.（関美和訳『なぜハーバード・ビジネス・スクールでは営業を教えないのか？』プレジデント社，2013.）

Caillois, Roger（1967）*Les Jeux et les Hommes: Le Masque et le Vertige*, Éd. rev. et augmentée, Paris: Gallimard.（*Man, Play, and Games*, translated by Meyer Barash, New York: The Free Press. 多田道太郎・塚崎幹夫訳『遊びと人間』講談社，1990，旧訳，1958版の訳，清水幾太郎・霧生和夫訳『遊びと人間』岩波書店，1970.）

Château, Jean（1947）*Le Jeu de l'enfant: Après Trois Ans, sa Nature, sa Discipline*（*Introduction à la Pédagogie*），Paris: J. Vrin.

Cheng, Zhengyun（2016）「『組織均衡論』と低賃金労働者」長崎大学大学院経済学研究科修士論文.

Choy, Cheong K.（2011）"Using the Monopoly board game to teach introductory financial accounting to non-accounting students," *Journal of Interdisciplinary Research in Education*, Vol. 1, Issue 1, pp. 55-64.

忠佐市（1952）「税務計算の理論：税法における費用収益対応の原則」大蔵財務協會『財政』第17巻第8号，pp. 68-76.

中條秀治（1998）『組織の概念』文眞堂.

中條秀治（2005）『株式会社新論：コーポレート・ガバナンス序説』文眞堂.

中條秀治（2007）「法人論争とは何であったか：稲村毅による『株式会社新論』批判への反論①」『中京経営研究』第17巻第1・2号，pp. 69-83.

中條秀治（2008）「株式会社は誰のものか：稲村毅による『株式会社新論』批判への反論②」『中京経営研究』第18巻第1号，pp. 17-32.

中條秀治（2009a）「集団概念と団体概念：稲村毅による『株式会社新論』批判への反論③」『中京経営研究』第18巻第2号，pp. 27-40.

中條秀治（2009b）「『団体の時代』と組織：稲村毅による『株式会社新論』批判への反論④」『中京経営研究』第19巻第1号，pp. 1-11.

中條秀治（2020）『コルプス・ミスティクムとは何か：教会・国家・株式会社を貫く団体の概念』文眞堂.

Cohen, Don and Laurence Prusak（2001）*In Good Company: How Social Capital Makes Organizations Work*, Boston, MA: Harvard Business School Press.（沢崎冬日訳『人と人の「つながり」に投資する企業：ソーシャル・キャピタルが信頼を育む』ダイヤモンド社，2003.）

Crozier, Michel（1964）*The Bureaucratic Phenomenon*, Chicago, IL: University of Chicago Press.

大道安次郎（1996）「マッキーヴァーの理論」新明正道・鈴木幸壽監修『現代社会学

のエッセンス：社会学理論の歴史と展開（改訂版）』ぺりかん社，pp. 189-209.

太宰治（1947）『斜陽』新潮社.

Diamond, Stuart（2010）*Getting More: How You Can Negotiate to Succeed in Work and Life*, London, UK: Penguin.（櫻井祐子訳『ウォートン流　人生のすべてにおいてもっとトクをする新しい交渉術』集英社，2012.）

DiMaggio, Paul J. and Walter W. Powell（1983）"The iron cage revisited: Institutional isomorphism and collective rationality in organizational fields," *American Sociological Review*, Vol. 48, Issue 2, pp. 147-160.

戎正晴・大木祐悟（2016）「標準管理規約のパブリックコメントに対する当学会研究委員会からの提案の反映事項について」『都市住宅学』第93号，pp. 150-160.

Fayol, Henri（1916）*Administration Industrielle et Générale: Prévoyance, Organisation, Commandement, Coordination, Controle*, Paris: Dunod.（Translated by Constance Storrs with a foreword by L. Urwick, *General and Industrial Management*, London: Sir Isaac Pitman and Sons, 1949.　都築栄訳『産業並に一般の管理』風間書房，1958.　佐々木恒夫訳『産業ならびに一般の管理』未來社，1972.　山本安次郎訳『産業ならびに一般の管理』ダイヤモンド社，1985.）

Flamholtz, Eric（1974）*Human Resource Accounting*, Encino, CA: Dickenson.

Frey, Carl B. and Michael A. Osborne（2013）"The future of employment: How susceptible are jobs to computerisation?", Oxford Martin School.（2016年9月27日閲覧）http://www.agcas.org.uk/assets/download?file=4805&parent=1819

藤井俊二（2016）「コミュニティとマンション管理」『日本不動産学会誌』第29巻第4号，pp. 175-179.

藤川佳則（2010）「研究進む『サービスの科学』」『日本経済新聞』経済教室，11月18日，朝刊25面.

藤本隆宏・東京大学21世紀COEものづくり経営研究センター（2007）『ものづくり経営学：製造業を超える生産思想』光文社.

藤原武（2016）「VRICマップによる戦略ロジックの可視化」長崎大学大学院経済学研究科博士論文.

吹越一人（1997）「自動二輪免許制度の歴史」『月刊交通』第28巻9月号，pp. 10-18.

福井秀夫（2016）「マンション管理のガバナンス：利益相反とコミュニティ活動のリスクを考える」『都市住宅学』第93巻，pp. 85-96.

福永文美夫（2007）『経営学の進化：進化論的経営学の提唱』文眞堂.

福島正夫（1967）『日本資本主義と「家」制度』東京大学出版会.

福島正夫（1968）『地租改正』吉川弘文館.

福沢諭吉・富田正文解説校注（1994）『新版・福翁自伝』慶應通信（初版は1899）.

古川清行（2010）『読む日本の歴史9：日本をつくった人びとと文化遺産』あすなろ書房.

岳深志・渡辺米英・阿部由実（2009）「我，価格に覚悟あり：経営の本質"値決め"に説得力を持て」『商業界』第62巻第11号，pp. 10-25.

Geus, A. de (1997) *The Living Company: Habits for Survival in a Turbulent Business Environment*, Boston, MA: Harvard Business School Press. (堀出一郎訳『企業生命力』日経BP社, 2002.)

Goodwin, Cathy and Ivan Ross (1992) "Consumer responses to service failures: Influence of procedural and interactional fairness perceptions," *Journal of Business Research*, Vol. 25, Issue 2, pp. 149-163.

Green, Edwin (1989) *Banking: An Illustrated History*, Oxford, UK: Phaidon. (石川通達監訳, 関哲行・松田英・長谷川哲嘉・安田淳訳『図説銀行の歴史』原書房.

Greenhaus, Jeffrey H. and Gary N. Powell (2006) "When work and family are allies: A theory of work-family enrichment," *Academy of Management Review*, Vol. 31, No. 1, pp. 72-92. 1994.)

郡司ペギオ-幸夫 (2013)『群れは意識をもつ：個の自由と集団の秩序』PHP研究所.

Hasbro (2005) *Instructions* (Originally in 1935). (2016年 6 月21日閲覧)
http://www.hasbro.com/common/instruct/00009.pdf
http://www.hasbro.com/common/instruct/monins.pdf

長谷正人 (1991)『悪循環の現象学：「行為の意図せざる結果」をめぐって』ハーベスト社.

長谷川孝 (1999)『お金のしつけが子を育てる』河出書房新社.

早川幸子 (2012) DIAMOND男の健康「パート主婦の『130万円の壁』はなぜ『130万円』という額なのか？」(2016年 8 月 7 日閲覧)
http://diamond.jp/articles/-/20025

林徹 (2000)『革新と組織の経営学』中央経済社.

林徹 (2005)『組織のパワーとリズム』中央経済社.

林徹 (2011)『協働と躍動のマネジメント』中央経済社.

林徹 (2015, 2021)『協働の経営学』中央経済社.

Herzberg, Frederick (1966) *Work and the Nature of Man*, Cleveland, OH: World Publishing. (北野利信訳『仕事と人間性：動機づけ-衛生理論の新展開』東洋経済新報社, 1968.)

Hetherington, Marison M., Annie S. Anderson, Geraldine N. M. Norton, and Lisa Newson (2006) "Situational effects on meal intake: A comparison of eating alone and eating with others," *Physiology and Behavior*, Vol. 88, Issues 4-5, pp. 498-505.

平松一夫 (2007)「会計リテラシーの向上に向けて」シリーズ会計教育の現代的課題第 2 回『企業会計』第59巻第 7 号, pp. 67-70.

広島大学共済組合ホームページ (2016年 8 月 3 日閲覧)
http://home.hiroshima-u.ac.jp/jinji/kyosai/index.html

Hoppock, Robert (1935) *Job Satisfaction*, New York: Harper & Brothers.

堀内勉 (2016)『ファイナンスの哲学：資本主義の本質的な理解のための10大概念』ダイヤモンド社.

法楽アカデミー「モノポリーと民法」(2014年 1 月14日閲覧)

http://ameblo.jp/yeah-law/entry-11089019709.html

ホイジンガ，J.（高橋英夫訳）(1973)『ホモ・ルーデンス』中央公論社.（Johan Huizinga, *Homo Ludens*, 1938.）

ヒューム，D.（土岐邦夫・小西嘉四郎訳）(2010)『人性論』中央公論社.（David Hume, *A Treatise of Human Nature*, 1739.）

井原西鶴（1688）（浮橋康彦編）（1995）『日本永代蔵』おうふう.

稲葉元吉（1979）『経営行動論』丸善.

稲葉元吉（1990）『現代経営学の基礎』実教出版.

稲葉元吉（2010）「問題解決の技術」稲葉元吉著・山倉健嗣編・序『組織論の日本的展開：サイモン理論を基軸として』中央経済社，pp. 131-146，第8章.

稲垣浩之（2014）『不動産投資専門税理士が明かす金持ち大家さんの共通点』双葉社.

稲盛和夫（2006）『アメーバ経営：ひとりひとりの社員が主役』日本経済新聞社.

稲村毅（2006）「株式会社の組織性と法人性：中條秀治『株式会社新論』批判（上）」神戸学院大学『経営学論集』第3巻第1号，pp. 119-144.

稲村毅（2007）「株式会社の組織性と法人性：中條秀治『株式会社新論』批判（下）」神戸学院大学『経営学論集』第3巻第2号，pp. 47-78.

稲村毅（2009a）「中條団体論再論：反論への一回答」神戸学院大学『経営学論集』第6巻第1号，pp. 1-26.

稲村毅（2009b）「中條法人論再論」神戸学院大学『経営学論集』第7巻第1号，pp. 1-30.

井上隆（2009）「中小企業・非公開会社において逆基準性が果たす機能と確定決算基準の継続に関する研究」長崎大学大学院経済学研究科博士論文.

一般財団法人不動産適正取引推進機構（2016）「宅地建物取引士資格試験」（2016年9月27日閲覧）http://www.retio.or.jp/exam/exam_detail.html

石原孝二（2015）「ロボットと心／身体の行方」佐倉統編『人と「機械」をつなぐデザイン』東京大学出版会，pp. 241-251.

石井淳蔵・奥村昭博・加護野忠男・野中郁次郎（1996）『新版・経営戦略論』有斐閣（旧版は1985.）.

石野雄一（2007）『ざっくりわかるファイナンス：経営センスを磨くための財務』光文社.

磯村懇（1983）『奇跡の対話教育：中学卒で，東大・京大に合格するまでの記録』光文社.

伊藤雄司（2015）「事例21」伊藤靖史・伊藤雄司・大杉謙一・齊藤真紀・田中亘・松井秀征『事例で考える会社法・第2版』有斐閣，pp. 421-438.

岩村充（2016）『中央銀行が終わる日：ビットコインと通貨の未来』新潮社.

岩永理恵（2009）「生活保護制度における自立概念に関する一考察：自立支援および自立支援プログラムに関する議論を通して」『社会福祉学』第49巻第4号，pp. 40-51.

人事院給与局「扶養手当の在り方に関する勉強会」（2016年8月4日閲覧）http://www.jinji.go.jp/kenkyukai/fuyou-benkyoukai/fuyou-benkyoukai.htm

Johnston, Robert（1995）"The determinants of service quality: Satisfiers and dissatisfiers," *International Journal of Service Industry Management*, Vol. 6, No. 5, pp. 53-71.

加護野忠男（2010）『経営の精神：我々が捨ててしまったものは何か』生産性出版.

Kahneman, Daniel and Amos Tvcrsky（1979）"Prospect theory: An analysis of decision under risk," *Econometrica*, Vol. 47, Issue 2, pp. 263-291.

甲斐徹郎（2016）『土地活用のリノベーション：不動産の価値はコミュニティで決まる』学芸出版社

梶井厚志「質屋と抵当」『くらしの中の金融経済学』第3回（2014年1月14日閲覧）
　　http://www.shiruporuto.jp/about/kurashijuku/pdf/201001_004.pdf

梶井厚志（2002）『戦略的思考の技術』中央公論新社.

梶浦恒男（1984）「区分所有者と新法」丸山英気編著『区分所有法』大成出版社，pp. 372-393，第3編第4章.

亀和田俊明（1988）『快楽モノポリー講座』TBSブリタニカ.

金井一賴（1997）「経営戦略とは」大滝精一・金井一賴・山田英夫・岩田智『経営戦略：創造性と社会性の追求』有斐閣，pp. 1-26，第1章.

金森絵里（2016）『原子力発電と会計制度』中央経済社.

Kapp, Karl M.（2012）*The Gamification of Learning and Instruction: Game-based Methods and Strategies for Training and Education*, San Francisco, CA: Pfeiffer.

上總康行・渡邉紀生編著（2006）『次世代管理会計の構想』中央経済社.

慶應義塾健康保険組合ホームページ（2016年8月7日閲覧）
　　http://www.kenpo.keio.ac.jp/contents/04shinsei/case/fuyou_nintei.html

経済産業省公式ホームページ（2016年11月27日閲覧）
　　http://www.meti.go.jp/policy/kisoryoku/

木島実（2004）「"何を"食べるか，から"誰と"食べるか」日本フードシステム学会『FSニューズ・レター』，第23号．（2015年9月19日閲覧）
　　https://www.fsraj.org/?action=common_download_main&upload_id=181

木村達也（2007）『インターナル・マーケティング：内部組織へのマーケティング・アプローチ』中央経済社.

木下崇（2015）「持分会社・外国会社」永井和之編著『よくわかる会社法・第3版』ミネルヴァ書房．pp. 187-196，第Ⅶ章.

金融経済教育推進会議（2016）「金融リテラシー・マップ：「最低限身に付けるべき金融リテラシー（お金の知識・判断力）」の項目別・年齢層別スタンダード」（2015年6月改訂版）（2017年4月20日閲覧）
　　http://www.shiruporuto.jp/public/document/container/literacy/

金融経済教育を推進する研究会（2015）「中学校・高等学校における金融経済教育のさらなる拡充に向けた要望書」日本証券業協会.

金融広報中央委員会「知るぽると」（2014年1月14日閲覧）
　　http://www.shiruporuto.jp/

金融広報中央委員会（2002）「4．わが国の金融に関する消費者教育の望ましい姿」

『金融に関する消費者教育の推進に当たっての指針』（2013年 1 月14日閲覧）
　　http://www.shiruporuto.jp/teach/consumer/sisin2002/
岸田民樹編著（2009）『組織論から組織学へ：経営組織論の新展開』文眞堂.
Kiyosaki, Robert T.（井上純子訳）（2013）『金持ち父さんのお金を自分のために働か
　　せる方法』青春出版社.
Knipfing, Larry（2011）"Monopoly,"『NHK実践ビジネス英語』11月号，pp. 86-87.
小林榛風（2016）「愛着と無関心圏」長崎大学経済学部卒業論文.
小池和彰（2007）「税法における費用収益対応の原則」『税経通信』第62巻第16号，
　　pp. 39-59.
国土交通省（2004）「中高層共同住宅標準管理規約の改正概要案に関するパブリック
　　コメントの実施状況等について　資料 2 」
　　「中高層共同住宅標準管理規約の改正について」（2021年 1 月29日閲覧）
　　http://www.mlit.go.jp/kisha/kisha04/07/070123_3_.html
国土交通省（2014）「不動産鑑定評価基準」
　　「不動産鑑定評価基準等」（2021年 1 月29日閲覧）
　　http://www.mlit.go.jp/totikensangyo/totikensangyo_tk4_000024.html
国土交通省「マンション管理について」（2021年 1 月29日閲覧）
　　「マンションの管理の適正化に関する指針」（2016年 3 月14日告示）
　　「マンション標準管理規約及びマンション標準管理規約コメント」
　　https://www.mlit.go.jp/jutakukentiku/house/jutakukentiku_house_tk5_000052.
　　html
国立教育政策研究所「中学校学習指導要領データベース」（2017年 3 月30日閲覧）
　　https://www.nier.go.jp/guideline/
国税庁「確定申告に関する手引き等」（2017年 4 月15日閲覧）
　　https://www.nta.go.jp/tetsuzuki/shinkoku/shotoku/tebiki2015/
国税庁タックスアンサー「No.1376　不動産所得の収入計上時期」（2016年 8 月 1 日閲
　　覧）https://www.nta.go.jp/taxanswer/shotoku/1376.htm
国税庁タックスアンサー「No.2080　白色申告者の記帳・記録保存制度」（2017年 4 月
　　15日閲覧）https://www.nta.go.jp/taxanswer/shotoku/2080.htm
国税庁タックスアンサー「No.2100　減価償却のあらまし」（2016年 7 月31日閲覧）
　　https://www.nta.go.jp/taxanswer/shotoku/2100.htm
国税庁タックスアンサー「No.2210　やさしい必要経費の知識」（2016年 7 月31日閲
　　覧）https://www.nta.go.jp/taxanswer/shotoku/2210.htm
今喜典（2012）『中小企業金融と地域振興』東洋経済新報社.
近藤隆雄（2010）『サービス・マーケティング（第 2 版）：サービス商品の開発と顧客
　　価値の創造』生産性出版.
小沼進一（1984）「管理組合法人」丸山英気編『区分所有法』大成出版，pp. 220-251，
　　第 2 編第 6 章.
小杉茂雄（1998）「他の担保物権の規定の準用：不可分性・物上代位性・物上保証人
　　第372条　第296条，第304条，及ヒ第351条ノ規定ハ抵当権ニ之ヲ準用ス」柚木

　馨・高木多喜男編『新版注釈民法（9）物権（4）』，pp. 151-182，第10章第 1 節.

公益財団法人名古屋YWCA語学教育部（2015年 9 月19日閲覧）

　　http://www.nagoyaywca.org/index.html

Koury, Ken（2012）*Monopoly Strategy: How to Win the World's Most Popular Board Game*, Lulu. com.

厚生労働省社会保障審議会（短時間労働者への社会保険適用等に関する特別部会）（2016年 8 月 7 日閲覧）

　　http://www.mhlw.go.jp/stf/shingi/shingi-hosho.html?tid=126729

具承桓（Ku, Seunghwan）・小菅竜介・佐藤秀典・松尾隆（2008）「ものづくり概念のサービス業への適用」『一橋ビジネスレビュー』第56巻第 2 号，pp. 24-41.

工藤栄一郎（2016）「簿記の意義を理解するための学習事例の紹介：モノポリーの活用」日本会計研究学会第98回九州部会（久留米大学）.

國貞克則（2007）『決算書がスラスラわかる・財務 3 表一体理解法』朝日新聞出版.

倉本初夫（2009）「価格の先にある価値へ」『商業界』第62巻第11号，p. 9.

栗原久（2014）「OECD金融教育プロジェクトとPISA2012金融リテラシー調査」栗原久（研究代表者）『海外における金融経済教育の調査・研究』報告書」日本証券業協会，pp. 61-72，第 6 章.（2017年 4 月10日閲覧）

　　http://www.jsda.or.jp/manabu/kenkyukai/content/k_report.pdf

黒木松男（2017）「区分所有法法制における理事会制度と会社法法制の相違」『マンション学』第58号，pp. 70-78.

Lawrence, Paul R. and Jay W. Lorsch（1967）with the research assistance of James S. Garrison, *Organization and Environment: Managing Differentiation and Integration*, Boston, MA: Division of Research, Graduate School of Business Administration, Harvard University.（吉田博訳『組織の条件適応理論：コンティンジェンシー・セオリー』産業能率短期大学出版部，1977.）

Levinson, Daniel J.（1978）*The Seasons of a Man's Life*, New York: Knopf.（南博訳『ライフサイクルの心理学（上）（下）』講談社，1992.）

Lévi-Strauss, Claude（1962）La Pensée Sauvage, Paris: Plon.（大橋保夫訳『野生の思考』みすず書房，1976.）

Liang, Yu（2010）「喫茶店・カフェに関する機能的価値と経験価値」長崎大学大学院経済学研究科修士論文.

Lovelock, Christopher and Jochen Wirtz（2007）*Services Marketing: People, Technology*, Strategy, 6th ed., Upper Saddle River, NJ: Prentice-Hall.（武田玲子訳『ラブロック＆ウィルツのサービス・マーケティング』ピアソン・エデュケーション，2008.）

MacIver, Robert M.（1917）*Community: A Sociological Study: Being an Attempt to Set out the Nature and Fundamental Laws of Social Life*, London, UK: Macmillan.（中久郎・松本通晴監訳『コミュニティ：社会学的研究：社会生活の性質と基本法則に関する一試論』ミネルヴァ書房，1975, 2009.）

マイナビ（2016）「大学生に聞いた，義務教育にしたほうがいいと思うこと 5 選」

（2016年9月26日閲覧）https://gakumado.mynavi.jp/gmd/articles/40907

一般社団法人マンション管理業協会「管理業務主任者試験」（2021年1月29日閲覧）
http://www.kanrikyo.or.jp/kanri/index.html 公益財団法人マンション管理セン
ター

「マンション管理士試験について」（2021年1月29日閲覧）
https://www.mankan.org/index.html

公益財団法人マンション管理センター訳

Standard Condominium Management Bylaws（*Single Building Type*）
「マンション標準管理規約（単棟型）（英訳版）」（2021年1月29日閲覧）
https://www.mankan.or.jp/09_research/research.html

特定非営利活動法人マンション管理支援協議会
「平成28年度改正に対する管理組合団体の意見」（2021年1月29日閲覧）
http://www.mansion.mlcgi.com/law19.htm#108

March, James G.（1976）"The technology of foolishness," in James G. March and
Johan P. Olsen（eds.）, *Ambiguity and Choice in Organizations*, Bergen:
Universitetsforlaget, pp. 69–81.（遠田雄志・ユング，アリソン訳『組織における
あいまいさと決定』有斐閣，1986，pp. 109-133，第5章.）

March, James and Herbert A. Simon（1993）*Organizations*, 2nd ed., Cambridge,
MA: Blackwell（Originally in 1958）.（初版の邦訳：土屋守章訳『オーガニゼー
ションズ』ダイヤモンド社，1977．第2版の邦訳：高橋伸夫訳『オーガニゼーシ
ョンズ　第2版　現代組織論の原典』ダイヤモンド社，2014.）

丸山英気（1984）「区分所有法序論」丸山英気編『区分所有法』大成出版，pp. 3-16,
第1編.

丸山英氣編著（2007）『改訂版・区分所有法』大成出版社.

正高信男（2004）『親になる技術』PHP研究所.

Maslow, Abraham H.（1970）*Motivation and Personality*, 2nd ed.（Originally in
1954），New York: Harper and Row.（小口忠彦訳『改訂新版・人間性の心理学』
産業能率大学出版部，1987.）

増井良啓（2011）「企業会計との関係」金子宏・佐藤英明・増井良啓・渋谷雅弘編著
『ケースブック租税法（第3版）』弘文堂，pp. 444-449，第3編第2章.

増井良啓（2014）『租税法入門』有斐閣.

松尾豊（2015）『人工知能は人間を超えるか：ディープラーニングの先にあるもの』
KADOKAWA.

McGregor, Douglas M.（1960）*The Human Side of Enterprise*, New York: McGraw-
Hill.（高橋達男訳『新版・企業の人間的側面：統合と自己統制による経営』産業
能率短期大学出版部，1970.）

Meyer, John W. and Brian Rowan（1977）"Institutionalized organizations: Formal
structure as myth and ceremony," *American Journal of Sociology*, Vol. 83, No.
2, pp. 340-363.

Milgrom, Paul R.（2004）*Putting Auction Theory to Work*, Cambridge, UK:

Cambridge University Press.（計盛英一郎・馬場弓子訳『オークション理論とデザイン』東洋経済新報社，2007.）

南智恵子・西岡健一（2014）『サービス・イノベーション：価値共創と新技術導入』有斐閣.

三品和広（2016）「MBAとは何であったのか，どこへ向かうべきなのか」組織学会定例会（8月31日，コンファレンススクエアエムプラス）.

宮坂広作（2004）「金銭教育論序説」『京都大学生涯教育学・図書館情報学研究』第3号，pp. 19-33.

宮下清（2013）「ホワイトカラーの職務能力育成のあり方」日本経営学会『経営学論集』自由論題（25）.（2015年9月20日閲覧）
  http://www.jaba.jp/category/select/cid/770/pid/10469

水野英雄・鵜飼遥佳（2013）「経済政策としての経済教育の展開（Ⅰ）：諸外国における政策との比較から」『経済教育』第32号，pp. 120-130.

水野英雄・鵜飼遥佳（2014）「経済政策としての経済教育の展開（Ⅱ）：日本の経済教育の推進のために」『経済教育』第33号，pp. 112-122.

文部科学省『平成17年度文部科学白書』（2017年4月24日閲覧）
  http://www.mext.go.jp/b_menu/hakusho/html/hpba200501/001/002/0102.htm

文部科学省『平成27年度文部科学白書』（2017年4月24日閲覧）
  http://www.mext.go.jp/b_menu/hakusho/html/hpab201601/detail/1376688.htm

文部科学省（2010）「高等学校学習指導要領解説商業編」（2016年9月26日アクセス）
  http://www.mext.go.jp/a_menu/shotou/new-cs/youryou/1282000.htm

文部科学省共済組合ホームページ（2016年8月7日閲覧）
  http://www.monkakyosai.or.jp/shikumi/04.html

文部省（1947）『学習指導要領　職業科商業編（試案）』.（2017年3月28日閲覧）
  https://www.nier.go.jp/guideline/s22ejt/index.htm

文部省（1986）『産業教育百年史』ぎょうせい.

森川治人（1999）「学制期における普通教育としての実業教科の内容と性格に関する研究：上等小学教科『記簿法』の成立過程に即して」『職業と技術の教育学』第12号，pp. 1-16.

森川英正（1996）『トップ・マネジメントの経営史』有斐閣.

森川正之（2014）『サービス産業の生産性分析：ミクロデータによる実証』日本評論社.

森島昭夫・前田庸・紋谷暢男・蓑輪靖博・尾島茂樹・笂川達男・粕谷和生・藤巻義宏編（2015）『経済活動と法』（商業327）実教出版.

村舘靖之・須藤修（2013）「オンライン家計簿ココマネにおける消費行動パターンの分析(1)」『社会情報学会（SSI）学会大会研究発表論文集』，pp. 69-72.

村田和彦（2016）「株式会社の原理を問う：営利事業の遂行主体の観点から」『経営学論集・株式会社の本質を問う：21世紀の企業像』，第86集，pp. 22-28.

長崎大学経済学部「ゼミナールガイド」（2014年1月14日閲覧）
  http://www.econ.nagasaki-u.ac.jp/under_g/guidance.html#ensyu

長崎大学総務部人事課人事企画班給与第一ホームページ（2016年8月3日閲覧）
　　http://jimuhp.jimu.nagasaki-u.ac.jp/jinji/kyuyo/kyuyo_1/kyuyo/index.html
内閣府（2016）「国民生活に関する世論調査」（2016年9月26日閲覧）
　　http://survey.gov-online.go.jp/h28/h28-life/index.html
内藤耕編著（2009）『サービス工学入門』東京大学出版会.
中庭光彦（2008）「競争ルールの変更を目的とした戦略的参入の分析：エイチ・ア
　　イ・エスによる航空業界参入のケーススタディより」多摩大学『経営・情報研
　　究』No. 12, pp. 15-25.
中島真志（2015）『入門・企業金融論: 基礎から学ぶ資金調達の仕組み』東洋経済新
　　報社.
Nierenberg, Gerald I.（1971）*Creative Business Negotiating: Skills and Succesful
　　Strategies*, New York: Hawthorn Books.（吉田省三訳『交渉術：その技術と戦
　　略』創元社，1973.）
日本学術会議経営学委員会経営リテラシー分科会（2008）「経営リテラシーの定着に
　　向けて」（2017年3月21日閲覧）
　　http://www.scj.go.jp/ja/member/iinkai/kiroku/1-0731.pdf#search=%27%E7%B
　　5%8C%E5%96%B6%E3%83%AA%E3%83%86%E3%83%A9%E3%82%B7%E3
　　%83%BC%E3%81%AE%E5%AE%9A%E7%9D%80%E3%81%AB%E5%90%91%E
　　3%81%91%E3%81%A6%27
日本学術会議（2012a）「大学教育の分野別質保証のための教育課程編成上の参照基
　　準：経営学分野」大学教育の分野別質保証推進委員会　経営学分野の参照基準検
　　討分科会.（2016年9月27日閲覧）
　　http://www.scj.go.jp/ja/member/iinkai/daigakuhosyo/daigakuhosyo.html
日本学術会議（2012b）「大学教育の分野別質保証のための教育課程編成上の参照基
　　準：法学分野」大学教育の分野別質保証推進委員会　法学分野の参照基準検討分
　　科会.（2016年9月27日閲覧）
　　http://www.scj.go.jp/ja/member/iinkai/daigakuhosyo/daigakuhosyo.html
日本法令外国語訳データベースシステム
　　Act on Building Unit Ownership, etc.（2021年1月29日閲覧）
　　http://www.japaneselawtranslation.go.jp/law/detail/?id=2015&vm=04&re=01
特定非営利活動法人日本住宅管理組合協議会（2015年11月）
　　「標準管理規約等の改正案に関するNPO日住協の見解」（2021年1月29日閲覧）
　　http://www.mansion-kanrikumiai.or.jp/honbu/4355.html
日本経済新聞（2014）「趣味で再開→反射神経衰え，中高年ライダー，事故死が増加，
　　警視庁，40歳以上に教室」『日本経済新聞』12月20日，夕刊8面.
日本公認会計士協会ホームページ（2016年7月26日閲覧）
　　http://www.hp.jicpa.or.jp/ippan/cpainfo/organization/accounting/index.html
一般社団法人日本マンション学会（2017年9月，2018年3月）
　　「改良版マンション標準管理規約（一般・単棟型）」（2021年1月29日閲覧）
　　https://www.jicl.or.jp/

一般社団法人日本マンション学会理事会（2015年5月）
　「マンションの新たな管理ルールに関する検討会報告書への意見」（2021年1月29日閲覧）
　https://www.jicl.or.jp/
「日本モノポリー協会」公式ホームページ（2015年12月15日閲覧）
　http://www.1101.com/monopoly/index.html
新美憲（2014）『悲劇の連鎖：農地改革で没落した地主の悲惨な生涯』日本文學館.
西田順正（2012）『儲けの9割は「値決め」で決まる！』中経出版.
錦見直樹（2012）「利益増加に不可欠な値決めの重要性」『企業診断』第59巻第10号, pp. 46-49.
西村隆男（2016）『社会人なら知っておきたい金融リテラシー』祥伝社.
野田信夫（1985）『経営の定石：社長の座右書』マネジメント社.
野村比加留（2013）「インターナル・マーケティング定義に関する一考察」『オホーツク産業経営論集』第21巻第1・2合併号, pp. 111-114.
沼田嘉穂（1984）『簿記教科書・再訂版』同文舘.
落合功（2016）『新版・入門日本金融史』日本経済評論社.
大江建・杉山千佳（1999）『「起業家教育」で子供が変わる！』日本経済新聞社.
岡田順太（2017）「都市と憲法・序説：コミュニティ条項をめぐって」『白鷗大学法科大学院紀要』第10号, pp. 55-77.
岡田豊（2009）「モノポリー米国チャンピオン決定戦に行ってきました（11）「決勝編」『モノポリーエッセイ』（2014年1月14日閲覧）
　http://www.1101.com/monopoly/2009-06-23.html
奥村昭博（1989）『経営戦略』日本経済新聞社.
大前研一（2005）『質問する力』文藝春秋.
大森田不可止「モノポリーの数学的考察」（2014年1月14日閲覧）
　http://omorita.dip.jp/game/monopoly/
　（「数学から見たモノポリー」アスキー・ボードゲーム・アソシエイション編『モノポリーにものすごく強くなる本.：世界一のボードゲームに日本一強くなるために』ビジネス・アスキー, 1990, pp. 86-105.）
大森田不可止「モノポリー解析」（2014年1月14日閲覧）
　http://omorita.dip.jp/game/monopoly/monopolyNote.html
大野正道（2007）『非公開会社の法理：社団法理と準組合法理の交錯』システムファイブ.
Orbanes, Phil（2002）"Everything I know about business I learned from MONOPOLY," *Harvard Business Review*, Vol. 80, No. 3, pp. 51-57.（村井章子訳「ゲームの道は経営に通ず：「モノポリー」に学ぶマネジメント論」『ダイヤモンド・ハーバード・ビジネス・レビュー』2002年6月号, pp. 119-128.）
Orbanes, Philip E.（2006）*Monopoly®: The World's Most Famous Game & How It Got That Way*, Philadelphia, PA: Da Capo Press.
Orbanes, Philip E.（2013）*Monopoly, Money, and You: How to Profit from the*

Game's Secrets of Success, Monopoly, Money, and You, New York: McGraw-Hill Education.（岡田豊監修・千葉敏生訳『投資とお金の大事なことはモノポリーに学べ！』日本実業出版社，2013.）

小和田正・沢木勝茂・加藤豊（1984）『OR 入門：意思決定の基礎』実教出版.

Parker Brothers, Inc.（1936）"George Parkers 1936 Monopoly Rules," in Philip E. Orbanes, Monopoly®: The World's Most Famous Game and How It Got That Way, Boston, MA: Da Capo Press, pp. 213-220, Appendix VI.

Patterson, Paul G., Elizabeth Cowley, Kriengsin Prasongsukarn（2006）"Service failure recovery: The moderating impact of individual-level cultural value orientation on perceptions of justice," International Journal of Research in Marketing, Vol. 23, Issue 3, pp. 263–277.

Penrose, Edith T.（2009）The Theory of the Growth of the Firm, 4th ed., Oxford, NY: Oxford University Press（Originally in 1959）.（原書 3rd ed., 1995の邦訳：日高千景訳『企業成長の理論（第三版）』ダイヤモンド社，2010.）

Poorvu, William J. with Jeffrey L. Cruikshank（1999）The Real Estate Game: The Intelligent Guide to Decision-making and Investment, New York: Free Press.（川口有一郎監訳・不動産証券化協会不動産ファイナンス研究会訳『ハーバード・ビジネススクールが教える不動産投資ゲーム』日経BP社，2007.）

Porter, Michael E.（1980）Competitive Strategy: Techniques for Analyzing Industries and Competitors, New York: Free Press.（土岐坤・服部照夫・中辻萬治訳『競争の戦略』ダイヤモンド社，1982.）

Rafiq, Mohammed and Pervaiz K. Ahmed（1993）"The scope of internal marketing: Defining the boundary between marketing and human resource management," Journal of Marketing Management, Vol. 9, Issue 3, pp. 219-232.

Rumelt, Richard P.（2011）Good Strategy, Bad Strategy: The Difference and Why It Matters, New York: Crown Business.（村井章子訳『良い戦略，悪い戦略』日本経済新聞社，2012.）

最高裁判所判例（2005）「預託金返還請求事件」平成17年 9 月 8 日，第一小法廷，民集第59巻 7 号，1931頁.（2016年 9 月27日閲覧）
http://www.courts.go.jp/app/hanrei_jp/detail 2 ?id=52401

最高裁判所判例集（2010）「協力金請求事件」（2021年 1 月29日閲覧）
https://www.courts.go.jp/app/hanrei_jp/detail2?id=38357

齋藤孝（2005）「勝つか破産かモノポリーで知る資本主義の本質」『週刊ダイヤモンド』 6 月11日号，p. 57.

齋藤ウィリアム浩幸（2012）『ザ・チーム：日本の一番大きな問題を解く』日経BP社.

榊淳司（2019）『すべてのマンションは廃墟になる』イースト新書.

Sandel, Michael J.（2012）What Money Can't Buy: The Moral Limits of Markets, NY: Farrar, Straus and Giroux.（鬼澤忍訳『それをお金で買いますか：市場主義の限界』早川書房，2012.）

234◆

産業教育研究連盟編・清原道壽（1956）『職業科指導事典』国土社.

佐野浩（2012）「国民教育としての職業教育」『新潟経営大学紀要』第18号，pp. 39-51.

佐藤肇（2011）『社長が絶対に守るべき経営の定石〈50項〉』日本経営合理化協会.

佐藤和男（2005）『土地と課税：歴史的変遷からみた今日的課題』日本評論社.

Schumpeter, Joseph A.（1912）*Theorie der wirtschaftlichen Entwicklung: eine Untersuchung über Unternehmergewinn, Kapital, Kredit, Zins und den Konjunkturzyklus*, München, Leipzig: Duncker and Humblot.（原書2．Aufl., 1926の邦訳：塩野谷祐一・中山伊知郎・東畑精一訳『経済発展の理論：企業者利潤・資本・信用・利子および景気の回転に関する一研究（上）・（下）』岩波書店，1977.）

Schwenk, Charles R.（1988）*The Essence of Strategic Decision Making*, Lexington, MA: Lexington Books.（山倉健嗣訳『戦略決定の本質』文眞堂，1998.）

清久人（2010）「貸倒れの税務処理」松尾弘・益子良一編著『新訂・民法と税法の接点：基本法から見直す租税実務』ぎょうせい，pp. 259-269，第3章－12.

Selznick, Philip（1949）*TVA and the Grass Roots: A Study in the Sociology of Formal Organization*, Berkeley, CA: University of California Press.

Shanklin, Stephan B.（2007）"Using the Monopoly® board game as an in-class economic simulation in the introductory financial accounting course," *Journal of College Teaching & Learning*, Vol. 4, No. 11, pp. 65-72.

柴健次（2007）「簿記から発想する会計教育論」『会計教育方法論』関西大学出版部，pp. 81-110，第4章.

島本克彦（2015）「中学生のための教養簿記」『簿記教育上の諸問題』関西学院大学出版会，pp. 151-161，第11章.

島永和幸（2021）『人的資本の会計：認識・測定・開示』同文舘.

島津望（2005）『医療の質と患者満足：サービス・マーケティング・アプローチ』千倉書房.

静岡県市町村共済組合ホームページ（2016年8月7日閲覧）http://www.shizuoka-kyosai.or.jp/aramashi/hihuyousya/

Simon, Herbert A.（1977）*The New Science of Management Decision*, revised ed., Englewood Cliffs, NJ: Prentice Hall（Originally in 1960）.（稲葉元吉・倉井武夫訳『意思決定の科学』産業能率大学出版部，1979.）

Simon, Herbert A.（1996）*The Sciences of the Artificial*, 3rd ed., Cambridge, MA: MIT Press（Originally in 1969）.（稲葉元吉・吉原英樹訳『システムの科学』パーソナルメディア，1999.）

Simon, Herbert A.（1997）*Administrative Behavior: A Study of Decision-making Processes in Administrative Organization*, 4th ed., New York: Free Press（Originally in 1945）.（二村敏子・桑田耕太郎・高尾義明・西脇暢子・高柳美香訳『新版・経営行動：経営組織における意思決定過程の研究』ダイヤモンド社，2009.）

Sloan, Jr., Alfred P.（1964）*My Years with General Motors*, Garden City, NY:

Doubleday.（田中融二・狩野貞子・石川博友訳『GMとともに：世界最大企業の経営哲学と成長戦略』ダイヤモンド社，1967．有賀裕子訳『[新訳] GMとともに』ダイヤモンド社，2003．）

Smith, Adam（1776）*An Inquiry into the Nature and Causes of the Wealth of Nations*, London, UK: Printed for W. Strahan, and T. Cadell.（大内兵衛・松川七郎訳『諸国民の富』岩波書店，1969．）

Smith, Amy K., Ruth N. Bolton and Janet Wagner（1999）"A model of customer satisfaction with service encounters involving failure and recovery," *Journal of Marketing Research*, Vol. 36, No. 3, pp. 356-372.

総務省（2014）「今後の都市部におけるコミュニティのあり方に関する研究会報告書」「今後の都市部におけるコミュニティのあり方に関する研究会」
（2021年1月29日閲覧）
https://www.soumu.go.jp/main_sosiki/kenkyu/tosi_community/index.html

Spence, Michael A.（1974）*Market Signaling : Informational Transfer in Hiring and Related Screening Processes*, Cambridge, MA : Harvard University Press.

鈴木研一・松岡孝介（2014）「従業員満足，顧客満足，財務業績の関係：ホスピタリティ産業における検証」『日本管理会計学会誌』第22巻第1号，pp. 3 -25.

鈴木禄弥（1996）『物権法講義四訂版』創文社.

多田道太郎（1988）「遊び」『世界大百科事典』第1巻，平凡社，pp. 264-265.

田髙寛貴（2014）「事例⑥」佐久間毅・曽野裕夫・田髙寛貴・久保野恵美子『事例から民法を考える』有斐閣.

多湖輝（2006）『「ひとりっ子育て」の知恵』PHP研究所.

高橋正朗（2009）「労務出資等に関する法人税法上の取扱いについて」『税務大学校論叢』第62巻，pp. 399-464.
国税庁（2021年1月29日閲覧）
https://www.nta.go.jp/about/organization/ntc/kenkyu/ronsou/62/06/mokuji.htm

高橋昭夫（2014）『インターナル・マーケティングの理論と展開：人的資源管理との接点を求めて』同友館.

髙木康衣（2018）「持分会社における退社制度について」『熊本ロージャーナル』第14号，pp. 21-46.

高橋伸夫編著（1996）『未来傾斜原理：協調的な経営行動の進化』白桃書房.

高橋伸夫（2004）『虚妄の成果主義』日経BP社.

高橋洋一（2016a）『戦後経済史は嘘ばかり：日本の未来を読み解く正しい視点』PHP研究所.

高橋洋一（2016b）「ぬるま湯の銀行を締め上げるマイナス金利は正しい」『ダイヤモンド・オンライン』2月11日（2016年6月6日閲覧）
http://diamond.jp/articles/-/86118

高田千秋・神川康子（2002）「大学生の金銭観に影響を及ぼす要因」『日本教育心理学会総会発表論文集』第44号，p. 57.

高寺貞男（1995）「日本文化と利益会計」『複雑系の会計学』三嶺書房，pp. 101-122，第 7 章．

武香織（2001）「倒産，離婚，病気，リストラ……家族の危機を転機にする　我ら『崖っぷち』から生還せり」（特集　挫折，失敗もまた良し「敗者復活」の経済学）『プレジデント』第39巻第20号，pp. 56-63．

田中史王（2016）「企業成長の過程：企業家の人脈と成長を中心に」長崎大学大学院経済学研究科博士論文．

田中一誠（2015）「わが国の中小企業会計をめぐる一考察：利害関係者の意思決定に資するキャッシュ・フロー計算書作成の必要性について」長崎大学大学院経済学研究科博士論文．

田中政光（1981）「ルース・カップリングの理論」『組織科学』第15巻第 2 号，pp. 59-75．

田中規子（2009）「職務満足の規定要因：フレデリック・ハーズバーグの『動機づけ衛生理論』を手がかりとして」お茶の水女子大学『人間文化創生科学論叢』第12巻，pp. 257-266．

谷川俊太郎・斉藤次郎・佐藤学（1997）「金銭の視点がない」『今ここに生きる子供こんな教科書あり？』岩波書店，pp. 126-133．

田岡信夫（1977）『図解ランチェスター法則入門』ビジネス社．

Tax, Stephen S. and Stephen W. Brown（1998）"Recovering and learning from service failure," *Sloan Management Review*, Vol. 40, Issue 1, pp. 75-88.

Tax, Stephen S., Stephen W. Brown, and Murali Chandrashekaran（1998）"Customer evaluations of service complaint experiences: Implications for relationship marketing," *Journal of Marketing*, Vol. 62, Issue 2, pp. 60-76.

Taylor, Frederick W.（1911）*Scientific Management*, New York: Harper and Brothers.（上野陽一訳『新版・科学的管理法』産能大学出版部，1969．有賀裕子訳『新訳・科学的管理法：マネジメントの原点』ダイヤモンド社，2011．）

The Jump$tart Coalition for Personal Financial Literacy（2015）*National Standards in K-12 Personal Finance Education*, 4th edition（2017年 4 月20日閲覧）
http://www.jumpstart.org/national-standards.html

鳥羽欽一郎（1971）『ヒルトン・ホテル』東洋経済新報社．

Toffler, Alvin（1970）*Future Shock*, New York: Random House.（徳山二郎訳『未来の衝撃：激変する社会にどう対応するか』実業之日本社，1970．）

十名直喜（2012）『ひと・まち・ものづくりの経済学：現代産業論の新地平』法律文化社．

鳥谷部茂（2016）『金融担保の法理』信山社．

都筑学・白井利明編（2007）『時間的展望研究ハンドブック』ナカニシヤ出版．

内田貴（2005）『民法Ⅲ　債権総論・担保物権』第 3 版，東京大学出版会．

上野清貴監修（2012）『簿記のススメ：人生を豊かにする知識』創成社．

上阪徹（2012）『リブセンス〈生きる意味〉25歳の最年少上場社長　村上太一の人を幸せにする仕事』日経BP社．

浦崎直浩（2016）「海外調査報告（その2）」工藤栄一郎・浦崎直浩・島本克彦『海外調査研究』科学研究費補助金（基盤研究A）研究成果報告書，pp. 46-91.

浦田健（2015）『不動産のプロが教える究極の相続対策』日本実業出版社.

潮清孝（2006）「実地調査からみた京セラのアメーバ経営：京セラフィロソフィの役割を中心に」上總康行・渡邉紀生編著『次世代管理会計の構想』中央経済社，pp. 165-191，第8章.

潮清孝（2013）『アメーバ経営の管理会計システム』中央経済社.

von Neumann, John and Oskar Morgenstern（2007）with an introduction by Harold W. Kuhn and an afterword by Ariel Rubinstein, *Theory of Games and Economic Behavior*, 1st Paperback Printing, of 60th Anniversary ed., Princeton, NJ: Princeton University Press.（阿部修一・橋本和美訳『ゲームの理論と経済行動』筑摩書房，2009.）

我妻榮（1968）『新訂担保物権法（民法講義Ⅲ）』岩波書店.

若林直樹（2014）「エコノミクストレンド，サービスの本質，研究進む，顧客と共同で創造」『日本経済新聞』経済教室，12月16日，朝刊29面.

若杉明（1973）『人的資源会計論』森山書店.

若杉明（1979）『人間資産会計』ビジネス教育出版社.

Wang, Jing（2015）「日本の『ものづくり』思想とサービス業：大学教育を中心として」長崎大学大学院経済学研究科修士論文.

渡部幹（2014）「『倍返し社員』は本当に組織で生き残れるのか？　ゲーム理論と神経科学に見る半沢直樹の絶妙な処世術」ダイヤモンド・オンライン（2016年2月22日閲覧）http://diamond.jp/articles/-/46848

渡辺隆裕（2008）『ゼミナール　ゲーム理論入門』日本経済新聞出版社.

渡辺亨（2013）「現代企業における石門心学：株式会社半兵衛麩の事例」熊本学園大学大学院商学研究科博士論文（熊本学園大学）.

Weick, Karl E.（1969）*The Social Psychology of Organizing*, Reading, MA: Wesley.（金児暁訳『組織化の心理学』誠信書房，1980.）

Weick, Karl E.（1979）*The Social Psychology of Organizing*, 2nd ed., Reading, MA: Wesley.（遠田雄志訳『原書第2版・組織化の社会心理学』文眞堂，1997.）

Weick, Karl E.（1987）"Substitutes for Corporate Strategy," in David J. Teece（ed.）, *The Competitive Challenge: Strategies for Industrial Innovation and Renewal*, Cambridge, MA: Ballinger, pp. 221-233, chapter 10.（「戦略の代替物」石井淳蔵・奥村昭博・金井壽宏・角田隆太郎・野中郁次郎訳『競争への挑戦：革新と再生の戦略』白桃書房，1988，pp. 269-288，第10章.）

山田昌弘（2010）「おカネを使わない日本の男性：小遣い制が消費停滞の一因か」『週刊東洋経済』7月3日号，pp. 166-167.

山極寿一（2007）『暴力はどこからきたか：人間性の起源を探る』日本放送出版協会.

山口重克（1985）『経済原論講義』東京大学出版会.

山倉健嗣（1993）『組織間関係：企業間ネットワークの変革に向けて』有斐閣.

山倉健嗣（2007）「経営戦略・企業倫理とステイクホルダー」『新しい戦略マネジメン

ト：戦略・組織・組織間関係』同文舘，pp. 131-158，第 7 章.

山本マーク豪（2003）『ポップコーンはいかがですか？ 100億円企業を 5 年で作った男』新潮社.

山本昭二（2007）『サービス・マーケティング入門』日本経済新聞出版社.

山根栄次（2006）『金融教育のマニフェスト』明治図書出版.

山根節（2015a）「ケース ㈱小松製作所……オールド・エコノミーからの変容」『MBAエグゼクティブズ：戦略，マネジメント・コントロール，会計の総合力』中央経済社，pp. 76-97.

山根節（2015b）「ケース ㈱ローソン……イントラプレナー新浪剛史氏の経営革新」『MBAエグゼクティブズ：戦略，マネジメント・コントロール，会計の総合力』中央経済社，pp. 231-251.

山内裕（2015）書評「南智恵子・西岡健一（2014）『サービス・イノベーション：価値共創と新技術導入』有斐閣」『組織科学』第49巻第 1 号，pp. 81-82.

柳澤美由紀・森田久美子・平山寛子（2008）『ファイナンシャル・プランナーママの実践マネー教育』アールズ出版.

矢沢永吉（1978）『成りあがり：矢沢永吉激論集』小学館.

Yoffie, David B. and Mary Kwak（2001）*Judo Strategy*, Boston, MA: Harvard Business School Press.（藤井正嗣監訳・小坂恵理訳『柔道ストラテジー：小さい企業がなぜ勝つのか』日本放送出版協会，2004.）

吉田英法（1998）「規制緩和と運転免許行政」『警察時報』第53巻 5 月号，pp. 16-22.

吉川英一郎（2014）「ボードゲーム"MONOPOLY"による交渉 体験教育の可能性」『帝塚山法学』第26号，pp. 15-44.

吉本圭一（2007）「卒業生を通した『教育の成果』の点検・評価方法の研究」『大学評価・学位研究』第 5 号，pp. 77-106.

Young, Meredith E., Madison Mizzau, Nga T. Mai, Abby Sirisegaram, and Margo Wilson（2009）"Food for thought. What you eat depends on your sex and eating companions," *Appetite*, Vol. 53, Issue 2, pp. 268-271.

柚木馨・高木多喜男（1982）『担保物権法（第 3 版）』有斐閣.

頭脳向上研究会「モノポリーの魅力と上達法」（2016年12月26日閲覧）
http://goodbrains.net/game/monopoly.html

索　引

■ 英数字 ■

IR推進法 ……………………………… v
PERT …………………………………… 89
ROI …………………………………… 119
VRICマップ …………………………… 90
14の管理原則 ……………………… 84, 85

■ あ　行 ■

愛着 …………………………………… 90
青色申告 …………………………… 13, 131
天の邪鬼 …………………………… 168
アメーバ経営 ……………… 39, 96, 108
アンチ・エイジング ………………… ii
慰安旅行 …………………………… 94
家不足 …………………… 19, 44, 54, 60
遺産分割 ………… 12, 52, 63, 129, 130
異時性 ……………………… 165, 166, 173
異質な技能 ………………………… 33, 34
伊勢神宮 …………………………… 39
一等地 …………………………… 5, 88, 89
一発逆転 ………………………… 81, 119
意図せざる結果 ……………… 168, 173
イナクトメント ……………… 99, 100
命がけの飛躍 …………………… 34, 92
インカム・ゲイン ……………… 40, 42
イングランド銀行 ……………… 19, 21
インセンティブ …………… 20, 24, 108
演技 ………………………………… 120
大地主 …………………………… 8, 36
オフ・バランス …………… 34, 38, 51

■ か　行 ■

開業貸借対照表 …………………… 33
会計公準 ……………… 34, 38, 51, 163
駆け引き ……………………… 104, 113
価値権説 …………………………… 27
勝ち逃げ …………………………… 107
管理幅 ……………………………… 171
希求水準 …………………………… 75
企業の目的 ……………………… 35, 36
規制緩和 …………………………… 166
寄生地主 …………………………… 8
基礎的な数学 …………………… 91, 107
義務教育 …… iii, v, 53, 68-71, 113, 175
逆基準性 ………………… 14, 46, 152
キャッシュ・フロー計算書
　………………… v, 34, 35, 45-49, 51
ギャップ・イヤー ………………… iii
キャピタル・ゲイン ………… 40, 42, 43
級地 ……………………… 150, 176
協働 …………………… 85, 89, 171
共有 ………… 12, 45, 61-63, 205
協力型 …………………………… 83
銀行の銀行 ……………………… 22, 31
銀行の生成過程 ……… 21, 22, 30, 31
金銭観 …………………………… 191
金銭貸借 ……………………… 46, 116
苦難 ……………………… 94, 95
計算間違い ……………………… 59
ケース・スタディ ……………… 76
現金化 ……………… 45, 54, 111

源泉徴収 ······················· ii
限定解除 ················ 166, 195
建武の新政 ···················· 16
権力装置 ················· 2, 8, 16
交換価値 ················· 27, 42
交換条件 ························· 42
公権力たる裁判所 ············· 25
公権力たる政府 ················ 25
公式組織の3要素 ······· 84, 93, 95
交渉の訓練 ····················· 83
公正なる会計慣行
　········· 128, 129, 135, 145, 150, 152
公地公民制 ···················· 3, 6
交通事故 ················· 55, 116
個人番号 ················· 14, 151
国庫 ···························· 63
固定資産課税台帳 ············· 61
個別特殊解 ····················· 74

■ さ 行 ■

サービス学 ····················· v
サービスの質 ············· 157-162
最低賃金 ······················ 150
錯誤 ················· 59, 60, 111
挫折 ························ 93-95
三ない運動 ····················· 55
直取引 ························· 59
時間軸 ························· 102
時間的展望 ············· 70, 159, 171
資金収支の感覚 ················ 46
シグナリング ··················· 83
市場価値 ·············· 45, 195, 201
市場の失敗 ················ 16, 163
実現主義 ························ 14
失念 ··························· 59

実務経験 ················· 94, 95
資本構成 ················· 41, 42
資本循環 ················· 40, 42
資本的支出 ··················· 134
資本予備軍 ·············· 34, 41
市民性 ················· 56, 57
シャウプ勧告 ········· iv, 3, 12, 15
社会人基礎力 ·············· 36, 37
社会適応力 ··················· 105
斜陽族 ························· 16
収益源 ················· 42, 43
就業規則 ······················ ii
住宅ローン ········· 19, 25, 26, 201
集中的な独占 ·················· 43
柔道戦略 ················· 80, 82
収用 ················· 5, 6, 61
授業評価 ···················· 167
譲渡自由 ················· 61, 199
譲渡担保 ················· 19, 26
情念 ························· 100
勝負を分ける論理 ············· 81
情報の非対称性 ········· 81, 99, 160
職業プロフィール ·············· 56
知るぽると ··················· 113
白色申告 ················· 37, 175
紳士・淑女 ········· 2, 35, 54, 59, 60
人的スキル ·············· 93, 94
シンプレックス法 ·············· 89
信用経済 ············· 36, 37, 45, 61
信用創造機能 ················· 123
信用取引 ············· 30, 34, 37, 39
ストックとフロー ····· 34, 39, 40, 64, 178
スポーツマンシップ ············ 54
成果主義 ······················ 87
正規の簿記の原則 ·········· 128, 131

戦略の代替物 ……………………… 171
相殺 …………………… 27, 28, 62
相次相続 …………… 12, 45, 59
組織の重心 ……………… 39, 103
租税債権 ………………… 13, 62
租税制度 ………………………… 4
租税対策 ………………………… 46
即興 ………………… 99, 100, 174

■ た 行 ■

大化改新 …………… iv, 2, 5, 6, 8, 15
代替品による脅威 ………………… 82
滞納 ………… 3, 14, 15, 62, 133, 195
大富豪 ……………………………… 8
タイミング
………… 19, 54, 58, 59, 71, 97, 102, 117
宅地建物取引
………………… 42, 53, 55, 59, 64, 70, 194
誰と食べるか ……………………… 161
単一性の原則 ……………… 128, 152
短期賃借権 ……………… 20, 30
チームの前提条件 ……………… 94
チェックリスト ………………… 54
知覚品質 …………… 159-163, 173
地価税 ……………………… 12, 62
地租改正 …………… 3, 7, 10, 11, 15, 124
朝礼 ……………………………… 94
追加的なサービス …… 157, 160, 165-168
ディズニーランド ……………… 39
敵失 ……………………………… 54
展開型 …………………………… 82
当初のサービス ………………… 165
同時履行 ……………… 60, 61, 174
特殊満足解 ……………………… 121
特定物 ……………………… 5, 59, 64

特別背任 …………………… 24, 75
独立採算制 …………………… 63
特権説 …………………… 27, 28
トップ・マネジメント ………… 86
徒弟 …………………………… 71

■ な 行 ■

二束三文 ………………………… 44
日本銀行 ……………… 18, 24, 32
値決め ……………… 96, 97, 108
農地改革 ………… iv, 2, 5, 8, 15, 16

■ は 行 ■

発生主義 …………… 14, 63, 133, 136
バブル ……………… 12, 20, 27-30
非協力型 ………………………… 83
飛行機の操縦 ………………… 103
非公式組織の生成 ……………… 70, 93
ビットコイン …………………… 22
他人事 …………………………… 76
評価論 …………………………… 42
費用収益対応の原則
………………… 132, 134, 138, 139, 140
標準型 …………………………… 82
夫婦別産制 …………………… 62
複式簿記
……… 2, 33, 34, 37, 46, 51, 91, 110, 118
含み益 …………………………… 29
物上代位 ………… v, 2, 20, 26-28, 31
不等価交換 …………………… 34, 59
不動産経営 ………………… 135
扶養努力義務 ………………… 62
古きよき時代 ………………… viii
不渡り ……………… 37, 45, 62, 74, 123
分散的な資産保有 ……………… 43

法定果実 ……………………… 63, 130, 136
暴力の起源 ……………………………… 16
保守主義の原則 ………………… 133, 136
没収 ………………… 2, 5, 6, 8, 15, 25, 60

■ ま 行 ■

麻雀 …………………………… 104, 106, 107
満足から生じる病理 ………………… 171
見立て
　……… 42, 54, 97, 104, 111, 114, 117, 118
未来傾斜原理 …………………… 159, 171
無関心圏 ………………………………… 90
無形資産 ……………………………… 71, 152
問題解決 ………………………… 101, 102

■ や 行 ■

誘因の経済 …………………………… 97, 120

融通手形 …………………………………… 46
良い戦略 …………………………………… 80

■ ら 行 ■

利益相反 ………………… v, 18, 31, 199
リカバリー・パラドクス
　………… v, 158, 164, 165, 168, 171-173
リスケジューリング …………………… 19
リフレイミング ………………………… 99
流動性の確保 ………………………… 123
例外の原則 …………………………… 86, 89
連帯納付義務 …………………………… 62
ローカル・ルール …………………… 54

■ わ 行 ■

ワーク・ライフ・バランス …… 159, 168

【著者紹介】

林　　徹（はやし　とおる）

長崎大学経済学部・大学院経済学研究科教授

1965年　愛知県に生まれる

1988年　横浜国立大学経営学部第二部経営学科卒業

1990年　横浜国立大学大学院経営学研究科修士課程修了

1992年　名古屋テレビ放送第30回海外派遣学生

1993年　名古屋大学大学院経済学研究科博士課程単位取得

　　　　四日市大学経済学部経営学科専任講師，助教授，

　　　　教授，経営学科長を経て，2008年より現職。

2022年より　日本経営学会理事・九州部会代表

主要著書：『協働の経営学』中央経済社，2015年；第2版，2021年

　　　　　『協働と躍動のマネジメント』中央経済社，2011年

　　　　　『組織のパワーとリズム』中央経済社，2005年

　　　　　『革新と組織の経営学』中央経済社，2000年

E-mail　thaya@nagasaki-u.ac.jp

モノポリーで学ぶビジネスの基礎（第3版）

2017年6月10日	第1版第1刷発行
2019年1月25日	第2版第1刷発行
2023年4月25日	第2版第4刷発行
2023年9月15日	第3版第1刷発行

著 者	林	徹
発行者	山 本	継
発行所	㈱中 央 経 済 社	
発売元	㈱中央経済グループ パ ブ リ ッ シ ン グ	

〒101-0051　東京都千代田区神田神保町1-35
電話　03 (3293) 3371 (編集代表)
03 (3293) 3381 (営業代表)
https://www.chuokeizai.co.jp

印刷／㈱堀 内 印 刷 所
製本／誠 製 本 ㈱

© 2023
Printed in Japan

ISBN 978-4-502-47501-6　C3034

＊頁の「欠落」や「順序違い」などがありましたらお取り替えいた
しますので発売元までご送付ください。（送料小社負担）